| 설레고 가슴뛰게 기억될 일상의 헌법 이야기 |

우리들의 헌법 이야기

이상용

새흐름

나에게
삶에 대한 사랑을 주신 부모님
조건이 사람을 패배케 할수없다고
가르쳐주신 김학성 교수님
一球二無의 깨달음을 주신
김성근 감독님
犬馬之勞의 삶을 살게 해주신
독자님들께
이 책을 바칩니다

프롤로그

차가운 하늘이 파랗게 펼쳐진 설경을 바라보며, 아직 가지 못한 길을 떠올려 봅니다. 지금은 어지럽고 혼란스러운 세상과 작별하고 저 깨끗한 눈밭에 마음을 묻고 좋은 생각과 좋은 기억만 남기고 싶습니다. 그러기엔 흰 눈이 아주 많이 그리고 조금은 더 시간이 필요해 보이지만, 아직 늦지 않았습니다. 그래서 오늘은 "나는 그늘이 없는 사람을 사랑하지 않는다"로 시작되는 정호승님의 〈내가 사랑하는 사람〉이라는 시가 더 생각이 나는지도 모르겠습니다.

「통합헌법」을 탈고도 하기 전부터 출판사로부터 헌법을 이해하기 쉽고, 처음 접하는 분들을 위해 최소한의 필요한 개념을 중심으로 원고를 써달라는 부탁을 받고 많은 고민의 시간을 보내다가, 어느 날 그런 생각을 하게 되었습니다. "소설이나 수필도 아니고 시간가는 줄 모르게 즐기는 게임도 아닌 딱딱한 법학에게 조금이라도 쉽게 다가갈 수 있는 방법이 무엇이 있을까?" 저자는 그 때 내가 좋아하는 것들을 떠올려 봅니다. 야구, 영화, 드라마, 책, SNS……

헌법에 저런 취미생활 같은 것들이 어울리지 않겠지만, 어울리는 것들에 대한 생각을 해보기로 했습니다. 살면서 머리 식히고 쉴 때마다 보아 온 작품들 중에서 감동을 주는 영화나 드라마는 생각보다 많았고, 그 많은 작품들 속에서 헌법에 어울리는 옷 들이 하나 둘 떠오르기 시작하여, 다시 보고 다시 읽고 메모하기를 반복했습니다. 그런 다음 갖은 양념과 색을 입혀 적재적소에 배치하는 것으로 거부감을 줄인 개념을 정리한 우리들의 헌법 이야기(우헌이)가 세상에 나오게 되었습니다.

헌법을 이해하기 위해 필요한 기본 개념과 체계도를 그리고 인용하면서 스승님이신 김학성 교수님의 헌법학원론을 기본으로 하였음은 물론, 1년

가까운 작업 끝에 세상에 나온 「통합헌법」이 그 기초가 되었음도 밝혀둡니다. 아직 저자가 생각한 영화나 드라마의 10분의 1도 반영하지 못했지만, 판을 거듭할수록 맛있는 재료들이 독자님들의 입맛을 변함없이 충족시켜 드릴 것도 이 자리에서 약속드립니다.

좋은 책을 쓴다는 것은 완성보다 과정이 힘든 여정이지만, 늘 변함 없이 사랑의 힘으로 저자를 지켜주시는 부모님이 계시기에 가능하다고 생각합니다. 그리고 형과 형수님, 누나와 매형들을 포함한 모든 가족에게 사랑한다고 말하고 싶습니다. 언제나 깊은 가르침을 주시고 늘 격려해 주시는 저의 스승님 김학성 교수님께도 감사의 인사를 드립니다. 저보다 더 고생하시는 새흐름 출판사의 이종은 부장님과 정대의 과장님을 비롯한 모든 직원분들께 감사드리며, 꿈을 향한 저자의 열정을 물심양면으로 응원해주시는 황보수정 선생님께 고마움을 전합니다. 한편 책 속에 출처를 밝히고 인용한 모든 작품들의 연기자분들과 관계자분들, 프로필 사진 잘 찍어 주신 민트스튜디오 이제성 실장님, 이제는 공무원으로 첫 발을 내딛는 든든한 후배 황선호, 변함없는 관심과 사랑을 주시는 저의 인스타(isangyong38) 친구분들께도 고마운 마음을 담고 싶습니다.

끝으로 저에겐 특별한 분이신 김성근 감독님과 허구연 위원님이 계십니다. 너무나 많은 오해와 편견을 숙명처럼 받아들이며 멋지게 살아가시는 존경하는 감독님과 야구해설 뿐만 아니라 대한민국 야구계의 발전을 위해 힘써주시며, 항상 저를 응원해 주시는 허구연 위원님께 깊은 감사의 인사를 드립니다.

오늘……

결코 오지 않는 기회를 잡기 위해 눈물로 지세운 수많은 나날들을 잘 견뎌준 저에게 '고맙다'는 말을 전하며 두 번째 인사를 마치려고 합니다.

2017년 2월

이상용

차 례

〈헌법조문체계도〉

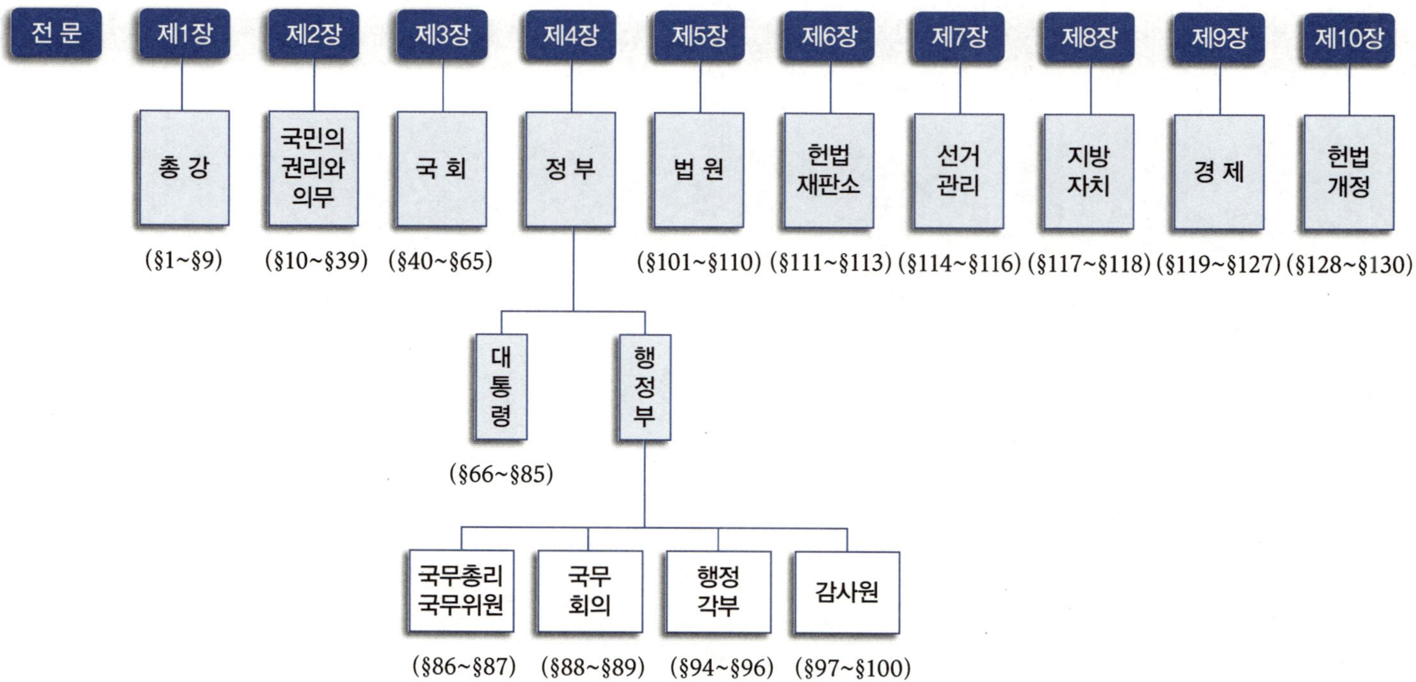
전 문
제1장
총 강
(§1~§9)
제2장
국민의 권리와 의무
(§10~§39)
제3장
국 회
(§40~§65)
제4장
정 부
대통령
(§66~§85)
행정부
국무총리 국무위원
(§86~§87)
국무 회의
(§88~§89)
행정 각부
(§94~§96)
감사원
(§97~§100)
제5장
법 원
(§101~§110)
제6장
헌법 재판소
(§111~§113)
제7장
선거 관리
(§114~§116)
제8장
지방 자치
(§117~§118)
제9장
경 제
(§119~§127)
제10장
헌법 개정
(§128~§130)

PART 01

한방총론

01

헌법 이야기

법정에서 증인으로 출석한 차동영 형사(곽도원 역)와 송우석(송강호 역)변호사의 혈전

송강호 | 학생과 시민 몇 명이 모여서 책 읽고 토론한게 국보법에 해당하는지 안하는지 증인은 도대체 뭘 보고 어떻게 판단 했습니까? 판단 근거가 뭡니까?

곽도원 | 내가 판단하는게 아니라 국가가 판단 합니다.

송강호 | 국가? 증인이 말하는 국가란 대체 뭡니까?

곽도원 | (고개를 젖히고 하찮다는 듯이 쏘아 보며) 변호사라는 사람이 국가가 뭔지 몰라?

송강호 | (어이 없다는 듯이 카리스마 넘치는 눈빛으로 노려 보며) 압니다. 너무 잘 알지요. 대한민국 헌법 제1조 제2항 대한민국의 주권은 국민에게 있고, 모든 권력은 국민으로부터 나온다. 국가란 국민입니다!!!

〈영화 '변호인'(2013년) 중에서〉

2017년 새해가 밝았습니다. 우리가 '2말3초'라는 탄핵결정시기를 일컫는 신조어가 등장하고, '벚꽃대선'이라는 표현에 익숙해 질 즈음, 트럼프는 'america first'라는 말로 취임식장을 들었다 놓았다 합니다. 국가를 넘나들지만, 진리는 하나입니다. 그들의 헌법이든 우리의 헌법이든 국가는 곧 국민임을 잊지 말아야 할 것이며, 오늘 저자는 몇 년 전 보면서 잊을 수 없었던 영화 속 한 장면을 떠올리며, 우리들의 헌법 이야기를 시작하겠습니다.

"주권자이신 대한민국의 국민들께서 헌법을 수호하고 국민주권을 실현하시는데 본서가 작은 촛불이 되기를 희망합니다."

CHAPTER 01

헌 법

국가는 일종의 정치적 공동체라 할 수 있다. 이러한 정치적 공동체는 국민, 영토, 주권의 3가지 요소를 가장 중요한 내용으로 하고 있지만 3가지 요소가 있다고 하여 정치적 공동체로 만들어지는 것은 아니다. 구성원들이 하나의 공동체로 남고자 하는 합의가 있을 때 비로소 정치적 공동체가 성립될 수 있으며, 합의가 이루어지기 위해서는 합의를 이루어낼 수 있는 구성원 간의 공감되어지는 그 무엇, 즉 공감대적 가치— 인간의 존엄, 종교, 언어, 민족 등 —가 존재하여야 한다. 이렇듯 국가란 구성원의 공감대적 가치를 기초로 (특정 영토 위에) 세워진 정치적 공동체라 정의할 수 있다.

01 | 헌 법

개념 01 헌법의 의의 및 분류

01_ 헌법의 의의

정치적 공동체가 유지되기 위해서는 구성원 간의 다양한 이해관계의 대립과 갈등을 해결해야 할 과제를 수행할 원리, 조직, 절차 등이 필요하며, 조직과 절차가 운영될 수 있는 법적 토대, 즉 법질서가 요구되는데 이러한 법질서가 헌법이다.

02_ 헌법의 분류

형식적 의미의 헌법이란 문서화된 헌법전을 말하며, '영국에는 헌법이 없다'고 할 경우 이 형식적 의미의 헌법이 없다는 것을 말한다. 실질적 의미의 헌법이란 법의 존재형식에 구애되지 않고 국가의 기본적 조직과 작용에 관한 사항이나 국민의 기본권에 관한 사항(소위 헌법사항)을 정하고 있는 법규범을 말하며, 정부조직법, 정당법, 공직선거법, 국회법, 법원조직법 등을 들 수 있다(형식적 의미의 헌법과 실질적 의미의 헌법). 성문헌법이란 헌법이 일반 법률과 별개로 독립된 헌법전의 형태로 존재하는 것을 말하며, 세계 최초의 근대적 성문헌법은 1776년의 Virginia 헌법이다. 불문헌법은 성문화된 별도의 헌법전을 가지지 않는 국가의 헌법을 의미한다(성문헌법과 불문헌법). 헌법개정에 있어 일반 법률보다 더 엄격한 절차가 요구되는 헌법을 경성헌법이라 하고, 일반 법률과 같은 절차로 개정될 수 있는 헌법을 연성헌법이라 한다. 연성헌법으로는 영국헌법, 1947년 뉴질랜드 헌법, 1848년 이탈리아 헌법 등이 있다(경성헌법과 연성헌법).

개념 02 관습헌법(헌법관습법)

완벽한 실정법은 존재하지 않기에 이를 보완하는 관습법은 존재하게 마련이다. 특히 헌법조문의 포괄적이고 추상적인 성격 때문에 헌법의 흠결로 인한 공백을 메워주고 보완해 줄 수 있는 관습헌법의 존재를 부정하기 어렵다. 관습헌법이란 장기간 법적 구속력을 지닌 것으로 인정되어 온 헌법적 관행을 말한다. 관습헌법은 헌법제정에 의해 형성되지 않은 헌법으로, 그 효력의 근거를 성문헌법에 두는 것이 아니라 법적 확신에 의해 유지되는 관행에 두고 있으며, 헌법의 법원(法源)을 이룬다. 관습헌법에 대하여 부정적 시각이 없는 것은 아니나 성문헌법이라도 헌법의 테두리 내에서 이루어지는 헌법적 관행으로서의 관습헌법의 성립과 존립을 부정하기 어렵다. 관습헌법의 예로는 국가의 정체성과 상징성을 나타내는 국기와 국가(國歌)에 관한 것, 우리나라의 말과 글이 국어이며 한글이라는 것, 수도를 서울로 한 것 등이다.

01_ 관습헌법의 의의

관습헌법이란 장기간 법적 구속력을 지닌 것으로 인정되어 온 헌법적 관행을 말한다. 관습헌법은 헌법제정에 의해 형성되지 않은 헌법으로, 그 효력의 근거를 성문헌법에 두는 것이 아니라 법적 확신에 의해 유지되는 관행에 두고 있으며, 헌법의 법원(法源)을 이룬다.

02_ 관습헌법의 인정여부

우리나라는 성문헌법을 가진 나라로서 기본적으로 우리 헌법전(憲法典)이 헌법의 법원(法源)이 된다. 그러나 성문헌법이라고 하여도 그 속에 모든 헌법사항을 빠짐없이 완전히 규율하는 것은 불가능하고 또한 헌법은 국가의 기본법으로서 간결성과 함축성을 추구하기 때문에 형식적 헌법전에는 기재되지 아니한 사항이라도 이를 불문헌법(不文憲法) 내지 관습헌법으로 인정할 소지가 있다.

03_ 관습헌법의 성립요건

관습헌법이 성립하기 위하여서는 관습이 성립하는 사항이 단지 법률로 정할 사항이 아니라 반드시 헌법에 의하여 규율되어 법률에 대하여 효력상 우위를 가져야 할 만큼 헌법적으로 중요한 기본적 사항이 되어야 한다(관습헌법의 성립요건으로서의 기본적 헌법사항). 관습헌법의 일반적 성립요건으로 관습헌법이 성립하기 위하여서는 관습법의 성립에서 요구되는 일반적 성립요건이 충족되어야 한다. 첫째, 기본적 헌법사항에 관하여 어떠한 관행 내지 관례가 존재하고, 둘째, 그 관행은 국민이 그 존재를 인식하고 사라지지 않을 관행이라고 인정할 만큼 충분한 기간 동안 반복 내지 계속되어야 하며(반복 · 계속성), 셋째, 관행은 지속성을 가져야 하는 것으로서 그 중간에 반대되는 관행이 이루어져서는 아니 되고(항상성), 넷째, 관행은 여러 가지 해석이 가능할 정도로 모호한 것이 아닌 명확한 내용을 가진 것이어야 한다(명료성). 또한 다섯째, 이러한 관행이 헌법관습으로서 국민들의 승인 내지 확신 또는 폭넓은 컨센서스를 얻어 국민이 강제력을 가진다고 믿고 있어야 한다(국민적 합의).

04_ 관습헌법의 효력

헌법 제1조 제2항은 '대한민국의 주권은 국민에게 있고, 모든 권력은 국민으로부터 나온다'고 규정한다. 이와 같이 국민이 대한민국의 주권자이며, 국민은 최고의 헌법제정권력이기 때문에 성문헌법의 제 · 개정에 참여할 뿐만 아니라 헌법전에 포함되지 아니한 헌법사항을 필요에 따라 관습의 형태로 직접 형성할 수 있다. 그렇다면 관습헌법도 성문헌법과 마찬가지로 주권자인 국민의 헌법적 결단의 의사의 표현이며 성문헌법과 동등한 효력을 가진다고 보아야 한다.

05_ 관습헌법의 개정

우리나라의 수도가 서울이라는 점에 대한 관습헌법을 폐지하기 위해서는 헌법이 정한 절차에 따른 헌법개정이 이루어져야 한다. 이 경우 성문의 조항과 다른 것은 성문의 수도조항이 존재한다면 이를 삭제하는 내용의 개정이 필요하겠지만 관습헌법은 이에 반하는 내용의 새로운 수도설정조항을 헌법에 넣는 것만으로 그 폐지가 이루어지는 점에 있다. 다만 헌법규범으로 정립된 관습이라고 하더라도 세월의 흐름과 헌법적 상황의 변화에 따라 이에 대한 침범이 발생하고 나아가 그 위반이 일반화되어 그 법적 효력에 대한 국민적 합의가 상실되기에 이른 경우에는 관습헌법은 자연히 사멸하게 된다. 이와 같은 사멸을 인정하기 위하여서는 국민에 대한 종합적 의사의 확인으로서 국민투표 등 모두가 신뢰할 수 있는 방법이 고려될 여지도 있을 것이다. 그러나 이 사건의 경우에 이러한 사멸의 사정은 확인되지 않는다. 따라서 우리나라의 수도가 서울인 것은 우리 헌법상 관습헌법으로 정립된 사항이며 여기에는 아무런 사정의 변화도 없다고 할 것이므로 이를 폐지하기 위해서는 반드시 헌법개정의 절차에 의하여야 한다.

개념 03 **헌법의 특성**

헌법의 특성이란 일반 법률과 구별되는 헌법의 특징을 말한다. 사실적 측면과 규범적 측면으로 나누어 보기로 한다.

01_ 헌법의 사실적 특성

정치적 공동체의 형성 및 유지는 여러 정치세력간의 투쟁과 타협의 과정을 통해 이루어지므로 헌법은 강한 정치성을 지니게 된다(헌법의 정치성). 헌법규정은 그 내용이 개방적이라는 데 특성이 있지만, 헌법상의 기본원리, 국가의 권력구조, 개방된 문제들을 결정할 절차 등은 개방된 채로 두어서는 안 된다(헌법의 개방성). 헌법은 일정한 이념이나 가치를 구현하고자 한다. 헌법은 일정한 가치체계로서 당시의 지배적 이념을 반영한다(헌법의 이념성).

02_ 헌법의 규범적 특성

헌법은 위헌법률심판 및 명령 · 규칙에 대한 위헌위법심판과 법령소원과 같은 헌법재판제도를 두어 헌법의 최고규범성을 확보하고 있다(헌법의 최고규범성). 헌법은 정치적 공동체의 성립 및 유지에 필요한 국가권력을 조직하고, 이들 기관에게 권한을 부여하는 성격을 지니며, 국가기관의 권한행사는 물론 국가조직의 구성에 대한 규율에 있어서도 국가권력을 통제하는 성격을 지닌다(헌법의 조직, 수권, 제한규범성). 헌법은 스스로 자신의 효력을 보장해야 하는 특성을 지닌다(헌법의 자기보장규범성).

개념 04 헌법의 해석

헌법해석이란 헌법문제를 해결하기 위하여 헌법규범의 객관적 의미내용을 확정하는 법인식작용을 말한다. 헌법문제를 해결하기 위해서는 적용할 헌법규범의 의미를 먼저 확정시키는 작업이 요구된다. 이러한 확정작업을 헌법해석이라 부르게 되는데 헌법해석은 매우 중요한 의의를 지닌다. 추상적인 헌법규범을 어떤 원칙과 방법으로 해석할 것인가에 따라 규범의 의미는 달라질 수 있기 때문이다.

01_ 헌법해석의 원칙

헌법은 가치체계로서 하나의 통일체를 구성하고 있으므로 특정조항에 대한 해석은 다른 조항들과 상호 모순되지 않도록 해석되어야 한다(통일성의 원칙). 헌법해석은 헌법이 부여한 기능의 범위 내에서 이루어져야 하며 기능분배를 왜곡하는 헌법해석은 허락될 수 없다(기능존중의 원칙). 헌법해석은 헌법이 보호하려는 모든 법익이 최대한 실현될 수 있도록 하여야 한다(실제적 조화의 원칙). 헌법해석은 공동체유지에 기여하는 해석이어야 한다(공동체유지의 원칙).

02_ 합헌적 법률해석(헌법합치적 법률해석)

합헌적 법률해석이란 법률이 다의적이고 그 어의의 테두리 안에서 여러 가지 해석이 가능할 때에는 헌법에 합치되는 해석을 택해야 한다는 헌법의 일반원리를 말한다. 헌법합치적 법률해석이 정당화될 수 있는 이론적 근거로 법질서의 통일성 유지, 입법권의 존중, 법적 안정성 등을 들 수 있다. 합헌적 법률해석은 법률조항의 문구가 간직하고 있는 말의 뜻이 완전히 다른 의미로 변질되지 않는 범위 내이어야 하고(문의적 한계), 입법자가 법률제정을 통해 추구하려는 입법의지나 입법목적을 헛되게 하는 것이 되어서는 안 되며(법목적적 한계), 헌법규범의 정상적 수용한도를 넘어서까지 헌법 규범의 내용을 확대해석하여 법률의 효력을 유지해서는 안 되는(헌법수용적 한계) 한계를 지닌다.

02 | 헌법의 제정과 개정 그리고 변천

개념 05 헌법의 제정과 개정 그리고 변천

01_ 헌법의 제정

헌법의 제정이란 헌법을 만드는 법창조행위로서 새로운 정치질서의 형성을 말한다. 헌법의 제정은 신생국가가 만들어지거나 혁명을 통한 새로운 정치권력이 들어설 때 행해진다. 헌법의 제정은 헌법제정권력의 존재가 전제되어야 한다. 헌법제정권력에 의해 헌법은 제정되고 이를 통해 정치적 공동체인 국가가 탄생되기 때문이다. 헌법제정권력이란 헌법을 제정할 수 있는 힘을 말한다.

02_ 헌법의 개정

헌법개정이란 헌법전이 정한 절차에 따라 헌법의 동일성을 유지하면서 헌법전의 내용을 수정 · 삭제 · 추가하는 것을 의미한다. 헌법개정은 규범과 현실을 일치시켜 줌으로써 헌법의 현실적응성을 제고시켜 주고 헌법의 실효성을 유지시켜 준다. 또한 헌법개정은 헌법을 살아있는 규범으로 유지하고 정치적 공동체의 안정에 기여하는 중요한 수단이 된다.

03_ 헌법의 변천

헌법변천이란 헌법조문은 그대로 있으나 그 의미나 내용이 변경되는 현상을 말한다. 헌법변천을 허용할 것인가가 문제되나 헌법조문의 내용이 변경되는 사실적 현상을 부정하기 어렵고, 비록 예외적인 경우에 해당되지만 헌법과 모순되는 국가행위가 반복되어 결과적으로 관습헌법의 지위를 지니게 된 경우라면 헌법변천을 긍정하지 않을 수 없다. 미국 연방헌법은 대통령선거를 간접선거로 규정하고 있으나 정당의 발달로 인해 직접선거와 같이 운용되고 있는데 이는 헌법변천의 예로 볼 수 있다.

03 | 헌법의 보호

개념 06 헌법의 보호

헌법보호란 헌법적대적 세력으로부터 헌법의 기능이 상실되지 않도록 헌법을 방어하는 것을 말하며 동시에 헌법규범이 실효성과 항구성을 지닐 수 있도록 헌법규범을 보장하는 것을 말한다. 헌법보호는 적극적으로는 헌법실현을 보장하는 것(헌법보장)이고 소극적으로는 헌법의 적으로부터 헌법을 방어하는 것(헌법수호)이다.

01_ 평상적 헌법보호제도

헌법은 헌법의 최고법규성의 간접적 선언을 통해 스스로 자기보장기능을 확보하고자 하며, 대통령에게 헌법수호의무의 선서를 통해 헌법준수의무를 강제하고 있고, 권력분립원리를 채택함으로써 국가권력간의 견제와 균형을 통한 권력집중의 방지 및 위헌적 권력행사를 예방하고 있다(사전예방적 보호). 한편 헌법은 헌법재판을 통해 국가의 위헌적인 공권력을 통제하고 있고, 국회가 대통령의 긴급명령 등에 대해 승인 및 계엄해제요구를 할 수 있게 하여 대통령의 긴급권행사를 통제하며, 형법 · 국가보안법을 통해 국헌문란자를 처벌함으로써 헌법을 사후적으로 보호하고 있다(사후교정적 보호).

02_ 비상적 헌법보호제도

비상적 헌법보호제도에는 국가긴급권과 저항권이 있다. 국가긴급권이란 천재지변 · 전쟁 · 경제상 위기 등의 비상사태가 발생한 경우 국가의 존립을 유지하고 헌법질서를 보전하기 위하여 행사되는 비상 · 예외적 권한을 말한다. 국가긴급권은 국가비상사태하에서 국가존립이나 안전을 신속히 회복할 목적으로 예외적으로 발동되어야 한다. 헌법의 존립과 유지, 방어 및 회복을 위한 목적이어야 한다. 저항권이란 국가권력에 의하여 헌법의 기본원리에 대한 중대한 침해가 행하여지고 그 침해가 헌법의 존재 자체를 부인하는 것으로서 다른 합법적인 구제수단으로서는 목적을 달성할 수 없을 때 국민이 자기의 자유와 권리를 지키기 위하여 실력으로 저항하는 권리를 말한다. 헌법재판소는 저항권을 인정하나, 입법과정의 하자는 저항권행사의 대상이 되지 아니한다고 하였다. 반면 대법원은 헌법 및 법률에 저항권에 관하여 아무런 규정 없는 우리나라의 현 단계에서는 저항권이론을 재판의 근거규범으로 채용, 적용할 수 없다고 하였다. 저항권은 국가권력의 행사가 불법이라는 것이 객관적으로 명백하여야 하고(명백성), 헌법질서재건을 위한 최후의 수단이어야 한다(최후수단성).

CHAPTER 02

대한민국 헌법

02

헌법 이야기

게리슨검사의 법정 최후 변론 장면에서의 대사 중에서

게리슨 검사 | 우리 선조가 말했습니다. "애국자는 정부와 싸워야 한다"
우리는 어릴 때 정의라고 하면 배운 말이 있죠.
"정의는 언제나 승리한다"
그러나 나이가 들면서 그게 얼마나 어려운지 알았죠.
정의는 가끔 권력을 위협하고 권력과 싸우는 것은 어렵죠.
믿음을 갖고 싸우는 한 이 나라는 국민의 것이요.
가장 중요한 것은 진실이며, 정부가 진실을 죽였다면
국민이 정부를 믿을 수 없다면,
그건 이미 내 조국이 아닙니다.

〈영화 'JFK'(1991년) 중에서〉

영화 'JFK'는 저자의 오래 전 기억을 자극합니다. 그래서 많은 시간이 흘렀지만 지금도 틈만나면 꺼내어 보고 들어서, 가슴속 깊이 자리 매김하고 있는 명작 중의 명작이기도 합니다. 가끔은 다큐멘터리 같다는 생각도 들지만, 영화 보다 더 영화 같은 매력이 이 영화에는 존재합니다. 뒤에서도 인용한 "back and to the left" 라는 대사와 장면은 영화가 끝나도 아주 오래도록 잔상이 남습니다.

헌정사상 초유의 국정농단 게이트를 수사하고 있는 박영수 특별검사와 모든 관계자분들이 생각이 나는 요즘, 설 연휴도 반납하고 정의와 국민을 위해 최선을 다하고 있는 그분들께 "정의는 살아 있다" 라고 외치시는 국민들과 함께 힘내시라는 응원을 드립니다.

01 | 대한민국 헌법의 제정과 개정

개념 01 대한민국 헌법의 제정과 개정

제헌절인 7월 17일은 4대 국경일의 하나이다. 이에 비해 법의 날인 5월 1일은 법정 기념일로 법무부만 그 날을 기념하고 있다. 법에는 헌법이 포함되는데, 법의 날은 법무부만 기념하는 반면 헌법을 만든 날은 국경일로 지키는 것은 왜 일까. 4대 국경일 중, 제헌절을 3 · 1절, 광복절 · 개천절과 비교할 때 과연 그 지위나 무게가 대등한가에 의문이 들 수 있다.

대한민국 헌법은 1948년 7월 17일 당시 이승만 대통령에 의해 공포됐고, 건국을 기념하는 국경일로 지켜오고 있다. 이 날을 이렇게 중히 여기는 데는 이유가 있다. 제헌절은 대한민국이 법적으로 독립된 국가로 성립됐음을 전 세계에 알리는 날이기 때문이다. 지금은 대한민국의 국가성을 의심하는 나라가 없지만, 1945년 해방 이후 1948년 정부수립과 헌법을 공포할 당시 만해도 그리고 그 이후 상당기간 대한민국은 다른 나라들로부터 국가로 그것도 합법정부로 인정받기를 갈망했었다.

1945년 광복 이후 한반도에 한민족 정부가 세워지길 염원했지만, 당시 상황은 그리 녹록하지 않았다. 2차 대전이 종전으로 향해 갈 무렵, 미 · 영 · 중 · 소의 종전 후 계획이 언급될 때마다 한국의 운명은 풍전등화였다. 또 미 · 소 양진영의 대립으로 대한민국을 신탁통치 하겠다는 결정까지 있었으며, 그리될 수도 있는 매우 위험한 상황까지 갔었다. 그러나 우리는 독립국가를 이루어냈다. 제헌절은 단순히 헌법이라고 하는 법을 만든 날이어서가 아니라 대한민국이 법적으로 독립국가가 되었음을 공포한 날이기에 중요한 것이다. 그래서 법의 날과 제헌절은 비교할 수 없을 정도로 큰 차이가 있다.

〈제헌절과 건국 그리고 헌법, 김학성 칼럼, 일간투데이 인용〉

구분	년도	내용
건국 헌법	(1948.7.17)	대통령제(기본구조) + 의원내각제(가미)
제1공화국	제1차(1952.7.7)	발췌개헌
	제2차(1954.11.29)	사사오입개헌
제2공화국	제3차(1960.6.15)	제2공화국의 성립
	제4차(1960.11.29)	부칙 개정
제3공화국	제5차(1962.12.26)	제3공화국의 성립
	제6차(1969.10.21)	삼선개헌
제4공화국	제7차(1972.12.27)	제4공화국의 성립
제5공화국	제8차(1980.10.27)	제5공화국의 성립
현행 헌법	제9차(1987.10.29)	제6공화국의 성립

개념 02 우리 헌법의 개정절차

우리나라 헌법은 제정된지 40년 동안에 12차례의 개정안이 제출되었고, 이 중 9차에 걸쳐 개헌이 이루어졌다. 개헌과정에서 나타난 특징을 살펴보면, 개정의 빈도가 잦았고, 대통령의 임기나 선출방법에 관한 것이 주된 내용이며, 절차의 위헌성이 많았고, 주로 국민투표로써 확정지었다는 점 등이다. 한마디로 집권을 위한 또는 집권연장을 위한 헌법개정의 역사라 해도 과언이 아니다. 헌법은 정치권력에 대한 한계로 기능하지 못하고 정권창출과 유지를 위한 도구에 불과하였다. 현행헌법은 여 · 야간의 합의로 이룩된 최초의 헌법이란 점에서 헌정사적 의의가 크다.

제128조 ① 헌법개정은 국회재적의원 과반수 또는 대통령의 발의로 제안된다. ② 대통령의 임기연장 또는 중임변경을 위한 헌법개정은 그 헌법개정 제안 당시의 대통령에 대하여는 효력이 없다.

제129조 제안된 헌법개정안은 대통령이 20일 이상의 기간 이를 공고하여야 한다.

제130조 ① 국회는 헌법개정안이 공고된 날로부터 60일 이내에 의결하여야 하며, 국회의 의결은 재적의원 3분의 2 이상의 찬성을 얻어야 한다. ② 헌법개정안은 국회가 의결한 후

30일 이내에 국민투표에 붙여 국회의원선거권자 과반수의 투표와 투표자 과반수의 찬성을 얻어야 한다. ③ 헌법개정안이 제2항의 찬성을 얻은 때에는 헌법개정은 확정되며, 대통령은 즉시 이를 공포하여야 한다.

단계	기간	요건
제안		• 국회재적의원 과반수 • 대통령
↓		
공고	20일 이상	
↓		
국회의 의결	60일 이내	• 국회재적의원 2/3 이상 찬성
↓		
국민 투표	30일 이내	• 국회의원선거권자 과반수 투표와 투표자 과반수의 찬성
↓		
공포		

01_ 제안 헌법은 헌법개정의 제안권을 대통령과 국회에 부여하고 있다. 제2차 개정헌법, 제2공화국 및 제3공화국 헌법에서와 같은 국민의 헌법개정제안권은 인정하고 있지 않다. 대통령은 국무회의의 심의를 거쳐 헌법개정안을 제안하며, 국회의원은 재적 과반수로 헌법개정안을 제안한다. 역대 헌법 중 대통령에게 헌법개정제안권을 허용하지 않은 것은 제3공화국 헌법뿐이다.

02_ 공고 제안된 헌법개정안은 대통령이 20일 이상의 기간 이를 공고하여야 한다. 공고절차를 둔 이유는 국민의 합의를 만들어내기 위함이므로 합헌적 개헌에는 필수적으로 요구되는 절차가 된다. 공고기간 동안에는 개헌안에 대한 찬반토론 및 의사표현이 자유롭게 보장되어야 한다.

03_ 국회의 의결 국회는 헌법개정안이 공고된 날로부터 60일 이내에 의결하여야 한다. 국회의 의결에는 재적의원 3분의 2 이상의 찬성을 얻어야 한다. 수정의결은 허용되지 않는다. 수정의결은 공고되지 아니한 개헌안을 의결하는 것이 되어 헌법개정절차에서 공고제도가 지니는 취지에 위배되기 때문이다. 역사적 책임소재를 분명히 하기 위하여 기명투표로 한다.

04_ 국민투표 국회의 의결을 거친 헌법개정안은 국회가 의결한 후 30일 이내에 국민투표에 회부되며 국회의원 선거권자 과반수의 투표와 투표자 과반수의 찬성을 얻어야 한다. 국민투표에 부치는 것은 국민주권사상에 충실하기 위한 것이나 국민투표적 정당성만을 얻으려는 구실로 전락되어서는 안 된다. 국민투표의 효력에 관하여 이의가 있는 경우에는 투표인 10만 이상의 찬성으로 중앙선거관리위원회위원장을 피고로 투표일 20일 이내에 대법원에 제소할 수 있다.

05_ 공포 헌법개정안이 확정되면 대통령은 이를 즉시 공포하여야 한다. 개정된 헌법의 효력발생시기에 관하여 공포시로 보는 견해와 20일 경과시로 보는 견해의 대립이 있다. 20일 경과시로 보는 견해가 논리적이긴 하나, 공포시로 보는 것이 관례이다. 다만 정치일정상 부칙에 그 시행시기를 천명하는 경우가 보통이다.

02 | 대한민국 헌법의 존립기초

개념 03 국가와 대한민국의 국가형태

국가란 특정한 목적과 과제를 가지고, 일정한 지역을 토대로, 하나의 권력에 의하여 결합된 인간의 집단을 의미한다. 국가는 일정한 지역을 존립요건으로 하지 않는 일반 사회단체 등과 구별되며, 하나의 최고 · 독립의 권력을 행사할 수 없는 지방자치단체와 구별된다. 국가는 헌법에 따라 의사결정능력과 행위능력을 지니고 권리 · 의무의 주체로서 법인격을 지니며, 국내외적으로 권리 · 의무를 부담한다. 이러한 국가는 일반적으로 국민과 영역을 존립기초로 하며, 국민과 영토에 대한 지배권, 즉 국가권력(주권)을 갖는다.

01_ 국가형태의 내용

국가를 국가권력의 구성방법에 따라 분류할 때 군주국과 공화국으로 구별된다. 군주국이란 군주주권원리에 근거하여 세습적 군주가 국가권력을 행사하는 정치체제를 말한다. 반면 공화국이란 비군주국 또는 군주제폐지 이후에 만들어진 좀 더 진보된 정치적 문화에 대응하는 정치체제를 말한다. 공화국은 대통령을 국가원수나 국가대표로 하는 국가형태를 말한다(군주국과 공화국). 주권이 국민에게 귀속되는 경우에도 국민의 성격에 따라 공화국의 국가형태는 민주공화국과 인민공화국으로 분류할 수 있다. 전자는 주권이 전체 국민에게 귀속되는 국가형태를 말하지만 후자는 주권이 특정 계급(노동자, 농민 등 프롤레타리아)에만 귀속되는 국가형태를 말한다(민주공화국과 인민공화국). 한편 단일국가란 국가의 구성이 단일한 중앙집권적인 국가를 말하나, 연방국가란 실질적으로 국가의 성격을 지니는 각 주가 전체국가를 형성한 국가를 말한다(미국, 독일). 단일국가와 연방국가는 '국가권력구조'를 기준으로 한 국가형태에 해당된다. 국가연합이란 독립된 국가들 간의 합의(조약)에 의한 정치적 결합체를 말한다(오스트리아-헝가리 국가연합, 독립국가연합).

02_ 대한민국의 국가형태

제1조 ① 대한민국은 민주공화국이다.

헌법 제1조 제1항은 우리나라의 국호가 대한민국이며 대한민국의 국가형태가 민주공화국임을 밝히고 있다. 국호 대한민국은 대한민국이 한반도에서 대한민국임시정부의 유일한 계승자임을 나타내는 중요한 근거가 된다. 헌법의 민주공화국은 모든 국민의 절대적 합의에 기초한 기본적 결단으로 우리 헌법의 핵에 해당되며, 헌법개정의 대상이 될 수 없다. 민주공화국은 대한민국의 조직 및 운영의 원리가 된다.

개념 04 국민과 국적 및 재외국민의 보호

03

헌법 이야기

아주 오래전 저자가 법률저널에 1년 동안 연재했던 글 중에서, 대한민국 국가대표 축구팀 감독이었던 히딩크(애칭이자 명예 주민등록증의 '히동구')의 특별귀화(대한민국에 특별한 공로가 있는 자, 국적법 §7①. 2호) 해프닝이 떠오릅니다. 2002년 한일월드컵 때 우리나라에 영원히 잊지 못할 월드컵 4강신화의 대하드라마를 만들었던 히딩크 감독에 대한 특별귀화 움직임(?)이 언론에 보도된 바 있었으나, 본인이 귀화까지는 원하지 않아 특별귀화가 되지는 않은 것으로 알려져 있습니다.

최근에는 한국인과 결혼까지 한 두산베어스의 에이스 투수 니퍼트를 귀화시켜 2017 월드베이스볼클래식(WBC)에 나가게 했다면 어떨까 하는 상상을 해본 적도 있습니다. 김성근 감독님과 이글스 팬인 저자는 2016년 프로야구 정규시즌에서 혼자서 22승을 거둔 니퍼트가 그저 부럽기만 합니다. 2017년에는 나의 이글스가 가을야구 마지막날의 주인공이 되기를 간절히 바랍니다.

제2조 ① 대한민국의 국민이 되는 요건은 법률로 정한다.② 국가는 법률이 정하는 바에 의하여 재외국민을 보호할 의무를 진다.

- **국적 취득**
  - **선천**
    - **속인주의(혈통주의)**
    - **속지주의(출생지주의)**
  - **후천**
    - **인지**
    - **귀화**
    - **입양**
    - **수반취득**
    - **국적회복**

- **국적 상실**
  - **국적상실**
  - **국적보유**

국민이란 국가에 소속하여 통치권에 복종할 의무를 지닌 개개의 자연인을 말한다. 국민은 법적 개념으로, 혈연을 기초로 한 자연적 개념으로서의 민족과 구별되고 생물학적 개념인 인종과도 구별된다. 또 국민은 국가적 질서와 대립되는 사회적 개념으로서 사회의 구성원을 말하는 인민과 구별된다. 국민의 요건인 국적은 다른 부분단체와 달리 소속원의 가입의사나 동의가 필요 없으며 법이 정한 요건을 충족하면 자동으로 취득된다. 국적이란 국민이 되는 자격을 말한다. 우리나라는 국적법을 통해 국적을 규율하고 있다(국적단행법주의).

대한민국의 국민자격은 국적법으로 정한다. 국적법은 국적에 관하여 (제한적)복수국적주의, 부모양계혈통국적주의, 부부별개국적주의를 취하고 있다.

01_ 국적의 취득

(1) 선천적 국적취득

출생에 의한 선천적 국적취득도 부모의 혈통에 따라 국적을 취득하는 혈통주의(일명 속인주의)와 출생한 지역에 따라 국적이 부여되는 출생지주의(일명 속지주의)로 구별된다. 국적법은 혈통주의를 원칙으로 하며 예외적으로 출생지주의를 채택하고 있다. 출생 당시에 부 또는 모가 대한민국의 국민인 자는 출생과 동시에 대한민국 국적을 취득한다. 그러나 부모가 모두 분명하지 아니한 경우나 국적이 없는 경우에는 대한민국에서 출생한 자에게 우리 국적을 부여한다. 대한민국에서 발견된 기아는 대한민국에서 출생한 것으로 추정하여 우리 국적을 부여한다.

(2) 후천적 취득

인지란 혼인 외에 출생한 자를 자신의 자녀로 인정하는 의사표시를 말한다. 외국인이 대한민국 국민인 부 또는 모에 의하여 인지될 때, 다음 조건을 충족한 경우 법무부장관에게 신고하면 대한민국 국적을 취득할 수 있다. 인지 상대방이 대한민국 민법상 미성년자이며 출생할 당시 부 또는 모가 대한민국 국민이었어야 한다. 귀화란 외국인으로서 대한민국 국적을 취득하는 것을 말한다. 국적취득에는 법무부장관의 허가가 있어야 한다. 국적법상 귀화에는 일반귀화, 간이귀화, 특별귀화가 있다. 입양이란 부부와 그 친생자 사이의 법률관계를 설정할 목적으로 양자가 되려는 자와 양부모가 되려는 자 사이에 체결하는 신분법상의 계약을 말한다. 간이귀화의 대상인 성년자 입양과 특별귀화의 대상인 미성년 입양이 있다. 수반취득이란 타인의 국적취득에 수반되어 국적을 취득하는 것을 말한다. 외국인이 우리 국적을 취득하는 경우 대한민국 민법상 미성년인 자는 부 또는 모의 국적취득에 수반되어 우리 국적을 취득할 수 있다. 이 경우 미성년인자는 부 또는 모의 귀화신청시 함께 국적취득을 신청하여야 한다. 국적회복이란 우리 국적을 상실한 자가 우리 국적을 다시 취득하는 것을 말한다. 국적의 회복은 과거 우리 국민이었던 자를 대상으로 한다는 점에서 우리 국적을 취득한 적이 없는 순수 외국인을 대상으로 하는 귀화와 구별된다. 대한민국의 국민이었던 외국인은 법무부장관의 국적회복허가를 받아 대한민국 국적을 취득할 수 있다.

02_ 국적의 상실

국적상실이란 대한민국의 국민으로서 자진하여 외국국적을 취득한 자는 그 외국국적을 취득한 때에 대한민국국적을 상실하는 것을 말한다. 대한민국 국민이 자진하여 외국 국적을 취득한 경우 대한민국 국적을 상실하도록 함으로써 복수국적을 불허하는 국적법은 국민에 대한 보호를 복수의 국가에게 인정할 경우 출입국 및 체류관리, 외교적 보호권의 중첩 등을 방지하기 위한 것으로 거주 · 이전의 자유에 대한 침해로 볼 수 없다. 국적보유제도란 혼인, 입양, 인지 등과 같이 비자발적으로 외국국적을 취득하게 된 때에는 6개월 내에 법무부장관에게 대한민국국적을 보유할 의사가 있다는 뜻을 신고하면 대한민국국적이 상실되지 않는 것을 말한다.

03_ 재외국민의 보호

재외국민이란 대한민국 국적을 가진 자로서 외국의 영주허가를 가지거나 장기간 외국에 체류하는 자를 말한다. 헌법재판소는 2007.6.28. 결정에서, 재외국민에게 선거권과 부재자투표를 허용하지 않는 것이 합헌이라는 종전의 결정을 뒤집고, 헌법불합치 결정을 선고하였다.

개념 05 영 역

영역이란 국가가 배타적으로 지배할 수 있는 공간을 말하는 것으로, 국가의 공간적 존립기초를 이룬다. 영역은 영토 · 영해 · 영공으로 구성된다.

> 제3조 대한민국의 영토는 한반도와 그 부속도서로 한다.
>
> 제4조 대한민국은 통일을 지향하며, 자유민주적 기본질서에 입각한 평화적 통일 정책을 수립하고 이를 추진한다.

01_ 영역(영토, 영해, 영공)

영토란 영역의 기초를 이루는 토지를 말한다. 영토를 기초로 영해가 정해지며 영토와 영해의 수직적 상공이 영공이다. 대한민국의 영토는 한반도와 그 부속도서이다. 영해의 범위에 관해 다양한 견해가 제시되고 있으나 통상 영토로부터 12해리까지를 영해로 본다. 대한민국의 영해는 기선으로부터 측정하여 그 외측 12해리의 선까지에 이르는 수역으로 한다.

영공은 지배가능한 상공에 한정되며 그 한계에 관해 논란이 많으나 일반적으로 대기권까지로 본다.

02_ 영토조항과 영토권

영토조항으로부터 영토권이라는 기본권을 도출할 수 있는가가 문제된다. 헌법재판소는 영토권을 하나의 기본권으로 인정하는 입장을 보이고 있다.

03_ 북한 및 북한주민의 법적지위

현 단계에 있어서의 북한은 조국의 평화적 통일을 위한 대화와 협력의 동반자임과 동시에 대남적화노선을 고수하면서 우리 자유민주주의체제의 전복을 획책하고 있는 반국가단체라는 성격도 함께 가진다. 북한주민은 북한주민의 지위와 대한민국 국민의 지위를 모두 지니는 이중적 지위에 있다고 할 것이다.

03 | 대한민국 헌법의 전문

개념 06 대한민국 헌법의 전문

헌법전문이란 헌법의 본문 앞에 있는 서문을 말한다. 일반적으로 헌법전문에는 헌법의 성립유래와 제정목적, 헌법이 목표로 하는 이념과 가치, 헌법을 구성하고 지배하는 지도적 원리, 제정자와 제정일자 등이 규정된다. 헌법전문을 두지 않은 헌법도 많이 있지만 일반적으로 전문을 두고 있다. 헌법전문은 헌법의 필수불가결의 요소로 볼 수 없다. 일반 법령에는 전문을 두지 않는데 헌법은 전문을 별도로 두는 것이 특색이다.

전문 유구한 역사와 전통에 빛나는 우리 대한국민은 3 · 1운동으로 건립된 대한민국임시정부의 법통과 불의에 항거한 4 · 19민주이념을 계승하고, 조국의 민주개혁과 평화적 통일의 사명에 입각하여 정의 · 인도와 동포애로써 민족의 단결을 공고히 하고, 모든 사회적 폐습과 불의를 타파하며, 자율과 조화를 바탕으로 자유민주적 기본질서를 더욱 확고히 하여 정치 · 경제 · 사회 · 문화의 모든 영역에 있어서 각인의 기회를 균등히 하고, 능력을 최고도로 발휘하게 하며, 자유와 권리에 따르는 책임과 의무를 완수하게 하여, 안으로는 국민생활의 균등한 향상을 기하고 밖으로는 항구적인 세계평화와 인류공영에 이바지함으로써 우리들과 우리들의 자손의 안전과 자유와 행복을 영원히 확보할 것을 다짐하면서 1948년 7월 12일에 제정되고 8차에 걸쳐 개정된 헌법을 이제 국회의 의결을 거쳐 국민투표에 의하여 개정한다.

01_ 헌법전문의 법적 성격

헌법전문이 규범적 효력을 갖는가에 관하여 헌법전문은 헌법제정의 역사적 설명에 불과하거나 또는 제정유래나 목적 등을 선언한 것에 지나지 않아 법적 구속력이 없다는 부정설과 헌법전문은 헌법을 만든 자의 기본적 의지가 표현된 것으로 헌법의 본질적 부분을 형성하며 그렇기에 헌법전문이야말로 헌법 중의 헌법의 성격을 갖게 된다는 긍정설(통설 및 판례)이 대립한다.

02_ 대한민국 헌법의 전문

헌법전문은 모든 국가기관과 국민이 존중하고 지켜야 하는 최고의 가치규범이며, 최고규범으로서의 헌법전문은 헌법본문을 포함한 모든 법령의 해석기준이 된다. 한편 헌법전문은 헌법제정자의 근본적 의지의 표현으로 헌법의 핵에 해당하므로 헌법전문의 근본이념이나 가치, 또는 제정목적을 변경하는 헌법개정은 허용될 수 없다. 헌법전문은 헌법본문을 포함하여 모든 법령의 해석기준이 되며 모든 국가기관과 국민이 준수해야 하는 최고의 가치의 성격을 지니는 것으로 재판과정에서 직접 원용될 수 있는 재판규범으로 보아야 한다.

04 헌법의 기본원리

개념 07 헌법의 기본원리

헌법의 근본적 이념을 실현하고 헌법에 주어진 과제를 달성하기 위해 헌법은 이를 수행할 조직과 절차를 규정하고, 조직과 절차가 운영될 수 있는 법적 토대를 마련하여야 한다. 헌법에 부과된 과제를 수행함에 있어서는 준수되지 않으면 안 될 지도원리나 원칙이 요구된다. 특정한 원칙 없이 저마다의 판단에 따라 자유롭게 행동한다면 정치적 공동체의 형성 · 유지가 저해되며 법적 토대가 흔들리게 되어 정치적 공동체의 위기로 이어질 수 있고, 결국에는 헌법의 근본이념을 달성하는 데 이르지 못하게 되기 때문이다.

01_ 헌법의 기본원리

헌법은 정치적 공동체의 기본골격과 조직을 마련하고, 마련된 법적 토대가 올바르게 유지될 수 있도록 기본적이고, 구조적이며, 기초를 이루는 원리를 요구하는데 이것이 헌법의 기본원리이다. 헌법의 기본원리는 헌법을 비롯한 모든 법령해석의 기준과 한계 역할을 담당하며 입법 · 사법 · 행정의 모든 국가작용에 있어 준수되어야 할 행동지침이 된다. 특히 기본권제한입법에 대한 위헌심사에서는 결정적 해석(판단)기준이 된다.

02_ 대한민국 헌법의 기본원리

헌법의 기본원리는 임의로 설정되는 것이 아니며 설정될 수도 없다. 우리 헌법은 헌법전문에서 헌법의 기본원리를 선언하고 있으며 헌법본문에서도 직간접적으로 표현하고 있다. 우리 헌법은 국제관계에 있어서는 국제평화주의원리를 기본원리로, 국내질서에서는 민주주의원리, 법치주의원리, 사회국가원리, 문화국가원리를 기본원리로 채택하고 있다.

05 | 민주주의 원리

5-1 민주주의

개념 08 민주주의 원리

민주주의의 발상지인 아테네의 민주주의(demokratia)는 영어의 people(인민)을 말하는 demos와 영어의 rule(통치)을 말하는 kratia의 합성어로서, 민주주의는 인민에 의한 통치를 말한다. 인민에 의한 통치에서 인민은 아테네시절에서는 전체인구의 4분의 1에 불과한 시민권자를 말하였고, 보통선거가 실시되기 전 영국은 일정한 교육과 세금을 납부한 사람만을 지칭한 개념이었다. 즉 인민은 보통사람을 의미하는 것이 아니라 통치의 주체로서 참정권을 보유한 사람을 의미하였다.

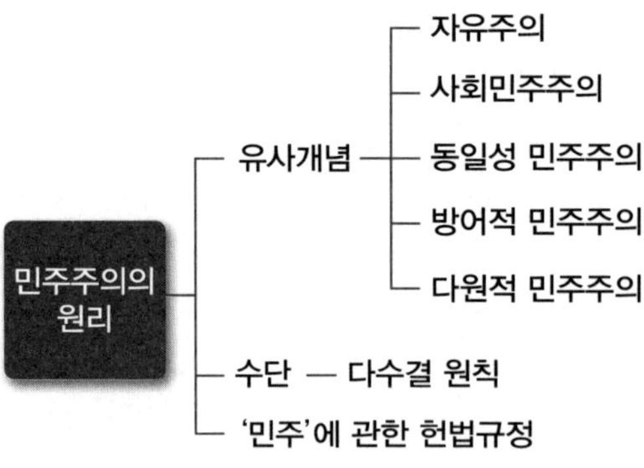

제4조 대한민국은 통일을 지향하며, 자유민주적 기본질서에 입각한 평화적 통일 정책을 수립하고 이를 추진한다.

제8조 ④ 정당의 목적이나 활동이 민주적 기본질서에 위배될 때에는 정부는 헌법재판소에 그 해산을 제소할 수 있고, 정당은 헌법재판소의 심판에 의하여 해산된다.

01_ 의의

민주주의란 자유와 평등의 기본가치를 실현하고자 국민이 주인이어야 하는 통치원리를 말한다. 민주주의는 자유와 평등을 실현하려는 정치원리로서, 모든 국가권력의 정당성이 국민에게 있으며 국민에 의해 국가권력이 만들어지고 행사되도록 하는 통치원리라 하겠다.

02_ 민주주의 수단(다수결원칙)

다수결원칙이란 다수의 의사를 공동체의 전체의사로 간주하는 공동체의 의사결정방법을 말한다. 다수결원칙은 만장일치 결정방법과 구별된다. 다수결원칙은 선거 등 국가를 구성하는 방법에 적용되지만 국가 이외의 다른 모든 사적단체의 의사결정에도 일반적으로 적용된다. 다수결원칙은 의사결정의 당연한 방법으로 인정되며 다수결요청을 충족한 의사결정은 정당하다는 평가를 받는다.

03_ 민주에 관한 헌법규정

우리 헌법은 헌법 전문을 위시하여 여러 조항에서 민주란 용어를 사용하고 있다. 헌법전문에는 '4 · 19 민주이념', '조국의 민주개혁', '자유민주적 기본질서'가 규정되어 있다. 헌법본문에는 제1조 제1항의 '민주공화국', 제4조의 '자유민주적 기본질서'에 입각한 통일조항, 제8조 제2항의 '민주적' 정당조직, 제8조 제4항의 '민주적 기본질서'로서의 정당해산사유, 제32조 제2항의 '민주주의 원칙'에 따른 근로의무의 내용과 조건, 제119조 제2항의 '경제의 민주화'를 위한 경제에 관한 규제와 조정에서 민주란 용어가 등장한다.

더 알아보기

• **자유주의:** 자유주의는 다양한 모습과 다의적 성격 때문에 한마디로 정의하기 어려우나 법의 지배 아래에서 개인의 자유를 보장하는 정치이념을 말한다. 민주주의와 자유주의가 동일한 것은 아니라 하더라도 양립될 수 없는 것은 아니다. 자유주의와 민주주의는 일정부분 대립하는 요소가 있지만 양자를 모순관계로 볼 수는 없다.

• **사회민주주의:** 사회민주주의란 사회민주주의를 그 이념으로 하는 민주주의로서 사회주의를 지배원리로 하는 사회주의(공산주의)와 구별된다. 사회민주주의는 자유와 평등의 민주주의 이념 중 소홀히 취급되었던 '실질적 평등'의 적극적 실천을 이념으로 하는 민주주의의 또 다른 유형이다.

• **동일성 민주주의:** 동일성 민주주의이론은 피치자인 국민이 치자의 지위를 지닐 때 진정한 민주주의라는 주장을 말한다. 민주주의 통치형태의 이상은 직접 민주정치형태인 '국민에 의한 자기지배'임이 분명하다. 동일성이론은 지배객체에 불과한 국민의 지위를 지배주체로 높이는 데 기여하였다.

• **방어적 민주주의:** 방어적 민주주의란 민주주의의 이름으로 민주주의 그 자체를 파괴하려는 민주주의의 적에 대하여 자신을 수호하기 위한 자기방어적 민주주의를 말한다. 세계 제2차 대전 후, Bonn 기본법은 바이마르시대의 경험을 거울삼아 민주주의를 보호하기 위한 장치를 두었는데, 바로 위헌정당해산제도와 기본권 실효제도이다. 독일 연방헌법재판소에 의해 만들어진 방어적 민주주주의 이론은 우리 헌법재판소에 의해서도 수용된바 있다.

• **다원적 민주주의:** 민주주의는 다원주의를 전제로 하여, 사회 내의 다양한 의견과 이해를 조정하여 하나의 정치적 의사를 만들어 낸다. 사회(이익)단체의 사전적 의사형성 없는 민주주의나 민주주의 정치과정은 생각할 수 없다. 사회단체 및 그 구성원들은 그들의 다양한 견해, 방향, 이익을 대변하기 위해 다양한 방법으로 자신들의 의사를 표명하면서 국가의 정치적 의사형성과정에 참여한다. 이렇듯 민주주의는 다원적일 수밖에 없다.

5-2 국민주권

개념 09 국민주권

국민주권이란 주권이 국민에게 있는, 있어야 한다는 원리를 말한다. 민주주의는 국민주권에 기초하고 있다. 근대국가형성에 결정적 역할을 담당했던 주권개념은 민주주의 원리와 결합되면서 국민주권을 만들어내었고 국민주권은 민주주의를 관철시키는 데 크게 기여하였다.

> 제1조 ① 대한민국은 민주공화국이다. ② 대한민국의 주권은 국민에게 있고, 모든 권력은 국민으로부터 나온다.

01_ 국민주권과 인민주권

국민주권에서 주권의 소지자가 구체적으로 누구인가에 따라 전체국민으로 이해하는 국민주권론(소위 Nation주권)과 개개 국민의 총체로 보는 인민주권론(소위 Peuple 주권)으로 나눌 수 있다.

02_ 대한민국 헌법과 국민주권

헌법 제1조 제2항은, '대한민국의 주권은 국민에게 있고, 모든 권력은 국민으로부터 나온다'고 하여 국민주권을 규정하고 있다. 헌법은 전문과 제1조 제1항의 민주공화국에서도 국민주권을 채택하고 있음을 간접으로 나타내고 있다. 헌법 제1조 제2항의 국민주권은 모든 국가질서의 정당성의 근거가 되며, 국가질서의 방향을 제시함과 동시에 국민이 국사의사형성에 주도적으로 참여할 수 있는 근거가 된다. 국민주권주의는 국가권력의 주체가 국민이며, 국민만이 국가권력에게 정당성을 부여할 수 있다는 것이다. 또한 국가 최고의 의사결정권이 국민에게 귀속된다는 의미이다.

5-3 정당제도

개념 10 정당제도

현대 민주주의 국가에서 정당은 필수불가결의 존재로 인식되고 있으나 정당이 처음부터 이와 같은 지위를 가지게 된 것은 아니다. 정당의 기원은 17세기 영국의 토리당과 휘그당으로 알려져 있다. 초기의 민주주의 사상가들은 정당에 대해 부정적 입장을 취할 수밖에 없었다. 직접 민주주의를 민주주의의 이상으로 여기는 루소나 국민대표의 자유위임을 강조하는 자유주의의 입장은 정당의 매개를 부정적으로 이해하게 된다. 정당에 대한 국가의 태도를, H. Triepel은 적대시단계, 무시단계, 승인 및 합법화 단계, 헌법에의 편입단계의 4가지 발전단계로 나누어 구분하였다.

헌법은 정당의 개념을 규정하고 있지 않지만 정당개념을 정당법에 모두 맡기고 있지는 않다. '정당은 정치적 의사형성에 참여하는데 필요한 조직을 가져야 한다'고 하는 헌법 제8조 제2항 후문은 정당에 요구되는 중요한 요소를 규정한 것으로 보아야 한다. 헌법이 요구하는 정당의 요소는 정치적 의사형성에 참여와 필요한 조직이다. 정당에 대한 구체적 정의는 정당법에서 규정하고 있는데, '정당은 국민의 이익을 위하여 책임 있는 정치적 주장이나 정책을 추진하고 공직선거의 후보자를 추천 또는 지지함으로써 국민의 정치적 의사형성에 참여함을 목적으로 하는 국민의 자발적 조직을 말한다'고 한다.

제8조 ① 정당의 설립은 자유이며, 복수정당제는 보장된다. ② 정당은 그 목적 · 조직과 활동이 민주적이어야 하며, 국민의 정치적 의사형성에 참여하는데 필요한 조직을 가져야 한다. ③ 정당은 법률이 정하는 바에 의하여 국가의 보호를 받으며, 국가는 법률이 정하는 바에 의하여 정당운영에 필요한 자금을 보조할 수 있다. ④ 정당의 목적이나 활동이 민주적 기본질서에 위배될 때에는 정부는 헌법재판소에 그 해산을 제소할 수 있고, 정당은 헌법재판소의 심판에 의하여 해산된다.

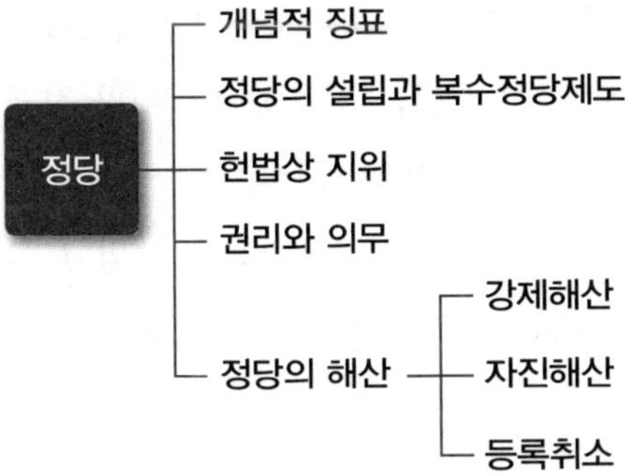

01_ 정당의 의의

우리 헌법 및 정당법상 정당의 개념적 징표로서는 ① 국가와 자유민주주의 또는 헌법질서를 긍정할 것, ② 공익의 실현에 노력할 것, ③ 선거에 참여할 것, ④ 정강이나 정책을 가질 것, ⑤ 국민의 정치적 의사형성에 참여할 것, ⑥ 계속적이고 공고한 조직을 구비할 것, ⑦ 구성원들이 당원이 될 수 있는 자격을 구비할 것 등을 들 수 있다. 즉, 정당은 정당법 제2조에 의한 정당의 개념표지 외에 예컨대 독일의 정당법(제2조)이 규정하고 있는 바와 같이 "상당한 기간 또는 계속해서" "상당한 지역에서" 국민의 정치적 의사형성에 참여해야 한다는 개념표지가 요청된다고 할 것이다. 헌법 제8조 제1항은, '정당의 설립은 자유이며, 복수정당제는 보장된다'고 규정하고 있다.

02_ 정당의 헌법상 지위

정당은 국민과 국가의 중개자로서 정치적 도관(導管)의 기능을 수행하여 주체적 · 능동적으로 국민의 다원적 정치의사를 유도 · 통합함으로써 국가정책의 결정에 직접 영향을 미칠 수 있는 규모의 정치적 의사를 형성하고 있다. 이와 같이, 정당은 오늘날 대중민주주의에 있어서 국민의 정치의사형성의 담당자이며 매개자이자 민주주의에 있어서 필수불가결한 요소이기 때문에, 정당의 자유로운 설립과 활동은 민주주의 실현의 전제조건이라고 할 수 있다. 정당은 국민의 이익을 위하여 책임 있는 정치적 주장이나 정책을 추진하고 공직선거의 후보자를 추천 또는 지지함으로써 국민의 정치적 의사형성에 참여함을 목적으로 하는 국민의 자발적 조직으로, 그 법적 성격은 일반적으로 사적 · 정치적 결사 내지는 법인격 없는 사단으로 파악되고 있다.

03_ 정당의 권리와 의무

정당은 일반결사에 비하여 설립, 활동, 존립에 있어 특권을 누린다. 헌법은 정당의 경우 일반결사와 달리 설립의 자유를 보장하는 명시적 규정을 두고 있다. 정당은 정당의 운영에 필요한 자금을 국가로부터 보조받을 수 있는 특권을 지닌다. 특히 정당은 그 존립에 대해 매우 특별한 보호를 받는다. 한편, '정당은 그 목적 · 조직과 활동이 민주적이어야 하며, 국민의 정치적 의사형성에 참여하는 데 필요한 조직을 가져야 한다'고 규정하고 있다. 민주주의를 실현하고자 하는 자는 그 자신이 먼저 민주적이어야 한다. 헌법은 다른 단체와 달리 정당에게 당내 민주주의를 요구하고 있다. 정당의 목적, 조직, 활동에 있어 민주성이 요구된다.

04_ 정당의 해산

정당법 제44조와 제48조는 등록이 취소된 정당에 대해 사실상 강제해산을 시키고 있다. 정당해산의 요건은 정당의 목적이나 활동이 민주적 기본질서에 위배되어야 하며, 제소권자는 정부이고, 정당해산심판의 인용결정에는 헌법재판소의 9인의 재판관 중 6인 이상의 찬성을 요한다. 헌법재판소의 정당해산결정이 있으면 해산의 효과가 나타나는데 그 때부터, 즉 선고가 있은 때부터 정당의 모든 특권은 상실된다(강제해산). 자진해산이란 정당 스스로의 결정에 의한 해산을 말한다. 정당은 대의기관의 결의로써 자유롭게 언제든지 해산할 수 있고, 대표자는 당해 선거관리위원회에 신고하여야 한다(자진해산). 정당은 일정한 경우 등록이 취소된다. 중앙선거관리위원회는 정당의 조직이 그 기준에 미달된 경우, 최근 4년간 국회의원총선거 또는 임기만료에 의한 지방자치단체의 장의 선거나 시 · 도의회의원의 선거에 참여하지 아니한 경우, 정당에 대한 등록을 취소한다(등록취소).

개념 10-1 정치자금

정치자금은 민주주의의 두 얼굴이다. 민주주의의 비용이지만 정치부패의 요인도 되기 때문이다. 정치자금은 정치권력을 장악하는데 드는 불가피한 비용이지만 동시에 불공정과 저효율을 가져다준다. 그래서 정치자금은 민주정치의 필요악이라 칭해지기도 한다. 정당이 자신에게 부여된 헌법적 과제를 담당하는 데에는 많은 경비가 소요된다. 정당의 조직이나 활동을 위한 경비는 원칙적으로 구성원의 당비나 후원금으로 마련되어야 한다. 그러나 당원의 당비만으로 이를 해결하는 것은 불가능에 가깝고, 개인이나 단체에 의한 후원금이나 기탁금 역시 기부문화가 정착되지 못한 환경에서는 규모도 작고 지속성도 불확실하여 정당의 재정안정성을 확보하기 어렵거니와 더 나아가 기부자의 이해에 종속될 우려가 있다. 국가의 재정지원 역시 국가로부터 자유로울 수 없다는 위험이 따르지만, 예측가능하고 안정된 지원이 가능하므로, 정당이 담당하는 헌법적 과제를 감안할 때 정당에 대한 재정지원으로 국고보조는 차선책이지만 불가피한 제도로 여겨진다.

제8조 ③ 정당은 법률이 정하는 바에 의하여 국가의 보호를 받으며, 국가는 법률이 정하는 바에 의하여 정당운영에 필요한 자금을 보조할 수 있다.

제116조 ② 선거에 관한 경비는 법률이 정하는 경우를 제외하고는 정당 또는 후보자에게 부담시킬 수 없다.

01_ 헌법과 국고보조

헌법은 제8조 제3항 후단에서, '국가는 법률이 정하는 바에 의하여 정당의 운영에 필요한 자금을 보조할 수 있다'고 규정하고 있다. 헌법의 이러한 태도는 정당에 대한 국고보조금을 강제하고 있지 않으나 그렇다고 금하지도 않는다. 국고보조금의 범위를 정당의 운영에 필요한 자금으로 제한하고 있을 뿐이다. 한편 헌법은 제116조 제2항에서는 선거에 관한 경비를 정당에게 부담시킬 수 없다는 선거공영제를 규정하고 있다. 정당운영비는 정치자금법이, 선거경비는 공직선거법이 각각 규율하고 있다. 정당에 대한 재정지원으로 국가가 보조금을 지급하는 것이 정당한가는 그리 간단한 문제가 아니다. 헌법적 시각에서 볼 때 정당에 대한 국고보조금이 허락되어야 하는지, 된다면 어떤 조건으로 어느 범위까지 허락되어야 하는지가 문제된다. 특히 정당이외의 다른 단체와의 형평성과 관련하여 볼 때 어려운 문제가 아닐 수 없다. 또 어떤 기준으로 정당에게 분배될 수 있고, 되어야 하는지도 문제이다.

02_ 정치자금의 종류

당비라 함은 명목여하에 불구하고 정당의 당헌 · 당규 등에 의하여 정당의 당원이 부담하는 금전이나 유가증권 그 밖의 물건을 말한다. 타인의 명의나 가명으로 납부된 당비라면 정당의 회계책임자는 이를 국고에 귀속시켜야 한다. 정당의 회계책임자는 납부 받은 당비에 대하여 당비영수증을 당원에게 교부하여야 한다. 후원금이라 함은 이 법의 규정에 의하여 후원회에 기부하는 금전이나 유가증권 그 밖의 물건을 말한다. 후원회란 정치자금의 기부를 목적으로 설립된 단체를 말한다. 국회의원(국회의원당선자 포함), 지역선거구국회의원선거의 후보자 및 예비후보자, 대통령선거의 후보자 및 예비후보자, 정당의 대통령선거후보자 선출을 위한 당내경선후보자, 중앙당의 대표자 선출을 위한 당내경선후보자, 지방자치단체의 장선거의 후보자는 하나의 후원회를 지정하여 둘 수 있다. 누구든지 하나 또는 둘 이상의 후원회의 회원이 될 수 있으나 정치자금을 기부할 수 없는 자와 정당의 당원이 될 수 없는 자는 후원회회원이 될 수 없다. 외국인, 국내 · 외의 법인 또는 단체는 정치자금을 기부할 수 없다. 기탁금이라 함은 정치자금을 정당에 기부하고자 하는 개인이 이 법의 규정에 의하여 선거관리위원회에 기탁하는 금전이나 유가증권 그 밖의 물건을 말한다. 성명 등 인적 사항을 밝히지 아니하고 기탁금을 기탁할 수 없으나, 기탁자의 성명 등 인적 사항을 공개하지 아니할 것을 조건으로 기탁할 수 있다. 기탁금은 국고보조금배분비율에 따라 지급한다. 보조금이라 함은 정당의 보호 · 육성을 위하여 국가가 정당에 지급하는 금전이나 유가증권을 말한다. 국고보조금은 기본비율, 의석비율, 득표비율에 따라 배분된다. 먼저 국고보조금은 동일정당의 의원으로 교섭단체를 구성한 정당에게 100분의 50을 정당별로 균분하고, 5석 이상의 의석을 가진 정당에게는 100분의 5씩, 의석이 없거나 5석 미만의 의석을 가진 정당에 대하여는 일정한 조건하에 100분의 2를 각각 배분 · 지급한다(기본비율). 나머지 잔여분 중 100분의 50은 정당의 의석수비율에 따라(의석비율), 나머지는 정당이 획득한 득표수비율(득표비율)에 따라 배분 · 지급한다.

5-4 선거제도

개념 11 선거제도

민주주의는 선거권 확대의 역사라 할 수 있다. 일부 계층에게만 국가 의사결정에 참여가 허용되고, 신분에 따른 차별된 참여만 인정되는 정치적 공동체를 민주라고 부르기에는 민주가 너무 부족하다. 선거는 민주주의와 불가분의 관계에 놓여 있고 어쩌면 가장 중요한 실현수단일 수 있다. 선거는 민주주의 심장부에 위치하는 것으로, 과거를 제재하며 미래를 선택한다. 선거 없는 민주는 성립될 수 없다.

선거란 다수의 유권자에 의하여 국가기관의 구성원을 선임하는 행위로서, 합성행위의 성격을 지닌다. 이 점에서 선거인단의 구성원의 한 사람으로서 행하는 단독행위로서의 개개의 투표행위와 구별된다. 즉 투표는 유권자가 후보나 정당을 선택하는 의사표시이다. 국가권력의 창설과 갱신은 선거에 의해 이루어지므로 선거는 국가권력에게 정당성을 부여하며, 선거는 정권교체를 가능하게 하고 이로써 민주주의를 정착시켜준다. 선거의 기본원리란 선거 전 과정에 걸쳐 선거에 관련된 모두 사람이 지켜야 할 기본수칙을 말한다. 보통 · 평등 · 직접 · 비밀 · 자유선거의 원칙이 그것이다.

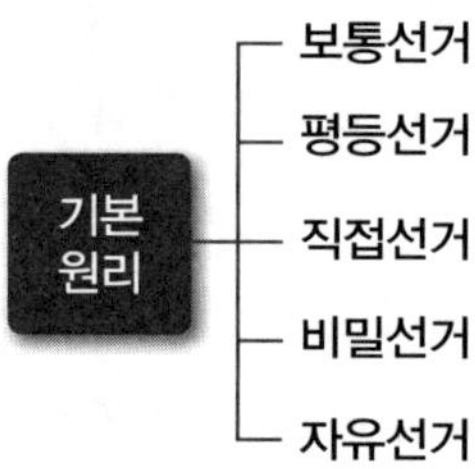

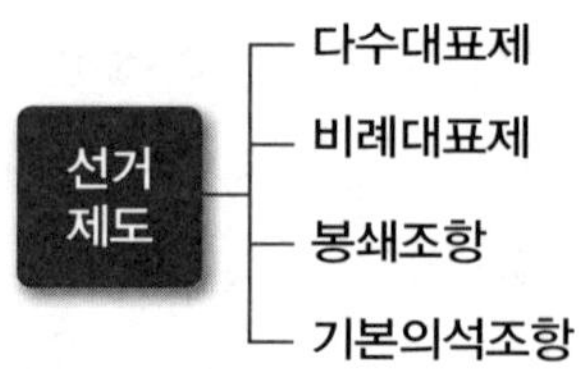

01_ 선거의 기본원리

(1) 보통선거원칙: 보통선거란 선거인의 사회적 신분이나 재산 · 지위에 관계없이 모든 사람에게 선거권 및 피선거권을 인정하는 제도로, 제한선거와 반대된다. 보통선거원칙은 정치적, 경제적, 사회적 이유로 특정한 영역에 속하는 사람을 선거에서 배제하지 않을 것을 요구한다. 보통선거원칙은 민주국가에의 최대한 접근을 의미하기 때문에 보통선거원칙에 대한 예외는 부득이한 경우에 제한적으로 허용되어야 하며 그것도 불가피한 최소한의 정도에 그쳐야 한다. 선거연령을 제외한 어떠한 이유로도 선거권의 배제는 정당화될 수 없다.

(2) 평등선거원칙: 평등선거란 선거인의 투표가치가 평등하게 취급되는 제도로, 차등선거와 반대된다. 보통선거가 '모든' 사람에게 표를 인정하는 것이라면, 평등선거는 '동등'한 표를 인정하는 것이다. 평등선거원칙은 선거에 적용되지만 입후보를 위한 선거준비, 선거운동, 선거절차, 선거규정 모두에 적용된다.

(3) 직접선거원칙: 직접선거란 선거인이 직접 후보자를 선택할 수 있는 제도로, 간접선거와 반대된다. '1인 1투표'의 비례대표제는 유권자가 지역구후보자를 지지하나 그가 속한 정당은 지지하지 않을 경우 정당의 명부작성행위가 최종적 · 결정적 의의를 지니므로 직접선거원칙에 반한다. 현행 공직선거법에서는 국회의원선거, 시 · 도의원선거 및 자치구 · 시 · 군의원선거에 있어서는 지역구의원선거 및 비례대표의원선거마다 1인 1표로 한다고 규정함으로써, 지금은 1인 2표제를 실시하고 있다.

(4) 비밀선거원칙: 비밀선거란 선거인이 누구에게 투표하였는지를 모르게 하는 제도로, 공개선거와 반대된다. 비밀선거를 보장하기 위해서 무기명투표, 투표의 비밀보장, 투표용지관급제, 기표소 및 투표함의 비밀유지, 투표내용에 관한 진술거부가 보장된다.

(5) 자유선거원칙: 자유선거란 어떠한 강제나 압력 없이 자유롭게 투표가

행해지는 제도로, 강제선거와 반대된다. 자유선거원칙이 비록 우리 헌법에 명시적으로 규정되어 있지 않지만 자유선거원칙은 민주국가의 선거제도에 내재하는 당연한 원리로 보아야 한다.

02_ 선거제도(다수대표와 비례대표)

선거제도, 특히 대표제는 의원정수의 당선결정방법을 말한다. 다시 말하면 유권자의 투표결과를 기초로 어떻게 의회의석을 배분할 것인가의 문제이다. 선거의 기본원리는 그 중요성이 인정되어 통상 헌법이 직접 규정하고 있다. 대표제는 그 기술적 성격 때문에 선거의 기본원리보다 소홀히 취급되기 쉬우나 대표제 역시 기본원리 못지않게 중요성을 지닌다. 대표제를 어떻게 형성할 것인가는 단순한 선거기술적 문제에 그치는 것이 아니라 선거결과에 대하여 중대한 영향을 미치는 매우 중요한 정치적 문제가 되기 때문이다. 다수대표제와 비례대표제를 중심으로 본다.

⑴ 다수대표제(인물 선거): 다수대표제란 전체 선거영역을 여러 개의 선거구로 나누어 대표를 선출하는 방법으로, 각 선거구에서 최다득표를 얻은 자가 선출되는 방법을 말한다. 다수대표제는 상대적 다수대표제와 절대적 다수대표제로 나누어지는데, 전자는 다른 후보자보다 표에 있어 우위만 점하면 되나 후자는 던져진 표에 과반수를 얻어야 된다는 점에 차이가 있다. 우리나라 대통령선거와 국회의원선거는 상대적 다수대표제를, 프랑스 대통령선거는 절대적 다수대표제를 채택하고 있다. 다수대표제는 보통 소선거구제와 연결된다.

⑵ 비례대표제(명부식 선거): 비례대표제란 전체 선거영역을 하나의 선거구로 하여 정당이 제시한 명부를 선택하고 명부에 던져진 표에 비례하여 대표자를 정하는 방법을 말하며, 우리나라는 제3공화국 헌법에서 처음으로 도입되었다.

⑶ 봉쇄조항: 봉쇄조항이란 유효투표의 일정 수를 얻지 못하거나, 일정

수 지역구의원을 확보 못한 정당에게는 비례대표의석 배분에 참여를 불허하는 것을 말하며, 저지규정이라고도 한다. 우리나라는 유효투표 총수의 3% 또는 지역구국회의원총선거에서 5석을 얻어야 한다.

(4) 기본의석조항: 기본의석조항이란 유효투표총수의 일정표를 얻지 못하였으나 지역선거에서 일정한 수의 의석, 즉 기본의석을 얻은 정당에게 (비례)의석을 할당해 주는 것을 말한다. 우리의 경우 위 봉쇄조항 중 지역구국회의원선거에서의 5석이 여기에 해당된다.

개념 11-1 대한민국 헌법과 선거제도

민주적 선거제도의 정립과 올바른 선거문화의 정착을 위해, 또 산만했던 각종 선거법을 통합하여 선거관리의 일관성을 유지하고 선거공영제의 확립 등을 목적으로 1994년 '공직선거및선거부정방지법'을 제정 · 시행하여 오다가 지금은 '공직선거법'으로 개칭되었다. 2009년 공직선거법은 획기적인 변화를 맞이하게 되었는데 다름 아닌 해외동포에 대한 선거권부여이다. 이를 통해 해외동포에게 자긍심과 애국심을 높여주는 계기가 되기를 희망한다. 대한민국 선거제도는 대통령, 국회의원, 자치단체의 장 및 지방의회의원 선거로 구성되어 있다. 여기서는 공통된 부분에 관한 사항을 중심으로 다루기로 한다.

- 선거의 종류
  - 재선거
  - 보궐선거
- 선거권과 피선거권
- 선거인
- 선거기간과 선거운동기간
- 기탁금
- 선거운동
- 선거비용
- 선거쟁송
  - 선거소청
  - 선거소송
  - 당선소송

제116조 ① 선거운동은 각급 선거관리위원회의 관리하에 법률이 정하는 범위안에서 하되, 균등한 기회가 보장되어야 한다. ② 선거에 관한 경비는 법률이 정하는 경우를 제외하고는 정당 또는 후보자에게 부담시킬 수 없다.

01_ 선거의 종류

당해 선거구의 후보자가 없거나, 당선인이 없거나, 지역구자치구 · 시 · 군의원선거에 있어 당선인이 당해 선거구에서 선거할 지방의회의원정수에 달하지 아니한 때, 선거의 전부무효의 판결 또는 결정이 있는 때, 당선인이 임기개시 전에 사퇴하거나 사망한 때, 당선인이 임기개시 전에 당선의 효력이 상실되거나, 당선이 무효로 된 때 등에는 재선거를 실시한다(재선거). 지역구국회의원 · 지역구지방의회의원 및 지방자치단체의 장에 궐원 또는 궐위가 생긴 때에는 보궐선거를 실시한다(보궐선거).

02_ 선거권과 피선거권

선거권이란 선거인단의 구성원으로서 국민이 각종 공무원을 선출하는 권리를 말하며, 19세 이상의 국민은 대통령 및 국회의원의 선거권이 있다. 피선거권은 선거에 입후보하여 당선을 기초로 공무원이 될 수 있는 권리를 말한다. 선거일 현재 5년 이상 국내에 거주하고 있는 40세 이상인 자는 대통령선거에, 25세 이상인 자는 국회의원선거에, 25세 이상으로서 60일 이상 당해 자치단체구역의 관할구역 안에 주민등록(국내거소신고인명부에 올라 있는 경우를 포함하여)이 되어 있는 주민은 당해 자치단체장과 지방의원선거에 피선거권이 있다.

03_ 선거인

선거인이란 선거권이 있는 사람으로서 선거인명부 또는 재외선거인 명부에 올라 있는 사람을 말한다.

04_ 선거기간과 선거운동기간

선거기간이라 함은 대통령선거는 후보자등록마감일의 다음 날부터 선거일까지, 국회의원선거와 지방자치단체의 의회의원 및 장의 선거는 후보자등록마감일 후 6일부터 선거일까지를 말한다. 대통령선거는 23일, 국회의원선거와 지방자치단체의 의회의원 및 장의 선거는 14일이다. 선거운동기간은 선거기간개시일부터 선거일 전일이다. 법은 선거운동기간을 두고 있는데 이는 자유로운 선거운동을 보장하면서 동시에 지나친 선거운동으로 인해 선거의 공정성이 침해되지 않도록 하기 위함이다.

05_ 기탁금

기탁금(寄託金)은 선거(대통령선거, 국회의원선거, 지방선거)에 출마한 후보가 후보등록할때 관할 선거관리위원회에 일정한 액수의 금액을 기탁한 후

당선여부 및 득표율에 따라 전부 혹은 일부 금액을 반환하거나 국고로 귀속하는 제도이다. 현행 공직선거법상의 기탁금액은 대통령선거는 3억, 시·도지사선거는 5,000만원, 국회의원선거는 1,500만원(2016년 12월 헌법불합치결정으로 국회의 법개정이 요구됨), 시·군·구의 장 선거는 1,000만원, 시·도의원선거는 300만원, 시·군·구의원선거는 200만원으로 한다.

06_ 선거운동

선거운동이란 당선되거나 되게 하거나 되지 못하게 하기 위한 행위를 말한다. 선거운동의 표지로는 당선 내지 득표의 목적성, 그 목적성의 객관적 인식가능성, 능동성 및 계획성이 요구된다. 선거에 관한 단순한 의견개진 및 의사표시, 입후보와 선거운동을 위한 준비행위, 정당의 후보자 추천에 관한 단순한 지지·반대의 의견개진 및 의사표시, 통상적인 정당활동은 선거운동으로 보지 아니한다. 선거운동은 국민의 주권행사의 일환으로 민주사회의 중요한 요소이므로 그 제한입법의 위헌 여부에 대해서는 엄격한 심사가 적용된다.

07_ 선거비용

선거비용이란 당해 선거에서 선거운동을 위하여 소요되는 금전·물품 및 채무 기타 모든 재산상의 가치가 있는 것으로서 당해 후보자(후보자가 되고자 하는 자 및 추천정당 포함)가 부담하는 비용을 말한다. 다만 선거운동을 위한 준비행위에 소요되는 비용, 기탁금, 선거와 관련한 정당활동에 소요되는 정당비용, 선거사무소와 선거연락소의 설치 및 유지비용 등은 선거비용에 포함되지 않는다.

08_ 선거쟁송

선거소청이란 단체장 및 지방의원선거에서, 선거나 당선의 효력에 대하여 이의가 있는 경우 법원에 소송을 제기하기에 앞서 상급 선거관리위원회에 제기하는 심판청구를 말한다. 선거소청절차에는 행정심판법규정이 준용된다. 선거소송은 선거 자체의 흠을 다투는 소송으로 선거관리에 책임을 지는 선거관리위원회위원장을 피고로 하며 정당, 후보자 외에 선거인도 원고자격이 인정된다. 당선소송은 당선자 결정의 흠을 다투는 소송으로 당선자를 피고로 하며 정당, 후보자가 원고가 된다. 선거인에게는 원고적격이 인정되지 않는다.

5-5 지방자치제도

개념 12 지방자치제도

지방자치는 자신의 손이 닿는 곳에 자유를 있게 해주며, 자유가 누구의 것이며 어떻게 행사하는가를 가르쳐주는 민주주의의 가장 좋은 학교이다. 지방자치는 국민에게 민주정신을 가르치고 길러주기에 민주주의의 기반이 되며 하부구조를 형성한다. 이러한 지방자치는 국민자치를 지방적 영역에서 실현하므로 민주주의의 풀뿌리가 아닐 수 없다. 지방자치는 국민주권의 기본원리에서 출발하여 주권의 지역적 주체로서의 주민에 의한 자기통치의 실현이다. 지방자치는 민주주의의 실현 외에도 행정의 분권화, 행정의 책임성 증진에 기여한다. 지방자치의 보장은 자치단체로 하여금 중앙정부로부터 독립된 독자적 행정을 가능하게 해준다.

01_ 지방자치의 의의

지방자치란 일정한 지역을 단위로, 그 지역의 주민이, 자신의 사무를, 자신의 책임 하에, 자신들이 선출한 기관을 통하여 직접 처리하게 하는 주민에 의한 자기통치를 말한다. 지방자치는 자치단체의 보장, 자치기능의 보장, 자치사무의 보장을 그 본질적 내용으로 한다. 지방자치는 국민주권의 기본원리에서 출발하여 주권의 지역적 주체로서의 주민에 의한 자기통치의 실현이다.

02_ 지방자치의 유형

주민자치는 지역의 고유사무 처리를 지역 주민의 고유권한이라고 보는 측면에서 주장된 것으로 주로 영국에서 발달되었다. 주민자치는 주민이 선출한 지방의회가 중심이 된다. 의결기능과 집행기능이 결합되어 이들이 모두 의회에 집중되며, 시장은 의회의장 겸 의례적 장의 지위를 지닌다. 지방의회의 권한은 법률로 정해지며 법률로 규율되지 않은 경우 주민의 자치에 맡겨져 있다. 국가가 의회의 권능을 자치단체에 부여한 후에는 국가는 지방의회의 직무상 위법만 통제하게 되므로, 입법통제와 사법통제가 주가 된다. 행정의 경우 통제보다는 협력에 중점을 둔다. 단체자치는 지역의 고유사무 처리를 지역단체의 고유권한이라고 보는 측면에서 주장된 것으로, 주로 독일 · 프랑스 등 대륙에서 발달되었다. 대륙형 지방자치의 경우, 좁은 범위의 자치사무만 가지게 되고 주민참여의 범위도 제한적이다. 이러한 단체자치는 중앙정부의 목적실현을 위한 수단정도로 간주되고 자치권이 약하며 중앙정부의 엄중한 통제 감독을 받게 되어 행정적 통제에 중점을 둔다. 위임사무의 비율이 높으며 자치단체의 기관은 국가의 지방 일선기관의 지위와 중앙과 독립한 자치단체의 지위를 모두 지니게 되는데, 전자의 지위가 더 강조된다. 국가의 관리가 지방행정을 실질적으로 좌우하게 된다.

개념 12-1 대한민국 헌법과 지방자치제도

건국헌법부터 지방자치는 규정되었다. 제2공화국 헌법은 읍 · 면 · 동의 장까지 선거로 선출하였는데 당시의 시대적 상황으로는 획기적인 것이었다. 민주화 과정의 일환으로 본격적인 지방자치가 기대되었지만 혼란과 비능률을 가져왔다. 제3공화국은 지방의회의 구성시기를 법률로 정한다고 하였지만 지방의회를 구성하는 법률은 제정되지 못했다. 제4공화국 헌법 및 제5공화국 헌법은 헌법본문에 지방자치를 규정하면서도 헌법부칙에 조국통일이나 재정자립도를 빌미로 시행을 유보하였다. 현행 헌법은 완전한 지방자치의 실시를 보장하였다. 현행 지방자치제도는 주민의 정치참여를 적극적으로 허용하는 등 많은 제도개선이 이루어졌으나, 현실적으로는 단체자치의 폐해가 난치병으로 남아 있다. 지방자치를 해야 하는 당위성은 인정되지만 우리에게 맞는 지방자치를 만들도록 노력하고 또 노력해야 할 것이다.

- **종류**
  - 보통지방자치단체
    - 상급지방자치단체
    - 하급지방자치단체
  - 특별지방자치단체

- **주민의 권한**
  - 조례제정 및 개폐청구
  - 감사청구
  - 주민소송
  - 주민투표권
  - 주민소환권

- **지방의회**
  - 구성
  - 지방의회의원
  - 권한
    - 의결권
    - 지방자치단체에 대한 통제권
    - 자율권
    - 선출권

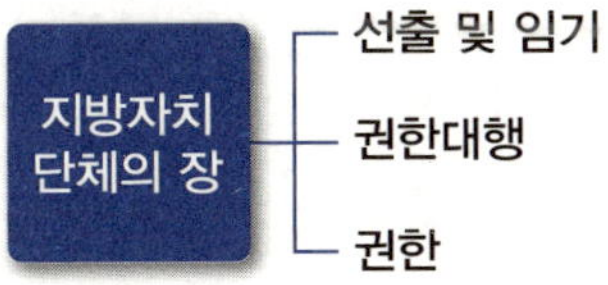

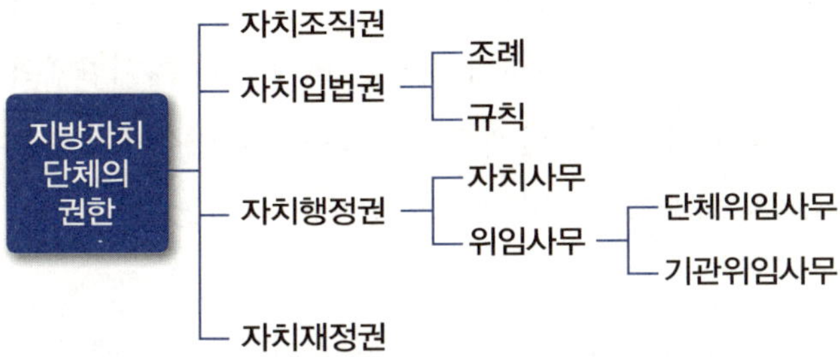

제117조 ① 지방자치단체는 주민의 복리에 관한 사무를 처리하고 재산을 관리하며, 법령의 범위안에서 자치에 관한 규정을 제정할 수 있다. ② 지방자치단체의 종류는 법률로 정한다.

제118조 ① 지방자치단체에 의회를 둔다. ② 지방의회의 조직 · 권한 · 의원선거와 지방자치단체의 장의 선임방법 기타 지방자치단체의 조직과 운영에 관한 사항은 법률로 정한다.

01_ 지방자치제단체의 의의 및 종류

지방자치단체란 일정한 지역을 기초로 자신의 업무를 자신의 책임 하에 처리하는 법인격을 지닌 단체를 말한다. 지방자치단체는 자치사무와 국가나 상급단체가 위임한 단체위임사무 그리고 자치단체의 장에게 위임한 기관위임사무를 처리한다. 보통지방자치단체는 다시 상급지방자치단체인 특별시 · 광역시 · 특별자치시 · 특별자치도(보충적 제2차적 지방자치단체)와 하급지방자치단체인 시 · 군 · 구(기초적 제1차적 지방자치단체)로 구성된다. 상급지방자치단체와 하급지방자치단체는 각각 대등한 법인이며 상 · 하 복종관계에 있지 않다. 세종특별자치시와 제주특별자치도의 지위 · 조직 및 행정 · 재정 등의 운영에 대하여는 행정체제의 특수성을 고려하여 법률로 정하는 바에 따라 특례를 둘 수 있다. 특별지방자치단체로는 지방자치단체조합이 있다. 지방자치단체조합은 지방자치단체가 상호관련된 업무를 공동처리하기 위하여 설립한 단체이다.

02_ 주민

(1) 주민의 자격과 권리: 지방자치단체의 구역 안에 주소를 가진 자는 그 지방자치단체의 주민이 된다. 주민은 법령이 정하는 바에 따라 자치단체의 재산과 공공시설을 이용할 권리와 자치단체로부터 균등하게 행정의 혜택을 받을 권리를 가진다. 또한 지방의원과 단체장의 선거에 참여할 권리를 가진다.

(2) 주민의 권한: 19세 이상의 일정 주민은 연서로 자치단체의 장에게 조례의 제정이나 개폐를 청구할 수 있다. 다만 법령을 위반하는 사항, 행정기관의 설치 · 변경, 공공시설의 설치반대, 지방세 · 사용료의 부과 · 징수 및 감면에 관한 사항에 대하여는 조례제정 및 개폐를 청구할 수 없다(조례제정 및 개폐청구). 19세 이상의 일정 주민은 연서로 시 · 도는 주무장관에게, 시 · 군 · 구는 시 · 도지사에게, 자치단체와 그 장의 권한에 속하는 사무처리가 법령에 위반되거나 공익을 현저히 해한다고 인정되는 경우에는 감사를 청구할 수 있다. 다만 수사나 재판에 관여하는 사항이나 사생활을 침해할 우려가 있는 사항에 대하여는 감사청구를 할 수 없다(감사청구). 공금의 지출에 관한 사항, 재산의 취득 · 관리 · 처분에 관한 사항, 당해 지방자치단체를 당사자로 하는 매매 · 임차 · 도급 그 밖의 계약의 체결 · 이행에 관한 사항 또는 지방세 · 사용료 · 수수료 · 과태료 등 공금의 부과 · 징수의 해태에 관한 사항을 '감사청구한 주민'은 감사결과에 불복이 있는 경우에는 지방자치단체의 장을 상대방으로 주민소송을 제기할 수 있다(주민소송). 지방자치단체의 장은 주민에게 과도한 부담을 주거나 중대한 영향을 미치는 지방자치단체의 주요 결정사항 등에 대하여 주민투표에 부칠 수 있다. 주민투표의 대상, 발의자, 발의요건 기타 투표절차 등에 관하여는 따로 법률

(주민투표법)로 정한다(주민투표권). 지방자치에 대한 주민의 직접참여를 통해 선출직 공직자에 대한 통제장치를 마련함으로써 지방자치의 민주성과 책임성을 제고시키기 위해 주민소환제도가 시행되었다. 주민소환의 투표청구권자, 청구요건, 절차 및 효력 등에 관하여는 따로 법률(주민소환에 관한 법률)로 정한다(주민소환권).

03_ 지방의회

지방의회는 임기 4년의 지방의회의원으로 구성된다. 지방의회의원선거는 지역구 시 · 도의원선거에서는 1선거구에서 1명을 선출하는 소선거구제, 지역구 자치구 · 시 · 군의원선거에서는 1선거구에서 2~4명을 선출하는 중선거구제를 채택하고 있다. 지방의회의원은 주민의 보통 · 평등 · 직접 · 비밀선거에 의하여 선출되며, 지방의원에게 의정자료를 수집하고 연구하거나 이를 위한 보조 활동에 사용되는 비용을 보전하기 위하여 매월 지급하는 의정활동비, 여비, 지방의회의원의 직무활동에 대하여 지급하는 월정수당의 비용이 지급된다. 지방의회의 권한에는 의결권, 지방자치단체에 대한 통제권, 자율권, 의장 · 부의장등의 선출권 등이 있다.

04_ 지방자치단체의 장

지방자치단체의 장은 주민이 보통 · 평등 · 직접 · 비밀선거에 따라 선출한다. 자치단체장은 다수표를 얻은 자를 당선자로 하며, 최고득표자가 2인 이상일 때는 연장자순으로 한다. 지방자치단체의 장의 임기는 4년으로 하며, 지방자치단체의 장의 계속 재임은 3기에 한한다.

자치단체의 장이 궐위 또는 공소 제기된 후 구금상태에 있거나 의료기관에 60일 이상 입원한 경우 부단체장이 권한을 대행한다. 헌법재판소는 자치단체의 장이 금고 이상의 형을 선고받고 그 형이 확정되지 아니한 경우 부단체장이 그 권한을 대행하도록 한 것은 무죄추정원칙에 위배되며,

자치단체장의 공무담임권을 침해한다고 하였다.

05_ 지방자치단체의 권한

⑴ 자치조직권: 자치단체는 자기 단체의 조직을 스스로 결정할 수 있다. 자치단체는 관할구역 안 행정구역의 명칭, 위치 및 구역을 조정하며, 산하 행정기관을 조직하고 관리하고, 산하 행정기관 및 단체를 지휘 · 감독한다.

⑵ 자치입법권: 조례란 지방자치단체가 자치입법권에 따라 만든 자주법으로 조례제정권의 법적 근거는 헌법 제117조 제1항이다. 조례는 법령의 범위 안에서 주민의 복리 및 재산에 관한 사항을 규율한다. 조례로 주민의 권리의무에 관한 사항이나 벌칙을 정할 때에는 개별적인 법률의 위임이 있어야 가능하다. 조례에 대한 법률의 위임은 법규명령에 대한 법률의 위임과 같이 반드시 구체적으로 범위를 정하여 할 필요가 없으며 포괄적인 것으로 족하다.

지방자치단체의 장은 법령이나 조례가 위임한 범위에서 그 권한에 속하는 사무에 관하여 규칙을 제정할 수 있다.

⑶ 자치행정권: 자치단체는 관할구역의 자치사무를 처리한다. 자치단체의 구역, 조직, 및 행정관리 등에 관한 사무, 주민의 복지증진에 관한 사무, 농림 · 상공업 등 산업 진흥에 관한 사무, 지역개발 및 주민의 생활환경시설의 설치 · 관리에 관한 사무, 교육 · 체육 · 문화 · 예술의 진흥에 관한 사무, 지역민방위 및 소방에 관한 사무를 처리한다(자치사무). 단체위임사무란 법령에 의하여 국가나 상급단체로부터 단체에 위임된 사무를 말한다. 단체위임사무는 자치단체의 사무로 전환되며 조례의 규율대상이 된다. 하천법에 의한 국유하천의 점용료징수사무나 지방세법에 의한 시 · 군의 조세징수사무가 이에 해당된다. 기관위임사무란 전국적으로 통일적 처리가 요구되는 사무로서 국가나 상급단체로부터 기관에 위임된 사무를 말한다. 기관위임사무의 처리기관은 위임행정주체의 기관의 지위에 있게 되고 그 처리효

과는 위임행정주체에 귀속된다. 기관위임사무는 원칙적으로 조례의 규율대상이 되지 않는다. 병무, 선거, 지적, 경찰사무가 이에 해당된다(위임사무).

(4) 자치재정권: 자치단체는 자치단체의 경비를 지불하기 위한 필요한 수입을 확보하고 지출을 관리한다. 지방자치단체는 지방세를 부과 · 징수할 수 있다.

06 | 법치주의

04

헌법 이야기

고등학교 때 나는 체육시간이 제일 좋았다. 이유는 단순했다. 운동장은 늘 야구부가 차지하고 있어서, 우리는 항상 붙어 있는 대전중학교 운동장 구석에서 조심스레 소심한 수업만 받았다. 언제 타자가 친 공이 날라 올지 몰랐기에...

하루는 선생님께 가서 "선생님, 저에게 호루라기 하나만 주시면 반 전체가 편하게 체육수업을 받을 수 있게 해드릴께요" 그 후로 나는 가끔씩 체육시간에 야구부의 훈련을 편하게 즐기며 볼 수 있었다...

그때 체육선생님은 나에게 "미치지 않으면 미칠 수 없지"라는 명언을 남겨 주신 고마우신 분이셨다.

〈저자의 인스타그램 2016.7.17.〉

아리스토텔레스는 "법이란 열정을 배제한 이성"이라고 했고, 그 심오한 뜻과 깊이를 모두 알 수 없지만, 저자의 헌법과 야구에 대한 열정 만큼은 그 누구 보다 미쳐 있다고 말할 수 있다. 법치주의가 국가권력을 법에 기속시켜 자유와 평등의 기본가치를 실현하는 통치원리를 말하지만, 국가활동의 기본원칙을 마련함으로써 정치적 공동체의 정치적 통일을 가능케 해주는 것 또한 법치주의이다.

이러한 법치주의가 무너지면 얼마나 큰 희생을 감내해야 하는지를 너무도 잘 보여주는 것이 지금의 정치 현실이다.

개인의 빗나간 열정이 이성을 잃고 그 길을 헤메이고 있을 때, 국민들은 촛불이라는 이성으로 열정을 배제하고 있었고, 지금도 배제하고 있는 중이다. 따라서 "촛불이란 잘못된 열정을 배제한 아름다운 민심"이다.

개념 13 법치주의원리

국가권력은 민주적 정당성의 충족만으로 부족하다. 정치적 공동체는 국가권력의 행사가 그 방법이나 절차 및 형식에 있어 일정한 원칙에 따라 이루어질 것을 요구하게 된다. 국가활동의 기본원칙을 마련함으로써 정치적 공동체의 정치적 통일을 가능케 해주는 것이 법치주의이다. 법치주의는 국가를 법에 기속시키고자 한다. 법치주의의 궁극적 목표는 국민의 생명, 신체, 자유, 재산의 보호와 평등실현에 있다.

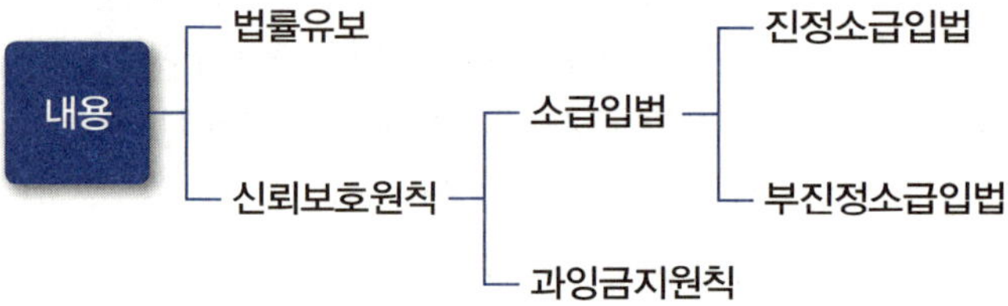

01_ 법치주의의 내용

법치주의는 국가권력을 법에 기속시켜 국민의 자유와 평등의 기본가치를 실현하는 원리이므로, 기본권, 권력분립, 국가권력의 법적 구속, 법률유보, 신뢰보호 등으로 실현된다. 이하에서는 법률유보, 신뢰보호만 다루고자 한다. 법률유보란 행정은 법률의 근거가 있을 때에만 활동이 허용된다는 것을 말한다. 법률유보는 법치주의에 의해 담보된다. 오늘날 법률유보원칙은 단순히 행정작용이 법률에 근거를 두기만 하면 충분한 것이 아니라, 국가공동체와 그 구성원에게 기본적이고도 중요한 의미를 갖는 영역, 특히 국민의 기본권실현과 관련된 영역에 있어서는 국민의 대표자인 입법자가 그 본질적 사항에 대해서 스스로 결정하여야 한다는 요구까지 내포하고 있다(의회유보원칙). 신뢰보호의 원칙이란 공익달성을 위해 법개정이 이루어지는 경우 구법질서에 대한 당사자의 신뢰가 보호되어야 한다는 원칙으로서, 법치주의 원리(법적 안정성)로부터 도출된다. 신뢰보호는 개정법률이 소급적 성격을 지닐 경우에만 문제된다. 개정법률이 장래에 대해서만 적용된다면 신뢰보호가 요구되지 않기 때문이다. 소급입법은 진정소급입법과 부진정소급입법으로 나눌 수 있는데, 진정소급입법은 이미 종결된 사실관계에 대하여 사후에 적용하는 법률을 말하며, 부진정소급입법은 과거에 발생하였으나 지금까지 지속되는 사실관계에 적용되는 법률을 말한다. 신뢰보호는 일반적으로 부진정소급입법에서 문제된다. 진정소급입법은 지극히 예외적인 경우에 한해 허용되기 때문이다.

02_ 대한민국 헌법과 법치주의원리

(1) 법치주의원리에 관한 헌법규정: 법치주의원리가 헌법에 명시적으로 규정되어 있지 않으나 법치주의원리가 우리 헌법의 지도원리에 속하는 것에 의심이 있을 수 없다. 헌법은 법치주의 법질서를 형성하고 유지하기 위해 다양한 실현수단과 방법을 보장하고 있다. 기본권보장(제2장), 국가권력의 법적 구속, 권력분립, 법률유보, 과잉금지원칙, 효과적인 권리구제, 국가책임, 절차적 기본권의 보장이 그것이다.

(2) 형식적 법치주의와 실질적 법치주의: 법치주의는 국가작용을 법률에 기속시킴으로써 자유와 평등을 실현하고 국가생활의 안정과 계속을 확보하고자 함인데, 법률만으로는 이러한 목적을 달성하기 어렵게 되자 법률의 내용까지 정당한 법률일 것으로 요구하게 되었다. 형식적 법치주의에서 실질적 법치주의로의 발전이다. 실질적 법치주의는 국가작용의 합법성이외에 정당성까지 요구하는 것으로, 형식적 법치주의가 국가작용의 형식을 강조한 것이라면 실질적 법치주의는 국가작용의 내용에 중점이 주어진다.

07 | 사회국가원리

개념 14 사회국가원리

사회국가원리란 국가권력을 실질적 평등에 구속시킴으로써 개인의 최소한의 생존을 보장하기 위한 국가구성원리를 말한다. 스스로의 힘으로 자신을 충분히 보호할 수 없는 자를 그의 운명에 맡길 수 없다는 데에서 사회국가원리는 시작된다. 순수한 사적자치나 중립적 국가관으로는 사회적 약자에 대한 보호를 감당할 수 없으며, 사회적 약자의 경우 이들의 이익을 실현시켜줄 단체의 조직화가 어렵고 이익의 관철이 불가능에 가깝기 때문에, 현대 산업사회에서의 국가는 필연적으로 사회국가일 수밖에 없다.

제119조 ① 대한민국의 경제질서는 개인과 기업의 경제상의 자유와 창의를 존중함을 기본으로 한다. ② 국가는 균형 있는 국민경제의 성장 및 안정과 적정한 소득의 분배를 유지하고, 시장의 지배와 경제력의 남용을 방지하며, 경제주체간의 조화를 통한 경제의 민주화를 위하여 경제에 관한 규제와 조정을 할 수 있다.

01_ 사회국가원리의 법적 성격

사회국가원리는 입법자만을 구속하는 입법위임조항과 달리 국가목표조항의 성격을 지니므로 모든 국가기관에 대하여 구속력을 지닌다. 또한 사회국가원리는 자유에 대한 제한을 정당화하는 헌법적 근거로 헌법 제37조 제2항의 공공복리의 중요한 내용을 형성하며, 평등에 대해 차별을 정당화하는 합리적 이유로 작용한다.

02_ 사회국가원리의 내용

사회형성이란 경제 · 사회 속에 나타난 실질적 불평등을 제거하여 최소한의 삶을 유지할 수 있도록 하는 질서의 형성을 말한다. 사회국가원리는 명령이나 금지 대신에, 점진적 조세부담, 사회적 약자에 대한 공적 보조금 지급, 사회 인프라 구축 등의 방법으로 실현된다. 사회안전이란 각종 재난으로 초래될 수 있는 실질적 불평등을 방지하기 위해 위험을 분산할 수 있는 제도를 마련함으로써 공동체질서를 유지함을 말한다. 회안전으로는 실업보험, 재난보험, 의료보험 등 각종의 사회보험제도가 있다.

03_ 대한민국 헌법에 구체화된 사회국가원리

사회적 시장경제란 시장경제를 근간으로 하되 자유시장이 만들어낸 부작용과 폐해를 보완하기 위해 경제에 대한 국가의 규제와 간섭을 허용하는 경제체제를 말한다. 우리 헌법의 경제질서는 사유재산제를 바탕으로 하고 자유경쟁을 존중하는 자유시장 경제질서를 기본으로 하면서도 이에 수반되는 갖가지 모순을 제거하고 사회복지 · 사회정의를 실현하기 위하여 국가적 규제와 조정을 용인하는 사회적 시장경제질서로서의 성격을 띠고 있다. 헌법은 '대한민국의 경제질서는 개인과 기업의 경제상의 자유와 창의를 존중하며, 국민경제의 성장 및 안정과 적절한 소득의 분배를 유지하고, 시장지배와 경제력남용을 방지하며 경제의 민주화를 위하여 경제에 관한 규제와 통제를 할 수 있다'고 규정하고 있다. 이는 현행 경제질서가 시장의 자율조정기능을 원칙으로 하나 필요한 경우 시장에 대한 제한적인 규제 · 조정을 허용한다는 사회적 시장경제질서를 채택하고 있음을 말한다.

08 | 국제평화주의

개념 15 국제평화주의

국제평화주의는 대한민국 헌법의 국제관계를 규율하는 헌법의 기본원리이다. 국제평화주의가 각국 헌법에서 커다란 비중을 차지하게 된 것은 그리 오래된 일이 아니다. 양차 세계대전의 참혹성과 비인간성을 경험한 인류는 개별국가의 평화유지만을 목표로 하여서는 개별국가의 평화도 확보할 수 없게 됨을 인식하게 되었다. 인류와 모든 국가들은 전 세계적인 평화를 갈구하였고 그것이 대외적으로는 국제간 침략전쟁의 방지조약의 체결로, 대내적으로는 자국 헌법에서의 평화정신의 선포로 나타나게 되었다. 국제평화는 인류 최대의 과제이자 소망이다.

- 국제평화주의
  - 침략적 전쟁의 금지
  - 조국의 평화적 통일
  - 국제법 존중주의
    - 조약
    - 일반적으로 승인된 국제법규
  - 외국인의 법적지위

제5조 ① 대한민국은 국제평화의 유지에 노력하고 침략적 전쟁을 부인한다. ② 국군은 국가의 안전보장과 국토방위의 신성한 의무를 수행함을 사명으로 하며, 그 정치적 중립성은 준수된다.

제6조 ① 헌법에 의하여 체결·공포된 조약과 일반적으로 승인된 국제법규는 국내법과 같은 효력을 가진다. ② 외국인은 국제법과 조약이 정하는 바에 의하여 그 지위가 보장된다.

01_ 침략적 전쟁의 금지

헌법전문은 '밖으로는 항구적인 세계평화와 인류공영에 이바지하고, 평화주의를 선언하고 침략적 전쟁을 금한다'고 규정하며, 헌법 제5조 제1항은

'대한민국은 국제평화의 유지에 노력하고 침략적 전쟁을 부인한다'고 규정하고 있다. 이는 헌법이 침략적 전쟁을 하지 않겠다는 의지를 표명한 것이다.

02_ 조국의 평화적 통일

헌법전문에서 조국의 '평화적 통일의 사명'을 선언하고 있고, 헌법 제4조 제2항은 '대한민국은 통일을 지향하며, 자유민주적 기본질서에 입각한 평화적 통일정책을 수립하고 이를 추진한다'고 규정하고 있다. 조국의 평화통일을 촉진하기 위해 대통령에게 평화통일을 위한 의무를 부과하며, 대통령 취임 시 조국의 평화적 통일 수행을 선서하게 하고 있다.

03_ 국제법 존중주의

조약이란 조약, 협약, 협정, 규약, 선언, 의정서 등 그 명칭 여하를 불문하고, 국가 간에 법률상 일정한 권리 의무를 부담하는 합의를 말한다. 헌법 제6조의 조약은 우리나라가 체결 · 공포한 조약을 말한다. '대한민국과 아메리카합중국 간의 상호방위조약 제4조에 의한 시설과 구역 및 대한민국에서의 합중국군대의 지위에 관한 협정'(SOFA), 마라케쉬협정은 조약에 해당한다. 조약의 체결이란 국가를 대표하는 자들 간의 권리의무에 관한 합의를 말하며, 조약의 비준이란 국가 간에 체결된 조약안을 국가원수가 최종적으로 확인하여 이를 조약으로 완성시키는 행위를 말하며, 대통령은 조약의 체결 및 비준권을 가진다. 일반적으로 승인된 국제법규란 세계 대다수 국가에 의해 보편적 규범으로서 일반적으로 인정된 국제규범을 말한다. 일반적으로 승인된 국제법규는 조약과 같이 법률과 동등한 효력을 지닌다.

04_ 외국인의 법적 지위의 보장

헌법 제6조 제2항은 '외국인은 국제법과 조약이 정하는 바에 의하여 그 지위가 보장된다'고 규정하여 외국인의 지위를 보장하고 있다(상호주의).

09 | 문화국가원리

05
헌법 이야기

"내 이름이 없을까 조마조마했는데.... 다행"

"영광입니다"

"내 이름은 왜 없나. 의문의 1패"

"나도 좀 넣어달라"

그렇다면 세상을 온통 검은 빛으로 덧칠해서, 검은 빛이 되려 정상인 세상을 만들어 놓은 사람들은 누구였을까?

대를 이어 부녀대통령을 모신 왕실장과 정무수석과 장관직을 연이어 차지하면서 대통령을 지근거리에서 보좌한 최측근.

누구도 자신이 블랙리스트를 만든 적이 없다고 항변하고 있지만...

·

·

·

그러고 보니까 블랙리스트란 말은 이런 경우에야 말로 가장 걸맞은 것이 아닐까?

"예외적, 충격적, 다수로부터 격리된 그리고 바람직스럽지 못한 존재들 말입니다"

오늘의 앵커브리핑이었습니다.

〈JTBC뉴스, 손석희의 앵커브리핑, "블랙리스트"는 과연 누구인가, 2016.12.27.〉

"국정농단 청문회"에서 더불어 민주당 도종환 의원은 "문화계 블랙리스트"가 실제로 어떻게 문화예술인들의 영혼을 아프게 했는지 자세히 밝혀 그 실상을 공개한 적이 있다. 블랙리스트를 만들고 시행해서 세상을 농락한 그들의 행태는 헌법 제9조가 천명하고 있는 "문화국가원리"를 짓밟았을 뿐만 아니라, 헌법 제22조에서 모든 국민에게 부여한 "예술의 자유"를 농락했다. 도깨비는 "블랙 수트"를 입고 국민들의 넘치는 사랑을 받았다. 그러나 구치소에 수감되어 있는 그들에게는 "블랙 수의"를 선물로 보내서 "그들만의 블랙"으로 반성과 참회의 시간을 보내게 해야 하지 않을까?

개념 16 문화국가원리

우리나라는 건국헌법 이래 문화국가의 원리를 헌법의 기본원리로 채택하고 있다. 또한 헌법은 문화국가를 실현하기 위하여 보장되어야 할 정신적 기본권으로 양심과 사상의 자유, 종교의 자유, 언론 · 출판의 자유, 학문과 예술의 자유 등을 규정하고 있는바, 개별성 · 고유성 · 다양성으로 표현되는 문화는 사회의 자율영역을 바탕으로 한다고 할 것이고, 이들 기본권은 견해와 사상의 다양성을 그 본질로 하는 문화국가원리의 불가결의 조건이라고 할 것이다. 문화국가원리란 국가를 문화자율, 문화독립, 문화중립으로 묶어 문화의 다양성 및 동질성을 확보하여 문화적 공동체를 형성하는 헌법원리를 말한다.

제9조 국가는 전통문화의 계승 · 발전과 민족문화의 창달에 노력하여야 한다.

01_ 문화국가원리의 내용

문화의 자율성이란 문화활동에 대한 국가의 문화정책적 중립성과 관용을 의미한다. 문화현상에 대하여도 이를 선호하거나, 우대하는 경향을 보이지 않는 불편부당의 원칙이 가장 바람직한 정책으로 평가된다. 문화국가원리의 이러한 특성은 문화의 개방성 내지 다원성의 표지와 연결되는데, 국가의 문화육성의 대상에는 원칙적으로 모든 사람에게 문화창조의 기회를 부여한다는 의미에서 모든 문화가 포함된다(엘리트문화뿐만 아니라 서민문화, 대중문화도 그 가치를 인정하고 정책적인 배려의 대상). 오늘날 문화국가에서의 문화정책은 그 초점이 문화 그 자체에 있는 것이 아니라 문화가 생겨날 수 있는 문화풍토를 조성하는 데 두어야 한다.

02_ 대한민국 헌법과 문화국가원리

헌법전문에서는 “문화의 영역에 있어서 각인의 기회를 균등히 하고”라고 규정하고 있다.

헌법 제9조 및 제69조는 “국가는 전통문화의 계승 · 발전과 민족문화의 창달에 노력하여야 한다”와 “민족문화의 창달에 노력하여 대통령으로서의 직책을 성실히 수행할 것을 국민 앞에 엄숙히 선서합니다"라고 규정하고 있다. 한편 헌법은 문화국가를 실현하기 위하여 보장되어야 할 정신적 기본권으로 양심과 사상의 자유, 종교의 자유, 언론 · 출판의 자유, 학문과 예술의 자유 등을 규정하고 있다.

PART 02

현상재판론

법원이 권리구제의 최후의 보루임에 틀림없으나
자신의 의무를 게을리 하였을 때에는
최종적 권리침해자가 된다는 것을 잊어서는 안 될 것이며,

헌법재판소 재판관에게 요구되는 것은
지식과 지혜라기보다는 용기와 신념이라 할 것이다.

– 김학성 –

06

헌법 이야기

오래 전, 헌법재판소 재판연구원을 지내신 스승님께서는 그 당시 모시던 헌법재판관님과의 일화를 가끔씩 말씀해 주셨다. 저자가 고시 공부를 하던 시절, 논술 시험에 대비하여 반드시 숙지하고 답안지에 옮겨 적어야 하는 예로, "헌법 소원의 보충성의 예외"라는 헌법재판소 결정요지가 있었다. 후술하겠지만, 보충성의 원칙을 엄격히 적용할 경우 헌법소원의 대상이 지나치게 협소해져 국민의 권리구제를 위해 헌법소원제도를 규정하고 있는 취지가 상실되기 때문에, 법에 명문의 규정이 없음에도 인정하고 있는 것이다. 그래서 어떠한 경우에 그러한 예외에 해당하는지, 명확히 밝혀줄 필요가 있는바 중요한 문제이므로 역시 그 문구를 암기하여 숙지하는 것이 필요 했으리라 짐작이 간적이 있다.

최근, 대학원 수업을 종강하는 날 다른 학생들과 교수님을 모시고 식사를 하러 가는데, 교수님께서는 식당으로 가시지 않고 버거킹으로 향하셨다. 좀 근사한데 가서 좋은 음식을 대접하고 싶었던 저자는 유난히 새우를 좋아하는 제자를 위한 스승님의 깊은 뜻(?)을 알아차리고 "통새우와퍼"를 주문했다. 통합헌법이 출간되어, 교수님부부를 모시고 출판사 부장님과 함께 식사를 하러 갔을 때는 요리 중에 왕새우구이가 나왔는데, 제일 먼저 한 마리를 제자의 몫으로 챙겨 주셨다. 제자의 새우사랑에 교수님은 늘 사랑으로 화답해 주셨다.

영화배우 설경구 주연의 "사랑을 놓치다"(2006년 작)에서 새우가 왜 남자에게 좋은지 대답해 주는 장면이 문득 떠오른다. 이 영화에서 감독은 이런 말을 하고 싶었을 것이라 짐작이 간다. "주저하고 망설여서 좋은 결말을 맺어본 기억이 없다"

헌법재판소가 요즘처럼 국민들의 가슴속에 24시간 자리잡고 있었던 적이 또 있었을까 싶다. "용기와 신념"을 가진 재판관님들의 대통령에 대한 탄핵심판절차가 진행 중이다. 역사의 한 장면이 되어 영원히 남겨질 이번 결정이 "주저함이 없이" 기다려 진다.

01 | 헌법재판제도

개념 01 헌법재판제도

헌법재판이란 헌법적 분쟁이 있을 때 이를 유권적으로 해결함으로써 헌법의 규범적 효력을 지키는 국가작용을 말한다. 헌법재판은 국가권력으로부터 국민의 기본권을 보호하고, 정치권력을 헌법의 테두리 안에서 작동하게 함으로써 헌법을 실현하고 수호하는 중요한 역할을 담당한다. 헌법재판은 협의로는 위헌법률심판을 지칭하나, 광의로는 위헌법률심판 외에 탄핵심판, 권한쟁의심판, 헌법소원심판, 위헌정당해산심판, 선거소송심판 등을 포괄한다. 헌법재판은 헌법이 지니는 정치적 성격 때문에 일반 민·형사재판과 달리 불가피하게 정치형성적 재판의 성격을 지니게 되며, 국가가 헌법재판의 결과를 실효적으로 보장해 주지 못하는 한계를 지닌다. 이는 다른 재판에서 볼 수 없는 헌법재판만의 특성이자 한계이다.

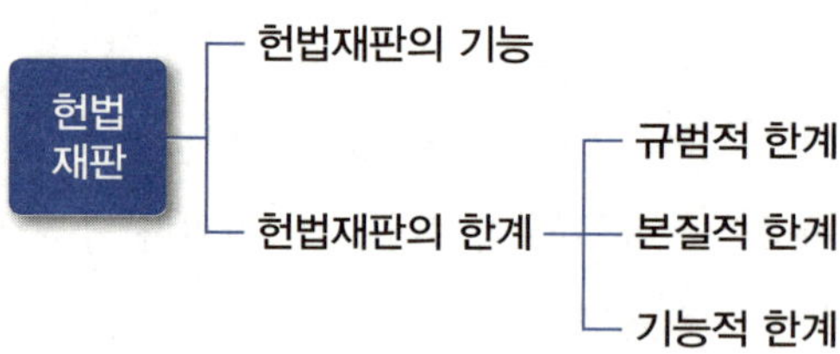

01_ 헌법재판의 기능

헌법재판은 다양한 형태의 심판으로 구성되어 있어 헌법재판의 일반적 기능을 한마디로 말하기가 쉽지 않지만, 헌법의 유지·수호 기능, 기본권 보장 기능, 권력통제 기능, 정치적 평화유지 기능을 수행한다.

02_ 헌법재판의 한계

헌법재판은 헌법이 헌법재판소의 관할사항으로 규정한 것을 그 대상으로 해야 하는 규범적 한계가 있다. 헌법 제111조 제1항에서 규정한 5가지로 한정된다. 선거소송은 대법원의 관할이다. 한편 헌법 제64조 제4항은 국회의원에 대한 국회의 자격심사, 징계, 제명에 대하여는 법원에 제소를 금하고 있으며, 헌법재판소에 대한 제소 역시 제명을 제외하고는 허락되지 않는다(규범적 한계). 헌법재판 역시 사법작용으로서, 구체적 사건 · 당사자적격 · 소의 이익 · 사건의 성숙성 등의 소송의 기본적 요건을 갖추어야 한다(본질적 한계). 헌법은 헌법재판이 타 헌법기관의 권한을 통제함에 있어 헌법기관에게 부여된 권한이 침해되지 않을 것을 요구한다. 헌법재판은 다른 헌법기관의 헌법실현기능 내지 헌법구체화기능을 존중해야 한다. 헌법재판소도 국군의 해외파병결정의 당부판단은 대통령이나 국회의 몫이라고 하여 헌법재판의 기능적 한계를 긍정하고 있다(기능적 한계).

02 | 헌법재판소의 구성과 조직

개념 02 헌법재판소의 구성과 조직

제111조 ② 헌법재판소는 법관의 자격을 가진 9인의 재판관으로 구성하며, 재판관은 대통령이 임명한다. ③ 제2항의 재판관중 3인은 국회에서 선출하는 자를, 3인은 대법원장이 지명하는 자를 임명한다. ④ 헌법재판소의 장은 국회의 동의를 얻어 재판관 중에서 대통령이 임명한다.

제112조 ① 헌법재판소 재판관의 임기는 6년으로 하며, 법률이 정하는 바에 의하여 연임할 수 있다. ② 헌법재판소 재판관은 정당에 가입하거나 정치에 관여할 수 없다. ③ 헌법재판소 재판관은 탄핵 또는 금고 이상의 형의 선고에 의하지 아니하고는 파면되지 아니한다.

01_ 헌법재판소의 구성

헌법재판소는 9인의 재판관으로 구성되며 재판관은 대통령이 임명한다. 대통령은 재판관 중 3인은 국회에서 선출하는 자를, 3인은 대법원장이 지명하는 자를 임명한다. 헌법재판소의 장은 재판관 중에서 국회의 동의를 얻어 대통령이 임명한다. 헌법재판소 재판관은 국회의 인사청문을 거쳐 임명 · 선출 또는 지명되는데, 대통령과 대법원장은 3인의 재판관을 임명 또는 지명하기 전에 각각 인사청문을 요청하여야 한다. 다만 국회에서 선출하는 재판관과 대통령이 임명 또는 대법원장이 지명하는 재판관의 경우, 거쳐야 하는 국회 인사청문절차에 차이가 있다. 전자는 인사청문특별위원회의 인사청문을 거치는 반면 후자는 소관 상임위원회의 인사청문을 거친다.

02_ 헌법재판소의 조직

(1) 헌법재판소의 장: 헌법재판소에는 소장 1인을 두며 국회의 동의를 얻어 재판관 중에서 대통령이 임명한다. 소장은 헌법재판소를 대표하고, 헌

법재판소 사무를 총괄하며, 소속공무원을 지휘 · 감독한다. 보수와 대우는 대법원장에 준한다. 소장이 궐위되거나 사고로 직무를 수행할 수 없을 때에는 다른 재판관이 헌법재판소규칙이 정하는 순서에 따라 그 권한을 대행한다. 헌법재판소장이 일시적 사고로 직무를 수행할 수 없는 경우에는 재판관 중 임명일자 순으로 권한을 대행하며, 임명일자가 같을 때에는 연장자 순으로 권한을 대행한다. 다만, 궐위되거나 1개월 이상 사고로 직무수행을 할 수 없을 경우에는 재판관회의에서 출석인원 과반수의 찬성으로 선출된 자가 권한을 대행한다. 헌법재판소장이 행한 처분에 대하여는 헌법재판소 사무처장을 피고로 행정소송을 제기한다.

⑵ 헌법재판소 재판관: 헌법재판소에는 소장 이외에 재판관을 둔다. 재판관은 법관의 자격을 가진 자로서, 15년 이상 판사 · 검사 · 변호사 · 교수 등에 있었던 자 중, 만 40세 이상이어야 한다. 임기는 6년이며, 연임할 수 있다. 재판관의 정년은 70세이다. 재판관은 탄핵, 금고 이상의 형의 선고에 의하지 아니하고는 파면되지 아니한다. 재판관은 고도의 신분보장과 정치적 중립성이 요구된다. 재판관은 정당에 가입하거나 정치에 관여할 수 없다. 재판관의 보수와 대우는 대법관에 준한다.

⑶ 재판관회의: 재판관회의는 재판관 전원으로 구성되는 합의제기관으로 재판관회의의 의장은 소장이 되며, 헌법재판소규칙의 제정 및 개정, 예산요구, 예비금지출과 결산에 관한 사항, 사무처장 및 사무차장, 헌법재판연구원장, 헌법연구관 등의 임면에 관한 사항, 기타 중대한 사항 등을 의결한다. 재판관회의는 재판관 7인 이상의 출석과 출석인원 과반수의 찬성으로 의결한다. 의장은 표결권을 가지며, 가부동수일 경우 결정권은 없다.

03 헌법재판소의 심판절차

개념 03 헌법재판소의 일반심판절차

- 일반심판절차
  - 재판부
  - 재판관에 대한 제척, 기피, 회피
  - 헌법재판의 당사자
  - 대표자 및 대리인
  - 심판의 청구
  - 심리
  - 가처분
  - 결정
    - 종국결정 및 정족수
    - 결정의 효력
    - 재심

제113조 ① 헌법재판소에서 법률의 위헌결정, 탄핵의 결정, 정당해산의 결정 또는 헌법소원에 관한 인용결정을 할 때에는 재판관 6인 이상의 찬성이 있어야 한다.

헌법재판소법은 심판절차를 모든 심판절차에 일반적으로 적용되는 일반심판절차와 개별 심판절차에 적용되는 특별심판절차로 나누어 규정하지만, 특별심판절차는 개별 심판절차(위헌법률심판, 탄핵심판, 정당해산심판, 권한쟁의심판, 헌법소원심판)의 내용이므로 해당 부분에서 다루기로 한다.

01_ 재판부

헌법재판소의 심판은 재판관 전원으로 구성되는 재판부에서 관장한다. 전원재판부는 재판관 7인 이상의 출석으로 사건을 심리하며, 법률의 위헌결정, 탄핵의 결정, 정당해산의 결정 또는 헌법소원에 관한 인용결정을 하는 경우와 종전에 헌법재판소가 판시한 헌법 또는 법률의 해석적용에 관한 의견을 변경하는 경우에는 재판관 6인 이상의 찬성을 얻어야 한다.

02_ 재판관에 대한 제척, 기피, 회피

제척이란 재판관이 구체적 사건에서 법률이 정하는 특수한 관계에 있을 때 해당사건으로부터 당연히 배제되는 제도를 말한다. 제척의 원인이 있는 경우 헌법재판소는 직권 또는 당사자의 신청에 의하여 제척의 결정을 한다. 기피란 제척사유이외에 심판의 공정을 기하기 어려운 사정이 있는 재판관에 대하여 재판관여를 배제하는 제도를 말한다. 심판의 공정을 기대하기 어려운 사정이란 객관적인 사정을 말하며 주관적 의혹은 이에 해당되지 않는다. 다만 변론기일에 출석하여 본안에 관한 진술을 한 때에는 기피신청을 할 수 없고, 당사자는 동일한 사건에 대하여 2인 이상의 재판관을 기피할 수 없다. 회피란 재판관 스스로가 제척이나 기피사유가 된다고 판단하여 특정사건의 직무집행을 피하는 제도를 말한다. 재판관은 제척이나 기피사유가 있는 때에는 재판장의 허가를 얻어 회피할 수 있다.

03_ 헌법재판의 당사자

헌법재판절차에서 자기 이름으로 심판을 청구하는 자를 청구인이라 하고 그 상대방을 피청구인이라 하는데, 청구인과 피청구인이 당사자가 된다. 구체적으로 누가 당사자가 되는가에 관해서는 헌법재판의 유형별로 다르다. 당사자는 헌법재판을 청구하고 심판절차에 참여할 수 있는 권리를 가진다. 변론이 열릴 경우 변론의 주체로 절차에 참여할 수 있고, 청구서 및 답변서를 제출하며, 증거조사를 신청하는 등 각종의 소송법상 권리를 행사할 수 있다.

04_ 대표자 및 대리인

헌법재판에서 정부가 당사자인 경우 법무부장관이 이를 대표하며, 당사자인 국가기관 또는 지방자치단체는 변호사 또는 변호사의 자격이 있는 소속직원을 대리인으로 선임하여 심판을 수행하게 할 수 있다. 헌법재판에서 당사자인 사인은 자신이 변호사의 자격이 있는 경우를 제외하고는 변호사를 대리인으로 선임하지 아니하면 심판청구를 하거나 심판수행을 하지 못한다. 이른바 변호사강제주의를 채택하고 있다. 헌법재판소는 변호사강제주의가 재판을 받을 권리에 대한 본질적 침해가 아니라 하면서, 변호사강제주의가 적용되는 것은 사인(私人)이 당사자로 되는 탄핵심판과 헌법소원심판이라고 하였다. 위헌소원심판의 경우에도 변호사 강제주의가 적용된다. 헌법소원을 청구하고자 하는 자가 변호사를 대리인으로 선임할 자력이 없는 경우에는 헌법재판소에 국선대리인의 선임을 신청할 수 있다.

05_ 심판의 청구

심판청구는 심판사항별로 정하여진 청구서를 헌법재판소에 제출함으로써 한다. 다만 위헌법률심판에 있어서는 법원의 제청서, 탄핵심판에 있어서는 국회의 소추의결서의 정본으로 이에 갈음한다. 심판서류를 접수한 공무원은 바로 접수증을 교부하여야 한다. 헌법재판소가 청구서를 접수한 때에는 지체 없이 그 등본을 피청구기관 또는 피청구인에게 송달하여야 한다. 위헌법률심판의 제청이 있은 때에는 법무부장관 및 당해 소송사건의 당사자에게 그 제청서의 등본을 송달한다. 청구서의 송달을 받은 피청구인은 헌법재판소에 답변서를 제출할 수 있다.

헌가	위헌법률심판	헌마	헌법소원심판(헌재법 §68①)
헌나	탄핵심판	헌바	위헌소원심판(헌재법 §68②)
헌다	정당해산심판	헌사	가처분사건
헌라	권한쟁의심판	헌아	재심사건

06_ 심리

탄핵심판, 정당해산심판 및 권한쟁의심판은 구두변론에 의한다. 위헌법률심판과 헌법소원심판은 서면심리에 의하되, 재판부는 필요하다고 인정하는 경우에는 변론을 열어 당사자 · 이해관계인 기타 참고인의 진술을 들을 수 있다. 재판부는 재판관 7인 이상의 출석으로 사건을 심리한다. 심판의 변론과 종국결정의 선고는 심판정에서 행한다. 다만 헌법재판소장이 필요하다고 인정하는 경우에는 심판정외의 장소에서 변론 또는 종국결정의 선고를 할 수 있다. 심판비용은 국가가 부담한다. 헌법재판소는 헌법소원의 남소를 방지하기 위하여 헌법재판소규칙이 정하는 바에 따라 공탁금의 납부를 명할 수 있다. 헌법재판소는 심판사건을 접수한 날부터 180일 이내에 종국결정의 선고를 하여야 한다.

07_ 결정

재판부가 심리를 마친 때에는 종국결정을 한다. 종국결정을 할 때에는 결정서를 작성하고 심판에 관여한 재판관 전원이 이에 서명 · 날인하여야 한다. 심판에 관여한 재판관은 결정서에 의견을 표시하여야 한다. 재판부는 종국심리에 관여한 재판관 과반수의 찬성으로 사건에 관한 결정을 한다. 다만 법률의 위헌결정, 탄핵의 결정, 정당해산의 결정 또는 헌법소원에 관한 인용결정을 하는 경우, 종전에 헌법재판소가 판시한 헌법 또는 법률의 해석적용에 관한 의견을 변경하는 경우에는 재판관 6인 이상의 찬성이 있어야 한다. 심판청구가 부적법한 경우에는 각하결정을, 심판청구가 적법하고 이유 있을 때에는 인용결정을, 심판청구가 적법하지만 이유가 없을 때에는 기각결정을 한다. 또 법률의 위헌 여부에 대한 결정은 합헌, 위헌, 변형결정을 한다.

더 알아보기

• 가처분

가처분이란 종국결정의 실효성을 확보하기 위해 임시적 지위를 정하는 잠정적 조치를 말한다. 종국결정이 이루어지기까지는 상당한 시간이 소요되고, 쟁점이 되는 법률관계나 사실관계가 기정사실로 확정되어 돌이킬 수 없는 단계에 이르게 되면, 종국결정에서 승소가 된다고 하여도 회복하기 어려운 손해가 발생하게 되어 결국은 실익이 없는 재판이 될 수 있어 이러한 위험을 방지할 응급 잠정적 조치가 필요하게 된다. 헌법재판소법은 정당해산심판과 권한쟁의심판에 대해서만 가처분규정을 두고 있어 정당해산심판과 권한쟁의심판 외에 헌법소원심판 등 다른 심판절차에서 가처분이 허용되는가가 문제된다. 비록 헌법재판소법에 가처분을 허용하는 명문의 규정이 없다하여도, 위헌법률심판이나 헌법소원심판에서 가처분의 필요성이 있으며, 또 이를 허용하지 않을 이유가 없으므로 공권력행사는 물론 법령의 효력까지도 정지시키는 가처분이 허용되어야 한다. 헌법재판소 역시 헌법소원심판절차에서 법률의 효력을 정지하거나 또는 명령의 효력을 정지하는 가처분을 허용하고 있다.

• 재 심

재심이란 확정된 종국결정에 대하여 재심사유에 해당하는 중대한 하자가 있는 경우에 그 결정의 취소와 이미 종결되었던 사건의 재심판을 구하는 비상의 불복신청 방법이다. 헌법재판소법은 헌법재판소의 결정에 대한 재심의 허용 여부에 관하여 별도의 명문규정을 두고 있지 아니하다. 이리하여 헌법재판소의 결정에 대하여 재심을 허용할 수 있는가 하는 점에 관하여 논의가 있을 수 있다. 헌법재판은 그 심판의 종류에 따라 그 절차의 내용과 결정의 효과가 한결같지 아니하기 때문에 재심의 허용여부 내지 허용정도 등은 심판절차의 종류에 따라서 개별적으로 판단될 수밖에 없다고 할 것이다. 법령의 위헌 여부에 대한 헌법재판소 결정에 대해서는 재심이 허용될 수 없다. 재심을 허용할 경우 엄청난 법적 혼란을 초래할 수 있기 때문이다. 권리구제형 헌법소원의 경우, 재판부 구성이 위법한 경우 등 절차상 중대하고도 명백한 위법이 있어 재심을 허용하지 아니하면 현저히 정의에 반하는 경우에 한하여 제한적으로 재심이 허용된다. 행정작용을 대상으로 하는 권리구제형 헌법소원을 재심대상사건으로 하는 경우 민사소송법 제422조 제1항 제9호의 판단유탈은 재심사유가 된다.

04 | 헌법재판소의 권한

4-1 위헌법률심판권

개념 04 위헌법률심판권(1)

위헌법률심판이란 법률이 헌법에 위반되는가의 여부를 심사하고 법률이 위헌으로 판단된 때에는 그 효력을 상실시키는 제도를 말한다. 위헌법률심판은 미국 연방대법원의 1803년 Marbury v. Madison 사건에서 그 기원을 찾는다. 위헌법률심판은 국민의 대표가 만든 법률이라도 최고법인 헌법에 저촉되서는 안 된다는 것인데, 헌법의 최고규범성을 지키며, 헌법질서를 수호하고, 국민의 자유와 권리를 보장하는 동시에 다수의 횡포에 대하여 소수를 보호하는 등의 중요한 기능을 담당하고 있다.

〈위헌법률심판 절차 흐름도〉

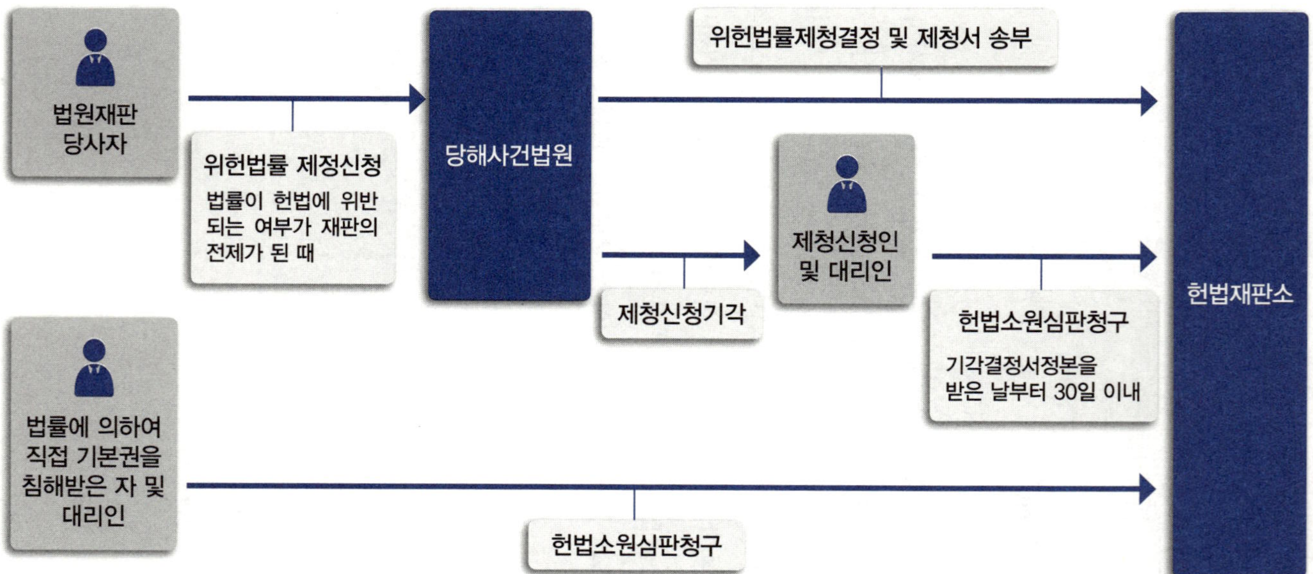

– 헌법재판소, 알기쉬운 헌법재판 인용 –

[양식1] 〈위헌제청신청 서식례〉

−헌법재판소, 정보마당, 관련양식 및 작성례 인용(이하 동일)−

위헌법률심판제청신청

사 건 : 2013가합0000 분담금

원 고 : 교통안전공단

피 고 : ○○해운(주)

위 사건에 관하여 피고는 아래와 같이 위헌법률심판제청을 신청합니다.

신 청 취 지

교통안전공단법 제13조 제2항 제1호 · 제2호, 제17조, 제18조, 제19조 및 제21조의 위헌 여부에 관한 심판을 제청한다.

신 청 이 유

1. 교통안전기금에 관한 교통안전공단법 관련규정의 개요
2. 재판의 전제성

   …… 따라서 위 법률의 위헌 여부는 현재 ○○지방법원 2013가합0000호로 계속 중인 분담금 사건에서 재판의 전제가 된다고 판단됩니다.
3. 교통안전분담금제도의 위헌성에 관하여

   가. 헌법 제11조 제1항의 평등원칙 위배 여부

   나. 헌법 제23조 제1항의 재산권 침해 여부
4. 결 어

   이상의 이유로 …… 위헌이라고 판단되므로, 신청인의 소송대리인은 귀원에 위헌법률심판을 제청해줄 것을 신청하기에 이르렀습니다.

20 . . .

위 피고 ○ ○ ○ (인)

○○지방법원 귀중

제111조 ① 헌법재판소는 다음 사항을 관장한다.
1. 법원의 제청에 의한 법률의 위헌여부 심판

제113조 ① 헌법재판소에서 법률의 위헌결정, 탄핵의 결정, 정당해산의 결정 또는 헌법소원에 관한 인용결정을 할 때에는 재판관 6인 이상의 찬성이 있어야 한다.

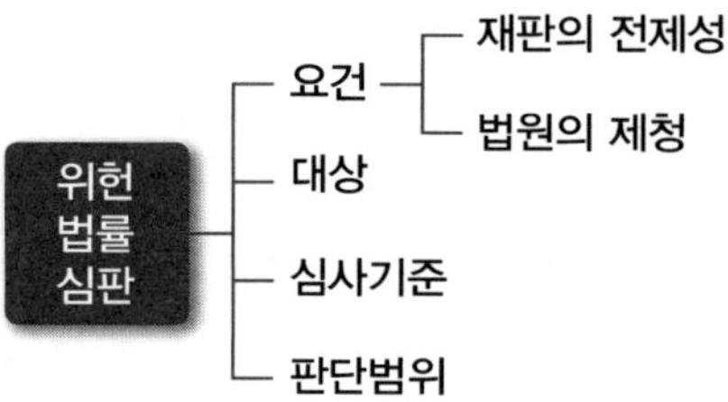

01_ 위헌법률심판의 요건

(1) 재판의 전제성: 재판의 전제성이란 법률의 위헌 여부가 재판의 전제가 되어야 함을 말한다. 재판이란 형식과 심급을 불문하여 구체적 분쟁에 대한 법원의 모든 판단을 말한다. 법원의 사법행정은 이에 포함되지 않는다. 재판의 전제성이 충족되기 위해서는 첫째, 구체적 사건이 법원에 계속 중이어야 하고 둘째, 위헌 여부가 문제되는 법률이 당해 소송사건의 재판과 관련하여 적용되는 것이어야 하며 셋째, 법률이 헌법에 위반되는 여부에 따라 다른 내용의 재판을 하게 되는 경우를 말한다. 다른 내용의 재판을 하는 경우란, 당해 사건의 재판의 결론이나 주문에 영향을 주거나, 재판의 결론을 이끌어내는 이유를 달리하는데 관련이 있거나, 재판의 내용과 효력에 관한 법률적 의미가 전혀 달라지는 경우를 말한다.

(2) 법원의 제청: 위헌법률심판의 제청은 법원이 한다. 수소법원, 집행법원, 비송사건 담당법원도 재판사건과 동일하게 제청권이 있다. 군사법원 역시 제청권을 가진다. 다만 행정심판을 담당하는 행정심판기관은 법원으로 볼 수 없다. 법원의 위헌법률심판의 제청은 직권이나 당사자의 신청에 의한 결정으로 한다. 하급법원의 제청은 대법원을 경유하여야 한다.

02_ 위헌법률심판의 대상

위헌법률심판의 제청대상이 되는 법률은 위헌제청시는 물론 위헌판단시에도 유효한 법률이어야 한다. 이미 위헌결정이 선고되어 효력을 상실한 법률조항에 대한 위헌심판제청은 부적법하며, 공포는 되었으나 시행되지 않은 법률 역시 위헌법률심판의 대상이 될 수 없다.

대통령의 긴급명령이나 긴급재정경제명령은 법률의 효력을 지니므로 위헌제청의 대상이 된다. 헌법조항을 헌법소원심판과 위헌법률심판의 대상으로 삼을 수 있다는 주장이 가능하나, 불가능하다고 보며, 헌법재판소 역시 헌법의 개별조항 그 자체는 제청대상이 아니라고 한다. 관습법이 위헌법률심사의 대상이 될 수 있는가에 관해 헌법재판소(긍정)와 대법원(부정)이 견해를 달리하고 있다.

03_ 위헌법률심판의 심사기준

위헌법률심판의 심사기준은 형식적 의미의 헌법이다. 헌법의 기본원리는 물론 관습헌법도 위헌심판의 기준이 된다. 국제법규는 법률의 효력을 지니므로 국제법규, 조약 모두 위헌심사의 기준이 될 수 없다. 다만 헌법보다는 하위의 법률보다는 상위의 효력을 지니는 국제인권규약은 위헌심사의 기준이 될 수 있다.

04_ 위헌법률심판에서의 판단범위

헌법재판소는 제청법원이나 신청인이 주장하는 법적 관점이외의 모든 헌법적 관점에서 위헌 여부를 심사할 수 있다. 주의할 것은 모든 헌법적 관점에서 심사할 수 있다는 것이지 심사해야 하는 것은 아니다. 가능한 모든 헌법적 관점에서 판단할 것이 요구되나 모든 관점에서 심사하지 않았다고 하여 판단유탈이 되는 것은 아니다. 한편 법원의 위헌제청에 의해 제한되는 것은 심판대상인 법률조항이지 위헌심사의 기준이 아니다.

개념 05 위헌법률심판권(2) –위헌법률심판에서의 종국결정–

위헌법률심판에 대한 종국결정은 형식적 요건의 흠결로 본안판단에 들어갈 수 없는 각하결정과 본안에 대한 합헌결정 및 위헌결정이 있다. 위헌결정은 단순 위헌결정, 헌법불합치결정, 한정합헌결정(…로 해석되어야만 합헌), 한정위헌결정 및 적용위헌결정이 있다. 각하결정은 재판관 과반수로 결정하나, 법률에 대한 위헌결정을 하려면 재판관 6인 이상의 찬성이 있어야 한다.

- 합헌결정
  - 단순합헌결정
  - 한정합헌결정
- 위헌결정
  - 의의
  - 종류
    - 단순위헌결정
    - 양적일부위헌결정
    - 질적일부위헌결정
  - 효력
    - 기속력
    - 상실효
    - 소급효와 소급시점
- 변형결정
  - 의의
  - 헌법불합치결정
  - 한정합헌결정
  - 한정위헌결정
  - 적용위헌결정

01_ 합헌결정

합헌결정은 위헌의견이 재판관 6인에 달하지 못한 경우에 내려진다. 한정합헌결정이란 법률의 다의적 개념을 전제로 헌법합치적 법률해석의 결과, 구체적 사건과 관련해서 합헌해석을 선택한 결정으로, '…로 해석되어야만 합헌(위헌 한정합헌)' 또는 '… 해석하는 한 합헌(합헌 한정합헌)'의 주문형식으로 나타난다.

02_ 위헌결정

법률이 헌법에 위배된다고 판단된 경우 위헌결정을 하는데 9인의 재판관 중 6인 이상의 찬성을 얻어야 한다. 위헌결정은 법원 기타 국가기관 및 지방자치단체를 구속한다. 법률의 위헌결정은 법원 기타 국가기관 및 지방자치단체를 구속하는 기속력을 지닌다(기속력). 법원을 포함한 모든 국가기관 및 지방자치단체는 위헌으로 결정된 법률을 적용하거나 공권력행사의 기초로 삼아서는 안 된다. 한편 2014년 개정된 헌법재판소법은 형벌조항에 대한 위헌결정은 소급하여 효력을 상실하나 형벌조항에 대해 헌법재판소의 합헌결정이 있는 경우에는 위헌결정은 그 합헌결정일 그 다음날로 소급하여 효력을 상실하도록 하여, 소급시점 문제를 입법적으로 해결하였다.

03_ 변형결정

(1) 의의: 헌법재판소법은 위헌과 합헌의 두 가지 유형을 예정하고 있으나 두 가지 유형의 결정주문만으로 규범통제에서 나타나고 있는 모든 문제를 포용할 수 없으므로 변형결정은 헌법재판에 있어 불가피하다. 변형결정의 유형은 학자마다 분류방법이 다양한데, 헌법재판소법이 예정한 정형결정 이외의 모든 결정을 변형결정으로 분류하는 것이 타당하다. 통상 헌법불합치결정, 한정합헌결정, 한정위헌결정, 적용위헌결정 등이 이에 해당한다.

⑵ 헌법불합치결정: 문제된 법률이 헌법에 위반되는 경우 헌법에 위배된다는 사실만 확정하고 위헌제거를 위한 구체적 입법개선을 요구하는 결정주문을 말한다. 이는 법치국가적으로 용인되기 어려운 법적 공백이나 혼란을 초래할 우려가 크거나 또는 법률의 위헌성제거에 입법형성의 자유가 존중될 필요가 있는 경우에 내려지는 변형 위헌결정이다. 헌법불합치결정이 선고되면 법원을 포함하여 모든 국가기관은 불합치 선언된 법률조항의 적용을 중단하여야 한다(원칙적 적용중단). 한편 헌법재판소는 불합치 선언된 법률의 잠정적용을 예외적으로 허용하고 있다. 위헌인 법률의 적용은 허락될 수 없지만, 적용금지 때문에 법적 공백이 발생하고 이러한 법적 공백이 위헌법률을 적용하는 것보다 헌법과 더욱 합치되지 않는 상황을 초래하는 경우에는 예외적으로 잠정적용을 허용할 수밖에 없다(예외적 잠정적용). 형벌규정에 대한 헌법불합치결정은 적용중단의 경우에는 매우 신중하게 행해져야 하고, 잠정적용은 어떠한 경우에도 허용될 수 없다. 헌법불합치결정은 변형된 결정유형이지만 위헌결정이므로 법원 기타 국가기관 및 지방자치단체를 기속한다.

⑶ 한정합헌결정: 법률의 내용이 다의적이어서 다의적 해석이 가능할 때 위헌의 해석가능성을 배제하여 법률의 내용을 헌법에 조화될 수 있도록 축소 해석함으로써 법률의 효력을 유지하는 결정형식으로, '…이므로 이러한 해석 하에 헌법에 위반되지 아니한다'는 형태를 취하고 있다. 한정합헌결정은 위헌적 법률해석을 배제하여 합헌을 유지하는 결정으로, 위헌의 실질을 지니며, '…해석하는 한 합헌'의 주문으로 표시되는 결정으로 보는 것이 통설 및 판례의 입장이다.

⑷ 한정위헌결정: 법문의 외형(외형상 문구)은 그대로 둔 채 법문의 위헌해석이나 또는 법문의 위헌적 내용을 제거하는 주문형식을 말한다. 법문의 외형문구는 그대로 둔 채 그 법문의 내용이나 해석의 일부를 제거하는 것이므로 질적 일부위헌결정에 해당된다. 한정위헌결정은 위헌요소나 위헌해석을 제거함으로써 단순 위헌결정을 내릴 경우 법률의 합헌적 내용 또는

합헌적 법률해석까지 제거되는 부당한 결과를 방지하여 준다. 한정위헌결정은 법조문이 명확성원칙에 위배되지 않을 것이 전제가 되며, 만일 막연하고 모호한 법률을 "한정"을 수단으로 합헌으로 전환하는 것은 허용될 수 없다. 한정위헌결정 역시 헌법합치적 법률해석의 결과로 보아야 한다.

(5) 적용위헌결정: 법률의 문언자체는 그대로 둔 채 법률을 특정한 사안이나 사례에 적용하는 것이 위헌이라는 취지의 결정형식을 말한다. 넓은 의미의 질적 일부위헌이라고 할 수 있다. 적용위헌결정은 법률의 문언자체에 대한 제한 없이 '적용상의 한정조항'만을 두는 것이 특징이다. 한정위헌결정에서 위헌쟁송의 대상이 법률과 법률해석(또는 내용)이라면 적용위헌결정에서는 법률과 구체적 사례가 대상이 된다.

4-2 탄핵심판권

개념 06 탄핵심판권

07

헌법 이야기

법조계 "노무현 탄핵 기각 때와는 다르다"

2004년 헌재 결정문과 현재 비교
노무현 선거중립 위반 인정했지만
'파면할 정도 사유 아니다' 기각

2016년 검찰, 대통령 피의자 규정
실정법 위반 판단, 탄핵 가능성 커
재판관 9명 중 8명 보수성향 변수

[출처: 중앙일보] 법조계 "노무현 탄핵 기각 때와는 다르다"(2016.11.22.)

지금 온 국민을 촛불로 집결시키고 있는 현직 대통령의 대국민 담화 중의 발언("내가 이러려고 대통령을 했나")이, 그 패러디의 수 만큼이나 정국을 소용돌이 속으로 내몰았다. 2004년 고(故) 노무현 대통령 탄핵사건의 소추위원인 국회 법제사법위원회 위원장 김기춘은 박근혜정부의 비서실장을 역임 했다. 대통령의 하야를 주장하는 광화문의 외침이, "어둠은 빛을 이길 수 없다"고 울부 짖는 어린아이의 노래가, 차디찬 바다 속 세월호에서 편히 잠들지 못하는 억울한 영혼을 떠오르게 하여 오늘 따라 너무도 슬프게 들려온다.

〈대통령 탄핵 절차 흐름도〉

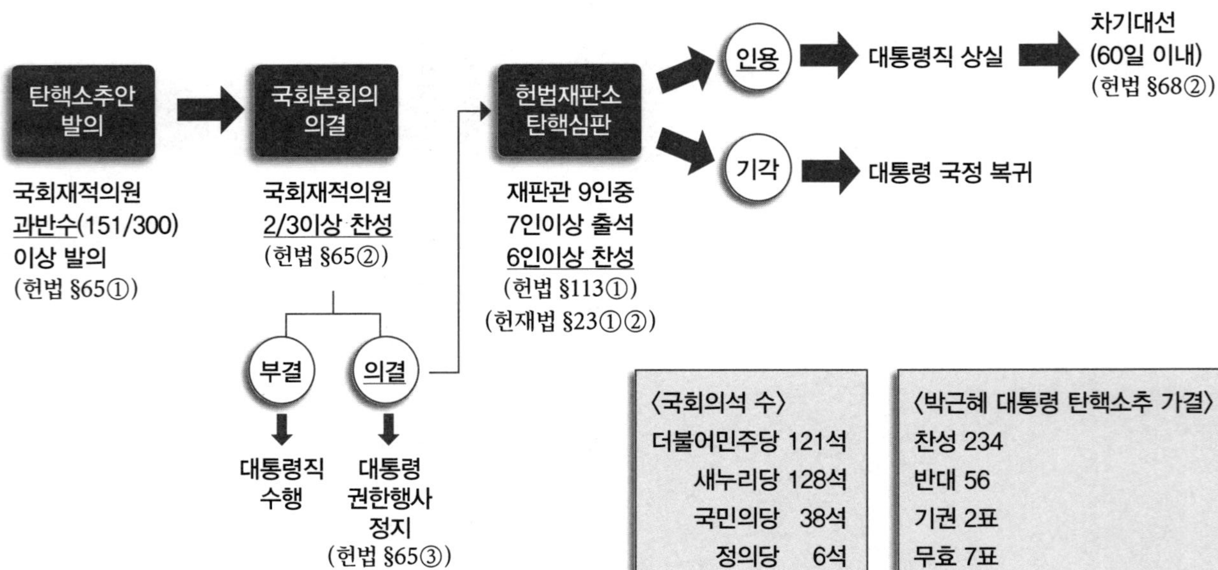

〈국회의석 수〉
더불어민주당 121석
새누리당 128석
국민의당 38석
정의당 6석
무소속 7석

〈박근혜 대통령 탄핵소추 가결〉
찬성 234
반대 56
기권 2표
무효 7표
불참 1표
〈2016.12.9〉

제111조 ① 헌법재판소는 다음 사항을 관장한다.
2. 탄핵의 심판

제113조 ① 헌법재판소에서 법률의 위헌결정, 탄핵의 결정, 정당해산의 결정 또는 헌법소원에 관한 인용결정을 할 때에는 재판관 6인 이상의 찬성이 있어야 한다.

01_ 의의

탄핵이란 일반적인 사법절차에 의해서는 책임을 추궁하기 어려운 고위공무원의 직무상 위헌 · 위법행위를 의회가 소추하는 제도를 말한다. 고위 공직자가 직무수행 중 헌법을 위반한 경우 이에 대한 법적 책임을 추궁할 수 있도록 함으로써, 헌법의 규범력을 확보하고자 하는 것이 탄핵심판의 존재의의라 할 수 있다. 탄핵은 국회에 의해 이루어지는 법적 책임추궁제도라는 점에서 법원이 행하는 형사재판이나 정부가 행하는 공무원징계제도와 구별된다. 근대적 의미의 탄핵제도가 영국에서 시작되었다는데 이의가 없다. 영국에서 시작된 탄핵제도는 1787년 미국 연방헌법에서 처음으로 성문화되었다. 사건부호는 헌나로 표기한다.

02_ 탄핵소추와 탄핵심판

탄핵은 소추와 심판절차로 나누어지는데, 헌법은 소추는 국회의 권한으로 심판은 헌법재판소의 권한으로 하고 있다. 탄핵소추기관은 국회이다. 양원제 의회에서는 일반적으로 하원이 소추기관이 된다. 탄핵제도는 의회를 중심으로 발전하였고, 대의책임의 추궁은 의회가 맡는 것이 타당하다는 정책적 고려에 의해 대부분의 국가가 탄핵소추를 의회의 권한으로 하고 있다. 탄핵심판을 담당하는 기관은 나라마다 다양한 형태를 지니고 있다. 상원이 담당하는 경우(미국, 영국), 헌법재판소와 같은 사법기관이 담당하는 경우(독일), 독립된 탄핵법원이 담당하는 경우(일본, 프랑스) 등 다양하다. 우리나라는 헌법재판소가 탄핵심판을 담당한다.

03_ 탄핵심판절차

탄핵심판은 국회법제사법위원회의 위원장이 소추위원이 되며 소추위원이 소추의결서의 정본을 헌법재판소에 제출함으로써 개시된다. 헌법재판소는 필요한 증거조사를 하며 변론주의에 따라 심리한다. 재판부가 변론을 열 때에는 기일을 정하고 당사자와 관계인을 소환하여야 한다. 당사자가 변론기일에 출석하지 아니한 때에는 다시 기일을 정하여야 하며, 다시 정한 기일에도 당사자가 출석하지 아니한 때에는 그 출석 없이 심리할 수 있다. 피청구인에 대한 탄핵심판청구와 동일한 사유로 형사소송이 진행되고 있는 때에는 재판부는 심판절차를 정지할 수 있다.

04_ 탄핵심판의 결정

(1) 종국결정: 헌법재판소는 탄핵소추가 부적법한 경우 각하결정을, 탄핵소추가 이유 없을 때에는 기각결정을 한다. 탄핵심판청구가 이유 있는 때에는, 즉 인용할 때에는 재판관 6인 이상의 찬성으로, 당해 공직에서 파면하는 결정을 선고한다.

(2) 인용결정: 탄핵심판청구가 이유 있는 때에는 파면결정을 하게 되는데, 이유 있는 때를 어떻게 볼 것인가가 문제된다. 탄핵심판청구가 이유 있는 때란 모든 법위반의 경우가 아니라 공직자의 파면을 정당화할 정도로 중대한 법위반의 경우를 말한다. 대통령의 경우, 대통령에게 부과된 헌법수호책무를 위반하여 자유민주적 기본질서에 위배되는 적극적 위반행위를 하거나, 전체국민이 선거를 통해 대통령에게 부여한 신임을 배반한 경우(뇌물수수, 부정부패 등)라면, 중대한 법위반으로 볼 수 있다. 대통령을 제외한 다른 공직자의 경우에는 해당 공직에 요구되는 공정성과 책임성을 위반하여 더 이상 공직수행을 담당하게 하는 것이 부적절한 경우를 말한다. 대통령에 대한 탄핵심판절차에서 인용결정을 하기 위해서는 중대한 법위반의 존재만으로 부족하고, 파면의 부정적 효과(국론분열, 정치적 혼란)를 상쇄할

정도의 중요한 법위반에 이르러야 한다.

05_ 탄핵의 효과

탄핵결정은 공직으로부터 파면됨에 그친다. 탄핵결정이 있게 되면 피청구인은 결정 선고시부터 공직에서 파면된다. 탄핵의 결정으로 민 · 형사상의 책임이 면제되지 않는다. 탄핵결정을 받은 자는 일정기간(5년) 공직의 취임이 금지된다.

4-3 정당해산심판권

개념 07 정당해산심판권

[양식 2] 〈정당해산심판청구서 서식례〉

정당해산심판청구서

청 구 인 : 대한민국 정부법률상 대표자 법무부장관 ○ ○ ○

피청구인 : ○ ○ 정당주소(중앙당 소재지) : 서울 영등포구 국회대로 00

대표자 ○ ○ ○

청구취지 : ○ ○ 정당의 해산결정을 구합니다.

청구이유 : 가. 사건개요

나. 정당의 목적, 활동의 민주적 기본질서 위배 내용

다. 기타 필요사항

첨부서류 : 각종 입증서류

20 . . .

대한민국 정부

법률상 대표자 법무부장관 ○ ○ ○ (인)

헌법재판소 귀중

제111조 ① 헌법재판소는 다음 사항을 관장한다.
3. 정당의 해산 심판
제113조 ① 헌법재판소에서 법률의 위헌결정, 탄핵의 결정, 정당해산의 결정 또는 헌법소원에 관한 인용결정을 할 때에는 재판관 6인 이상의 찬성이 있어야 한다.

01_ 의의

정당의 목적이나 활동이 민주적 기본질서에 반할 경우 정부는 국무회의의 심의를 거쳐, 헌법재판소에 그 해산을 제소할 수 있고, 헌법재판소는 정당해산의 심판권을 지닌다.

02_ 정당해산심판절차

(1) 제소권자: 정당해산심판의 제소권자는 정부이며, 여기서 정부란 입법부, 사법부와 대등한 지위를 지닌 정부를 말하며, 법무부장관이 정부를 대표해서 정당해산심판청구서를 헌법재판소에 제출한다. 청구서에는 해산을 요구하는 정당을 표시하고 청구의 이유를 기재하여야 한다. 정당해산제소는 필요적 심의사항으로 국무회의의 심의를 거치도록 되어 있다.

(2) 정당해산심판의 심리: 심리는 구두변론에 의하며 변론은 공개한다. 절차는 민사소송에 관한 법령을 준용한다. 헌법재판소는 정당해산심판의 청구를 받은 때에는 청구인의 신청 또는 직권으로 종국결정의 선고 시까지 피청구인의 활동을 정지하는 결정을 할 수 있다. 헌법재판소가 가처분결정을 한 때에는 헌법제판소장은 그 사실을 국회와 중앙선거관리위원회에 통지하여야 한다.

(3) 정당해산심판의 결정과 집행: 헌법재판소가 정당해산의 결정을 할 때에는 재판관 6인 이상의 찬성이 있어야 한다. 헌법재판소가 정당해산을 명하는 결정을 한 때에는 피청구인 외에 국회 · 정부 및 중앙선거관리위원회에도 이를 송달하여야 한다. 정당의 해산을 명하는 결정이 선고된 때에는 그 정당은 해산된다. 헌법재판소의 해산결정의 통지가 있는 때에는 중앙선

거관리위원회는 그 정당의 등록을 말소하고 지체 없이 그 뜻을 공고하여야 한다. 정당의 해산을 명하는 헌법재판소의 결정은 중앙선거관리위원회가 정당법의 규정에 의하여 이를 집행한다.

03_ 정당해산결정의 효과

헌법재판소의 정당해산결정이 있게 되면 다음과 같은 효과가 발생한다. 첫째, 헌법재판소의 해산결정이 선고된 때에 그 정당은 해산된다. 정당해산결정은 창설적 효력을 지닌다. 둘째, 해산된 정당의 강령 또는 기본정책과 동일하거나 유사한 소위 대체정당을 창당하지 못한다. 셋째, 해산된 정당의 잔여재산은 국고에 귀속된다. 넷째, 해산된 정당의 속한 국회의원의 지위가 상실되는가에 관해 헌법재판소는 위헌정당의 해산을 명하는 비상상황에서는 국회의원의 국민 대표성은 희생될 수밖에 없으므로 해산된 정당 소속 국회의원의 의원직 상실은 위헌정당해산 제도의 본질로부터 인정되는 기본적 효력이라고 하였다.

4-4 권한쟁의심판권

개념 08 권한쟁의심판권

국가기관 또는 권리주체 상호간에 그들에게 부여된 권한을 중심으로 나타나는 분쟁을 해결하기 위한 법적 구제절차 및 수단이 요구되는데, 권한쟁의 또는 기관소송이 이에 해당된다. 권한쟁의나 기관소송의 기원은 19세기 독일에서 찾을 수 있다. 당시 독일은 군주와 의회 사이의 분쟁을 중립적 헌법수호기관인 국가재판소로 하여금 해결하게 하였다. 제2차 세계대전 후 독일은 연방헌법재판소로 하여금 국가기관 간의 헌법적 권한다툼을 기관소송의 형태로 담당케 하고 있다.

헌법과 헌법재판소법이 말하는 권한쟁의심판이란 기관소송이라고 할 수 있는 국가기관 상호간의 다툼과 국가기관과 자치단체간 및 자치단체 상호간의 다툼을 유권적으로 해결하여 정치적 평화와 안정을 확보하는 헌법재판작용을 말한다. 독일의 권한쟁의는 헌법기관 상호간의 권한다툼인 기관소송과 연방과 주, 주 상호간 그리고 주 내부의 권한다툼을 그 관할로 하므로, 우리의 권한쟁의와 유사한 형태를 취하고 있다. 독일의 권한쟁의는 그 보충성원칙으로 인해 헌법기관 상호간의 권한다툼인 기관소송에 치중되어 있다. 다만 독일의 권한쟁의는 헌법적 분쟁의 성격을 지닌 다툼은 연방헌법재판소가, 비헌법적 성격의 다툼은 법원이 해결주체가 된다는 점에서, 헌법과 법률상 권한침해를 모두 헌법재판소 관할로 하는 우리의 권한쟁의와 구별된다.

[양식 3] 〈권한쟁의심판청구서 서식례〉

권한쟁의심판청구서

청 구 인 서울특별시 ○○구
대표자 구청장 ○ ○ ○
대리인 변호사 ○ ○ ○

피청구인 ○ ○ ○ 부 장관

심판대상이 되는 피청구인의 처분 또는 부작위

피청구인이 20 . . . 자 ○○○업무처리지침 중에서 ……라고 규정한 것

침해된 청구인의 권한

헌법 및 국회법에 의하여 부여된 청구인의 예산편성 및 집행권

청 구 취 지

피청구인이 20 . . .자 ○○○업무처리지침 중에서 ……라고 규정한 것은 헌법 및 국회법에 의하여 부여된 청구인의 ○○에 대한 예산편성 및 집행의 권한을 침해한 것이라는 확인을 구하며, 또한 피청구인의 위 행위가 무효임을 확인하여 줄 것을 구합니다.

청 구 이 유

1. 헌법 또는 법률에 의하여 부여된 청구인의 권한의 유무 또는 범위
2. 권한다툼이 발생하여 심판청구에 이르게 된 경위
3. 피청구인의 행위에 의한 청구인의 권한의 침해
4. 피청구인의 처분이 무효로 되어야 하는 이유
5. 청구기간의 준수 여부 등

첨 부 서 류

1. 각종 입증서류
2. 소송위임장

20 . . .

청구인 대리인 변호사 ○ ○ ○ (인)

헌법재판소 귀중

제111조 ① 헌법재판소는 다음 사항을 관장한다.

4. 국가기관 상호간, 국가기관과 지방자치단체간 및 지방자치단체 상호간의 권한쟁의에 관한 심판

제113조 ① 헌법재판소에서 법률의 위헌결정, 탄핵의 결정, 정당해산의 결정 또는 헌법소원에 관한 인용결정을 할 때에는 재판관 6인 이상의 찬성이 있어야 한다.

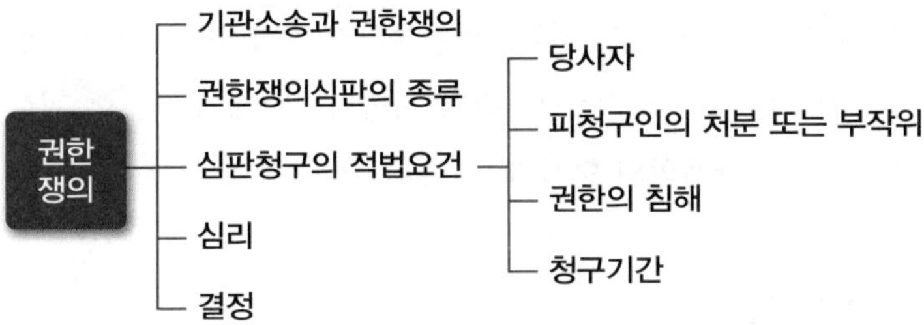

01_ 기관소송과 권한쟁의

기관소송이란 동일한 법인격 주체내의 기관간 권한다툼을 말하며, 법원이 해결하는 절차로서, 권한의 존부 및 행사에 관한 다툼으로, 법률이 정한 경우 법률이 정한 자에 한하여 제기할 수 있고, 행정작용의 적법성을 보장하는 기능을 지닌다. 지방자치법 제172조의 자치단체의 장과 지방의회간의 다툼은 대표적인 기관소송의 예에 해당된다. 반면 권한쟁의는 동일한 주체 내의 기관 간 권한다툼과 서로 다른 법 주체간의 권한다툼까지 그 대상으로 하며, 헌법재판소의 관할로서, 권한의 존부와 범위에 대한 다툼으로, 객관적 소송의 성격을 지니지만 법률이 정한 경우에 한정되지 않고 포괄적으로 헌법과 법률이 부여한 권한이 침해되지 않도록 함으로써 객관적 헌법질서를 유지하고 수호하는 기능을 지닌다.

02_ 권한쟁의심판의 종류

헌법과 헌법재판소법은 첫째, 국가기관 상호간의 권한쟁의심판으로 국회, 정부, 법원 및 중앙선거관리위원회 상호간의 권한쟁의심판을 둘째, 국

가기관과 지방자치단체간의 권한쟁의심판으로 ㉠ 정부와 특별시 · 광역시 또는 도간의 권한쟁의심판, ㉡ 정부와 시 · 군 또는 지방자치단체인 구(자치구)간의 권한쟁의심판을 셋째, ㉠ 지방자치단체 상호간의 권한쟁의심판으로 특별시 · 광역시 또는 도 상호간의 권한쟁의심판, ㉡ 시 · 군 또는 자치구 상호간의 권한쟁의심판, ㉢ 특별시 · 광역시 또는 도와 시 · 군 또는 자치구간의 권한쟁의심판을 인정하고 있다. 권한쟁의가 지방교육자치에 관한 법률 제2조의 규정에 의한 교육 · 학예에 관한 지방자치단체의 사무에 관한 것인 때에는 교육감이 권한쟁의의 당사자가 된다.

03_ 심판청구의 적법요건

(1) 당사자: 당사자능력이란 소송에서 당사자가 될 수 있는 일반적 능력(또는 자격)으로, 특정의 소송사건에서 정당한 당사자로서 소송을 수행하고 본안판결을 받기에 적합한 자격인 당사자적격과 구별된다. 헌법과 헌법재판소법에 규정된 자는 당사자능력이 인정되며, 당사자능력이 있어도 헌법과 법률에 의하여 부여받은 권한을 침해받아 이를 다툴 경우에 정당한 당사자가 될 수 있다(당사자적격). 권한쟁의심판의 당사자능력과 관련하여 제3자 소송담당이 허용될 것인가가 문제된다. 제3자 소송담당은 당사자능력을 갖지 못한 제3자가 자신의 이름으로 당사자능력자를 위하여 소송을 수행할 수 있는 권능으로, 권한의 주체도 아니면서 권한침해를 다툰다는 데 특색이 있다. 헌법재판소는 권리는 원칙적으로 권리주체가 주장하여 소송수행을 하도록 하는 것이 자기책임의 원칙에 부합하므로, '제3자 소송담당'은 예외적으로 법률의 규정이 있는 경우에만 인정된다고 하여 소극적 입장을 취하고 있다.

(2) 피청구인의 처분 또는 부작위: 국가기관 또는 지방자치단체는 권한의 유무 또는 범위에 관하여 다툼이 있을 때에는 헌법재판소에 권한쟁의심판을 청구할 수 있다. 심판청구는 피청구인의 처분 또는 부작위가 헌법 또는

법률에 의하여 부여받은 청구인의 권한을 침해하였거나 침해할 현저한 위험이 있어야 한다. '권한의 유무'란 법상 특정한 권한이 특정의 기관에 부여되어 있는가의 여부(권한의 존부)를 말하며, '권한의 범위'란 법상 특정한 권한이 특정의 기관에 부여된 결과 그 기관의 권한이 미치는 효력의 범위를 말한다. '처분'이란 국가기관이나 자치단체가 행하는 고권적 작용을 말한다. 모든 고권적 작용이 그 대상이 되는 것은 아니며 법적으로 중요한 의미를 지녀야 한다. 즉 청구인의 법적지위에 영향을 주는 피청구인의 처분이어야 한다. '부작위'란 국가기관이나 자치단체가 헌법 또는 법률에서 유래하는 작위의무가 있음에도 불구하고 그 의무를 이행하지 아니한 경우를 말하는 것으로, 부작위 역시 법적 지위에 영향을 주어야 한다.

(3) 권한의 침해 또는 침해할 현저한 위험: 권한쟁의는 헌법 또는 법률에 의하여 부여받은 청구인의 권한이 침해되었거나 침해될 현저한 위험이 있어야 하므로, 피청구인의 처분 또는 부작위로 인하여 헌법 또는 법률에 의하여 부여받은 청구인의 권한이 침해될 개연성이 전혀 없는 경우에는 권한쟁의심판청구는 부적법하다. 권한의 침해란 헌법이나 법률에 의해 청구인에게 부여된 권한이 박탈되거나 제한되는 것을 말하며, 침해될 현저한 위험이란 현실적으로 권한침해가 발생한 것은 아니나 침해의 개연성이 매우 높은 상황을 말한다.

(4) 청구기간: 권한쟁의심판은 그 사유가 있음을 안 날로부터 60일 이내, 그 사유가 있은 날로부터 180일 이내에 청구하여야 한다. 부작위에 대한 권한쟁의심판은 부작위가 계속되는 한 기간의 제약 없이 언제든지 청구할 수 있다.

05_ 심리

권한쟁의심판은 구두변론에 의한다. 헌법재판소는 직권 또는 신청에 의하여 종국결정의 선고시까지 피청구기관의 처분의 효력을 정지하는 가처분 결정을 할 수 있다.

06_ 결정

권한쟁의심판은 재판관 과반수의 찬성으로 결정한다. 헌법재판소는 심판의 대상이 된 국가기관 또는 자치단체의 권한의 유무 또는 범위에 관하여 판단한다. 헌법재판소의 결정은 모든 국가기관을 기속한다. 권한쟁의에 관한 결정은 '모든' 결정에 기속력이 인정된다. 이 점에서 헌법소원의 '인용'결정이나 법률에 대한 '위헌'결정이 다른 국가기관을 기속하는 것과 구별된다. 피청구인에게 위헌으로 확인된 행위를 반복할 수 없고, 동시에 위헌상태를 제거할 의무가 부여된다.

05 헌법소원심판

헌법소원은 국가의 공권력행사로부터 기본권이 침해된 경우 이를 구제하는 기본권보장수단을 말한다. 특히 재판에 의한 기본권침해와 법령에 의한 직접적 기본권침해로부터 기본권을 보호하기 위한 수단이다. 헌법소원은 공권력행사(불행사)로 국민의 기본권이 침해된 경우에 청구하는 헌법소원(권리구제형 헌법소원)과 법률의 위헌 여부의 제청신청이 기각된 경우에 청구하는 헌법소원(위헌심사형 헌법소원, 위헌소원)의 두 가지로 구분할 수 있다. 전자의 경우가 본래의 의미의 헌법소원이다.

〈헌법소원 체계도〉

- 헌법소원
  - 쟁송대상
    - 공권력의 행사
      - 입법작용
      - 행정작용
      - 검사의 기소 · 불기소
      - 사법작용
    - 공권력의 불행사
      - 입법부작위
      - 행정부작위
      - 사법부작위
  - 적법요건
    - 청구권자
    - 기본권의 침해
    - 청구인적격
      - 자기성
      - 직접성
      - 현재성
  - 보충성
    - 원칙
    - 예외
  - 권리보호이익
    - 주관적
    - 객관적
  - 청구기간과 헌법소원의 심판
  - 위헌심사형 헌법소원

〈헌법소원 심판절차 흐름도〉

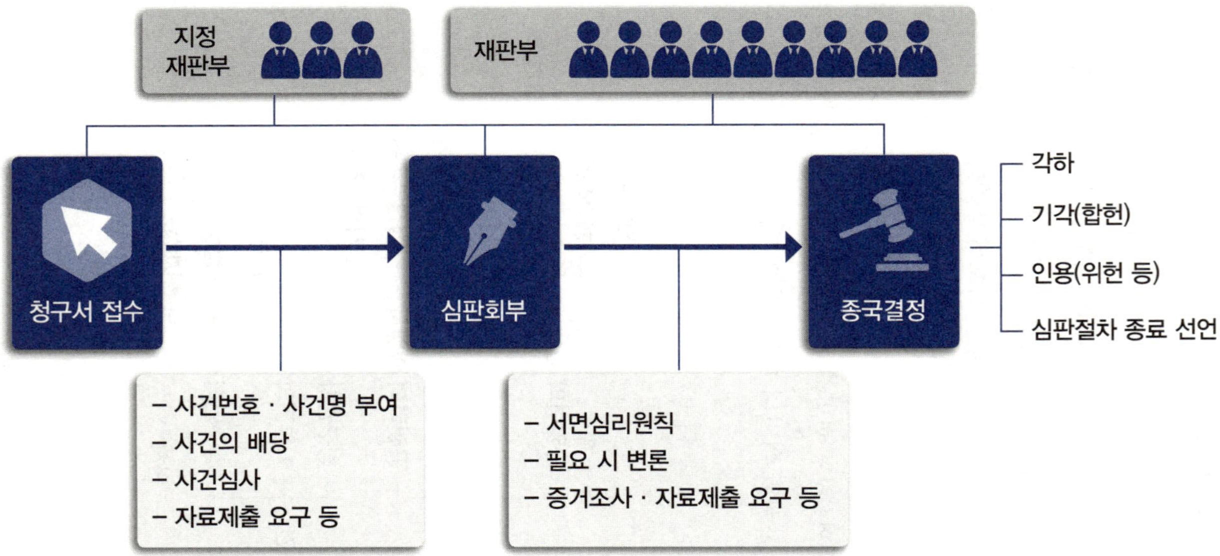

– 헌법재판소, 알기쉬운 헌법재판 인용 –

[양식 4] 〈헌법소원심판청구서(법령) 서식례〉

헌법소원심판청구서

청 구 인 ○ ○ ○

서울 성북구 ○○로 ○○, ○○○호(○○동)

대리인 변호사 ○ ○ ○

서울 서초구 ○○로 ○○, ○○○호(○○동)

청 구 취 지

"구 ○○법(2004.12.31. 법률 제7291호로 개정되고, 2011.4.5. 법률 제10551호로 개정되기 전의 것) 제○○조 제○항 제○호는 헌법에 위반된다."라는 결정을 구합니다.

침 해 된 권 리

헌법 제11조 평등권, 제15조 직업선택의 자유

침 해 의 원 인

구 ○○법 (2004.12.31. 법률 제7291호로 개정되고, 2011.4.5. 법률 제10551호로 개정되기 전의 것) 제○○조 제○항 제○호

청 구 이 유

1. 사건개요
2. 위 규정의 위헌성
3. 심판청구에 이르게 된 경위
4. 청구기간의 준수 여부 등

첨 부 서 류

1. 각종 입증서류
2. 소송위임장(소속변호사회 경유)

20 . . .

청구인 대리인 변호사 ○ ○ ○ (인)

헌법재판소 귀중

08

헌법 이야기

공권력의 행사(?)

성실하고 착하게 살아온 박만수(감우성 분) 인생에 어느 날 갑자기 아내는 "함께 사는 게 재미없다"며 이혼을 요구하고 회사는 "유도리 없다"고 정리해고를 통보한다. 하루 아침에 모든 것이 무너져 버린 박만수는 평생 최선을 다해 모범적으로 살아온 인생이 억울하기만 하다. 그 때 마침 파출소 옆 담벼락의 "소변금지"란 말에 화가 치밀어 올라 생전 처음으로 "금지" 행위인 노상방뇨를 저지르는데......

감우성 | 이거 머야? 소변금지? 내가 싸면 어쩔건데? 궁금하네...
우리나라는요~ 하지 말라는거 하는 놈이 잘사는 나라야...
아주 좋은 나라야...(쉬이이~~~~~~~~~)아이구, 시원하구만 그냥^^

강성진 | (순찰을 마치고 파출소로 돌아온 그는 노상방뇨를 보며) 어이?

(그에게 다가와)

"국가공권력의 상징인 파출소 담벼락에다가 오줌을 갈겨?"

"깡총 깡총?"

"따라와"

〈영화, 쏜다(2006년), 중에서〉

가끔씩은 누구나, 잘못된 국가 공권력의 행사에 맞서 이런 "일탈"을 꿈 꾸게 된다는 생각에 오래 되었지만 생각나는 영화다. 배우 김수로의 능청스러운 코믹 연기에, 연기파 배우 감우성의 진지한 일탈이 잘 버무려진 인절미 같은 영화다. 누구나 힘든 시절이 있고, 사연 없는 인생도 없다. 요즘처럼 시국과 경제가 우리 삶을 괴롭힌 적도 드물다. 길을 잃고 억지부리는 국가 공권력의 행사에 맞서 그냥 한번 오늘 하루쯤은 "일탈" 하고 싶다.

개념 09 헌법소원의 쟁송대상(권리구제형 헌법소원)

헌법소원은 공권력의 행사 또는 불행사로 기본권이 침해되어야 청구할 수 있다. 공권력작용이란 입법, 행정, 사법을 담당하는 모든 국가기관 및 공공단체의 고권적 작용을 말한다. 다만 외국이나 국제기관의 공권력작용은 헌법소원을 청구할 수 있는 공권력에서 제외된다. 공권력작용은 작용주체를 중심으로 입법작용, 행정작용, 사법작용으로 나눌 수 있고, 작용의 적극 · 소극에 따라 행사와 불행사로 구별된다.

제111조 ① 헌법재판소는 다음 사항을 관장한다.
5. 법률이 정하는 헌법소원에 관한 심판

제113조 ① 헌법재판소에서 법률의 위헌결정, 탄핵의 결정, 정당해산의 결정 또는 헌법소원에 관한 인용결정을 할 때에는 재판관 6인 이상의 찬성이 있어야 한다.

01_ 공권력의 행사

(1) 입법작용: 헌법은 통일체로서 가치체계를 이루며 국민의 결단 내지 국민적 합의의 성격을 지니므로 헌법재판소법 제68조 제1항 소정의 공권력행사로 볼 수 없다. 법률이 기본권을 침해하더라도 법률을 직접 다투는 것은 원칙적으로 허용되지 않는다. 법률의 집행행위를 다투면서 그 전제로서 법률의 위헌을 다투어야 한다. 그러나 법률이 별도의 집행작용 없이 국민의 기본권을 직접 침해하는 경우에는 법률에 대해서 헌법소원을 제기할 수 있다(법률소원). 법률에 따른 집행작용이 존재하는 경우에는 법률에 대한 헌법소원은 불허된다. 다만 집행행위가 있는 경우에도 그 집행행위를 대상으로 하는 구제절차가 없거나, 구제절차가 있다고 하더라도 권리구제의 기대가능성이 없는 경우에는 법률을 직접 다툴 수 있다. 긴급재정경제명령은 법률의 효력을 지니므로 헌법소원의 대상이 되는 공권력행사에 해당된다.

대통령의 긴급명령 등이 국민의 기본권을 침해한 경우 헌법소원의 대상이 된다. 대통령령, 총리령, 부령과 같은 법규명령이 별도의 집행작용을 기다리지 않고 직접 기본권을 침해하는 것일 경우 헌법소원의 대상이 된다. 조약은 법적 효력이 국내법과 동일한 효력을 지니므로 헌법소원의 대상이 된다. 대법원규칙이 직접 기본권을 침해하는 경우에는 헌법소원의 대상이 되며, 조례가 직접 기본권을 침해한 경우 헌법소원의 대상이 된다.

(2) 행정작용: 통치행위란 고도의 정치적 결단에 의한 국가행위로서 사법적 심사의 대상으로 삼기에 적절하지 못한 행위를 말하는데, 통치행위라 하더라도 국민의 기본권을 침해한 경우에는 헌법소원을 청구할 수 있다. 행정규칙은 행정조직 내부에서 효력을 지니며 대외적 구속력이 없으므로 헌법소원의 대상이 될 수 없으나, 행정규칙이 예외적으로 대외구속력을 지닐 수 있다면 그 범위 내에서 헌법소원의 대상이 될 수 있다.

(3) 검사의 기소 및 불기소처분: 검사의 공소제기처분, 즉 기소처분에 대하여는 헌법소원을 제기할 수 없다. 검사의 기소가 기본권을 침해하였는지의 여부는 형사재판절차에서 적법성에 대한 충분한 판단이 가능하므로 기소처분을 독립하여 헌법소원의 대상으로 삼는 것은 부적법하기 때문이다. 범죄피해자인 고소인에 대한 검사의 불기소처분, 기소유예처분, 기소중지처분에 대해서는 헌법소원을 청구할 수 없다. 검사의 불기소처분에 대해 피해자인 고소인(형법 §123 ~ §126에 대한 고발인 포함)은 (검찰항고를 경유하여) 헌법소원을 청구할 수 있었으나, 2008년 형사소송법 개정으로 검사의 불기소처분에 대하여 (검찰항고를 경유하여) 검사 소속의 지방검찰청 소재지를 관할하는 고등법원에 불기소처분의 당부에 관한 재정을 신청하도록 하고 있어, 고소인(형법 §123 ~ §126에 대한 고발인 포함)은 특별한 경우가 아닌 한 헌법소원을 청구할 수 없다. 재정신청은 검사로부터 "공소를 제기하지 아니한다는 통지"를 받은 경우에 가능하기에 고소인은 기소유예나 기소중지의 경우에도 재정을 신청할 수 있으며, 검찰항고를 경유하여야 한다.

(4) 사법(司法)작용: 헌법재판소법 제68조 제1항은 헌법소원의 대상에서

법원의 재판을 제외하고 있다. 여기서 재판이란 종국판결은 물론 소송법상으로 법원이 행하는 공권적 법률판단 또는 의사의 표현을 모두 지칭하는 것이므로 본안전 소송판결 및 중간판결이 모두 포함되며, 기타 소송절차의 파생적이고 부수적인 사항에 대한 공권력판단도 포함한다. 그러나 법원이 헌법재판소의 위헌결정(한정합헌, 한정위헌, 헌법불합치결정, 적용위헌결정)에 반하여 그 효력이 상실되거나 위헌으로 확인된 법률을 적용함으로써 국민의 기본권을 침해한 경우에는 예외적으로 법원의 재판도 헌법소원심판의 대상이 될 수 있다.

02_ 공권력의 불행사

공권력의 불행사로 인한 기본권침해란 공권력 행사의 작위의무를 전제로 그 의무를 이행하지 않아 기본권이 침해된 경우를 말한다. 공권력 불행사는 입법부작위, 행정부작위, 사법부작위(재판부작위)로 나누어 살펴본다.

(1) 입법부작위: 입법부작위는 헌법상 입법의무를 전제로 그 의무를 해태한 위헌적 입법부작위와 이를 전제로 하지 않은 단순 입법부작위로 나눌 수 있다. 단순 입법부작위는 헌법소원의 대상이 되지 않는다. 위헌적 입법부작위는 다시 진정 입법부작위와 부진정 입법부작위로 나뉘어진다. 진정 입법부작위란 헌법상 입법의무가 있는데도 입법자가 아무런 입법을 하지 않은 것을 말한다. 입법의 흠결이 있는 입법권의 불행사이다(절대적 입법부작위). 진정 입법부작위에 대한 헌법소원은 첫째, 헌법에서 기본권보장을 위해 법령에 명시적인 입법위임을 하였음에도 이를 이행하지 않거나 둘째, 헌법해석상 특정인에게 구체적인 기본권이 생겨 이를 보장하기 위한 국가의 행위의무 내지 보호의무가 발생하였음이 명백함에도 불구하고 입법자가 전혀 아무런 입법조치를 취하고 있지 않은 경우에 가능하다. 부진정 입법부작위란 입법자가 입법은 하였으나 내용, 범위, 절차 등이 불완전하고 불충분하게 규율되어 있는 것을 말한다. 입법의 결함이 있는 입법권의 불행

사이다(상대적 입법부작위). 부진정 입법부작위를 대상으로 헌법소원을 청구하기 위해서는 불완전한 법규범 그 자체를 대상으로 그것이 헌법위반이라는 적극적인 헌법소원을 제기하여야 하며, 부작위형태의 헌법소원을 청구할 수 없다.

(2) 행정부작위: 공권력 주체가 헌법에서 유래하는 작위의무가 있음에도 그 의무를 해태하여 기본권을 침해한 경우에는 행정권력의 부작위에 대하여 헌법소원을 청구할 수 있다. 헌법에서 유래하는 작위의무란, 헌법이 명문으로, 헌법의 해석상, 또는 법령에 구체적으로 작위의무를 규정한 경우를 모두 포함한다. 행정부작위는 행정입법부작위와 행정처분부작위로 대별된다. 진정 행정입법의 부작위에 대한 헌법소원이 허용되기 위해서는 첫째, 행정청에게 시행명령을 제정(개정)할 법적 의무(헌법적 의무)가 있어야 하고 둘째, 상당한 기간이 지났음에도 불구하고 셋째, 명령제정(개정)권이 행사되지 않아야 한다. 부진정 행정입법부작위에 대해서는 불완전한 행정입법에 대하여 적극적으로 헌법소원을 제기하여야 한다. 행정처분의 부작위에 대해서 헌법소원이 가능하려면, 헌법상 작위의무가 존재하고, 기본권주체가 행정행위를 청구할 수 있으며, 공권력주체가 의무를 해태하여야 한다.

(3) 사법부작위(재판부작위): 법원의 재판부작위에 대해서 헌법소원이 가능하려면, 헌법상 작위의무가 존재하고, 기본권주체가 재판을 청구할 수 있으며, 공권력주체가 의무를 해태하여야 한다. 사법부의 작위의무 역시 작위의무의 일반원리에 따라 특별히 헌법에 구체적으로 규정되어 있거나, 헌법의 해석상 작위의무가 헌법상의 의무이어야 한다.

5-2 헌법소원의 적법요건

개념 10 헌법소원의 적법요건

공권력의 행사(불행사)로 기본권이 침해된 자는 헌법소원을 청구할 수 있다. 동시에 헌법소원은 기본권침해에 대한 다른 구제절차가 존재하는 경우에는 이를 경유하여야 하며(보충성), 청구기간 내에 제기되어야 하고, 권리보호이익이 존재해야 하는 것은 물론이다. 보충성, 청구기간, 권리보호이익은 헌법소원의 적법요건이지만 별도의 목차에서 다루기로 한다.

01_ 청구권자

기본권을 보유할 수 있는 능력을 지닌 자는 헌법소원을 청구할 수 있다. 모든 국민은 기본권능력자로서 헌법소원능력을 가진다. 외국인이나 무국적자는 그들에게 허용될 수 있는 기본권에 따라 헌법소원능력이 제한된다. 법인이나 단체도 기본권향유능력이 인정되므로 허용된 기본권에 대한 침해가 발생한 경우 헌법소원을 통해 다툴 수 있다. 권리능력 없는 단체라도 그 구성원과 독립하여 기본권을 행사하는 경우라면 청구인능력이 인정된다. 국가, 국가기관, 국가사무를 위임받아 행하는 공법인이나 그 기관은 공권력의 행사의 주체, 즉 기본권의 수범자이므로 헌법소원의 청구인자격이 없다. 다만 국·공립대학(예: 서울대학교, 강원대학교)이나 공영방송국의 경우 학문의 자유나 표현의 자유가 침해된 경우 헌법소원으로 다툴 수 있다.

02_ 기본권의 침해

'기본권'이 침해되어야 헌법소원을 청구할 수 있다. 기본원리의 침해를 이유로 헌법소원을 청구할 수 없다. '침해'란 기본권보호영역에 대한 부당한 제한을 말하는 것으로 공권력의 행사 또는 불행사로 자유의 제한, 의무의 부과, 법적 지위의 박탈이 발생한 경우를 말한다.

03_ 청구인적격(자기성, 직접성, 현재성)

헌법소원을 청구하기 위해서는 공권력행사와 기본권이 침해된 청구인 간에 일정한 법적 관련성이 존재해야 한다. 자신의 기본권이 현재 그리고 직접 침해되어야 한다. 헌법소원의 청구인적격은 헌법소원의 민중소송화를 방지하여 준다.

(1) 자기성(= 자기관련성): 자기성이란 공권력의 행사 · 불행사로 청구인 자신이 법적으로 관련되어야 함을 말한다. 자기성은 공권력의 행사 또는 불행사의 직접적인 상대방일 것을 요구하므로, 간접적이고 사실적인 경제적 이해관계가 있거나 또는 반사적으로 불이익을 받게 되는 제3자는 자기성이 없다. 그러나 공권력작용의 직접적인 상대방이 아니라 하여도 공권력작용이 제3자의 기본권을 법적으로 직접 침해하고 있는 때에는 제3자의 자기성이 인정될 수 있다. 공정거래위원회가 공정거래법 위반사실을 인정하면서도 고발하지 않은 경우 공정거래위원회의 고발권 불행사로 인해 고발을 촉구한 자의 재판절차진술권이 침해되었다고 할 수 있어 자기성이 인정된다. 단체는 자신의 기본권을 직접 침해당한 경우에만 헌법소원심판을 청구할 수 있을 뿐, 그 구성원을 위하여 또는 구성원을 대신하여 헌법소원을 청구할 수 없는 바, 영화인협회가 소속 회원들의 기본권침해를 이유로 청구한 헌법소원은 자기성을 충족하지 못한다.

(2) 직접성: 직접성이란 공권력의 행사 · 불행사로 기본권이 직접 침해되어야 함을 말한다. 직접성은 주로 법령소원에서 문제된다. 법령에 따른 구체적 집행행위가 존재하는 경우에는 법령에 대한 직접성이 부정되어 법령소원은 허용되지 않는다. 다만 구체적 집행행위가 존재하는 경우라도 그 집행행위를 대상으로 하는 구제절차가 없거나 구제절차가 있더라도 기대가

능성이 없고 불필요한 우회만을 강요하는 것밖에 되지 않는 경우에는 법률을 직접 다툴 수 있다. 가석방심사위원회의 준법서약서 제출요구를 명하고 있는 '가석방심사등에관한규칙'(법무부령)의 경우 제출요구를 대상으로 행정소송을 제기할 것을 기대하기 어렵기 때문에 위 규칙을 직접 다툴 수 있다. 사법시험의 선발인원의 결정과 공고, 합격자 결정방식은 법령에 근거한 구체적 집행행위에 의해 이루어지므로 사법시험령을 직접 다툴 수 없다.

(3) 현재성: 현재성이란 헌법소원을 제기하기 위해서는 공권력의 행사·불행사로 기본권이 현재 침해되어야 함을 말한다. 단순히 장래에 나타날 수도 있는 것에 불과한 권리침해의 우려에 대한 청구는 현재성이 부정된다. 다만 기본권침해가 장래에 발생하더라도 그 침해가 발생할 것이 현재 확실히 예측되는 경우에는 현재성이 인정된다. 구법 조항을 대상으로 한 심판청구에서 청구기간이 도과된 것으로 보여 지는 경우라도, 향후 실시될 각종 선거에서 선거에 참여하지 못함으로써 입게 되는 기본권침해, 즉 장래 그 도래가 확실히 예측되는 기본권침해를 미리 앞당겨 다투는 것으로 볼 수 있는 경우에는 현재성 요건을 충족한다. 그러나 공무원연금법의 장해연금으로 인한 기본권침해는 퇴직 후 수급절차를 종료한 때로 보아야 하기 때문에 재직 중인 자는 이를 다툴 기본권침해의 현재성이 결여되었고, 개인택시면허를 취득하려는 사람에게는 개인택시면허의 양도 및 상속을 금지하는 '여객자동차 운수사업법'을 다툴 기본권침해의 현재성이 인정되지 않는다.

5-3 보충성

개념 11 보충성

01_ 보충성 원칙

(1) 의의: 보충성원칙이란 공권력의 행사·불행사로 기본권이 침해되어 헌법소원을 청구하고자 할 때 기본권침해에 대한 다른 법률의 구제절차가 존재하는 경우에는 이러한 절차를 모두 경유하여야 한다는 원칙을 말한다. 헌법소원은 기본권침해에 대한 최후의 구제수단이므로 공권력행사나 불행사로 기본권이 침해된 경우 다른 법률이 정한 권리구제수단을 모두 강구하였음에도 기본권침해가 남아 있는 때 비로소 제기되어야 한다.

(2) 권리구제절차: 보충성원칙이 요구하는 권리구제절차란 공권력의 행사·불행사를 직접 대상으로 하여 그 효력을 다툴 수 있는 절차를 말한다. 손해배상청구나 손실보상청구와 같이 사후적·보충적 구제수단은 이에 해당되지 않는다. 또한 다른 법률에 의한 구제절차는 적법하게 거쳐야 한다.

(3) 내용: 헌법재판소는 다른 법률의 구제절차가 있음에도 이를 경유하지 않은 경우, 보충성 원칙에 위배된다고 하여 각하결정을 하고 있다. 행정작용에 대하여 행정쟁송절차를 경유하지 않고 바로 헌법소원을 청구하는 것은 부적법하다. 수사기관의 부당한 체포에 대해 체포적부심사절차를 거치지 않고 제기한 헌법소원은 부적법하다. 법원의 판결이유에 대한 정보공개거부처분에 대해서 '공공기관의 정보공개에 관한 법률'에 따른 행정소송을 거치지 않고 바로 제기한 헌법소원은 부적법하다.

02_ 보충성의 예외

(1) 의의: 헌법소원은 기본권침해에 대한 법적 권리구제절차를 모두 거

친 후 청구할 수 있는데 법적 권리절차가 존재하지 않거나 존재하여도 이를 경유하는 것이 권리구제가 불가능하거나 매우 미흡할 경우 이를 거치지 않고 바로 제기할 수 있는 바, 보충성의 예외가 인정된다.

(2) 권리구제절차가 있는 경우: 헌법소원은 법적 권리구제절차를 모두 거친 후 청구해야 하지만, 일정한 경우 그 예외가 허용된다. 권리구제절차가 존재하지만 통상의 권리구제절차를 거칠 경우, 권리구제의 기대가능성이 거의 없거나, 청구인의 이유 있는 착오로 구제절차를 밟지 않거나, 권리구제절차가 우회적이거나, 구제절차가 허용되는지의 여부가 불확실한 경우에는 보충성의 예외가 허용된다. 교도소장의 미결수용자에 대한 서신검열 · 지연발송 · 지연교부행위, 수용소에서 신문기사 삭제행위, 수형자에 대한 운동화착용불허행위, 교도소장의 수형자에 대한 출정제한행위는 보충성의 예외에 해당되어 바로 헌법소원을 청구할 수 있다.

(3) 권리구제절차가 없는 경우(보충성의 비적용): 공권력행사에 대한 권리구제절차가 존재하지 않는 경우에는 바로 헌법소원을 제기할 수밖에 없다. 법령헌법소원의 경우 법령을 직접 다툴 수 있는 절차가 존재하지 않으므로 법령을 바로 다툴 수 있다. 교육부장관의 '종합생활기록부제도개선보완시행지침', 보건복지부장관의 '94년생활보호사업지침상의생계보호기준'은 행정쟁송을 통해서 다툴 수 없고 다른 구제절차도 없으므로 바로 헌법소원을 제기할 수 있다.

5-4 권리보호이익

개념 12 권리보호이익

권리보호이익이란 소송제도를 이용할 정당한 이익 또는 필요성을 말하는 것으로, 이는 소송제도에 필연적으로 내재하는 요청이다. 이익 없으면 소 없기 때문이다. 권리보호이익은 무익한 소송제도를 통제하는 공익적 기능도 나타낸다. 권리보호이익은 이를 좁게 볼 경우 재판을 받을 권리를 부당하게 제한하는 것이 되지만 헌법재판소의 본안판단의 부담을 절감할 수 있게 된다. 헌법소원제도는 국민의 기본권 침해를 구제해 주는 제도이므로 그 제도의 목적상 권리보호의 이익이 있어야 비로소 제기할 수 있다. 권리보호이익이 요구되어 본안판단을 받지 못한다고 하여도 재판을 받을 권리의 본질적인 부분에 대한 침해가 있다고 보기 어렵다. 헌법소원은 개인의 기본권을 구제하고 동시에 헌법을 보호하는 기능을 담당하므로, 권리보호이익은 '주관적 권리보호이익'과 '객관적 헌법수호이익'으로 나눌 수 있다.

01_ 주관적 권리보호

(1) 의의: 헌법소원은 개인의 주관적 권리를 보호하기 위한 제도이므로 청구인의 목적이 달성되었거나 또는 목적달성이 불가능하게 된 때에는 권리보호이익이 존재하지 않는다. 또한 헌법소원 청구 후 공권력의 행사가 취소되거나, 사정변경으로 기본권침해가 종료된 때에도 원칙적으로 권리보호이익은 존재하지 않는다.

(2) 목적이 달성된 경우: 변호인접견을 불허하는 처분 또는 형사사건기록의 열람 · 등사신청의 거부처분에 대해 헌법소원을 제기한 후 접견이 허용되거나 기록의 열람 · 복사가 허용되었다면 권리보호이익은 없다.

⑶ 목적달성이 불가능한 경우: 법률이 정한 고소기간을 경과한 후 제기한 고소는 그 목적달성이 불가능하므로 권리보호이익이 없다. 기판력에 의해 차단된 피의사실은 권리보호이익이 없으므로 이에 대한 헌법소원은 부적법하다.

⑷ 공소시효가 완성된 경우: 기소유예처분을 받은 피의자가 제기한 헌법소원에서 처분의 대상이 된 범죄의 공소시효가 완성된 경우, 기소유예처분을 취소하게 되면 '공소권 없음의 처분'을 할 것으로 보이는데, 피의자에게는 '공소권 없음의 처분'이 기소유예처분보다 유리하므로 공소시효가 완성되었다 하여도 그 사실만으로 권리보호이익이 없다고 할 수 없다.

02_ 객관적 헌법수호

⑴ 의의: 헌법소원은 개인의 주관적 권리보호에 그치는 것이 아니라 객관적으로 헌법을 수호하는 기능을 지닌다. 헌법소원에 대한 헌법재판소의 결정이 개인의 주관적 권리구제에 도움을 주지 못한다하여도 불분명한 헌법문제를 해명해 주거나 또는 동일한 유형의 침해행위가 반복될 위험이 있어 침해행위의 위헌 여부를 판단해 주는 것이 필요한 때에는 권리보호이익이 인정된다. 반복적 침해의 위험성은 추상적이거나 이론적인 가능성이 아니라 구체적이어야 한다.

⑵ 헌법문제의 해명: 헌법소원의 해결이 헌법문제의 해명에 중대한 의미를 지니는 경우에 권리보호이익이 인정된다. 변호인의 접견방해행위가 종료되었다 하여도 변호인의 조력을 받을 권리에 대한 헌법적 의미를 분명히 할 필요가 있거나, 구속기간이 종료된 뒤 제기된 헌법소원이라 하더라도 구속기간의 부당한 연장에 대한 헌법적 해명이 필요한 경우 권리보호이익이 인정되었다.

⑶ 침해행위의 반복가능성: 헌법소원의 객관적 헌법의 유지 · 수호기능과 관련하여 침해행위의 반복가능성이 존재하는 경우에는 권리보호이익이 인

정된다. 수용자가 구독하는 신문의 일부기사 삭제행위의 위헌 여부는 국민의 알 권리 침해와 관련하여 앞으로도 계속될 수 있는 성질의 것이므로 권리보호이익이 인정된다. 교도소장의 운동화착용불허행위는 수용자들이 외부 재판에 출정할 때 이와 같은 행위가 반복될 소지가 있어 그 헌법적 해명이 헌법질서의 수호 · 유지를 위하여 중요한 의미를 지니고 있어 권리보호이익이 있다. 출입국관리소장의 불법체류 외국인에 대한 보호 및 강제퇴거는 이미 집행이 모두 종료되었으므로 앞으로도 반복될 것이 예상되어 이에 대한 헌법적 해명이 필요하므로, 권리보호이익이 있다.

5-5 청구기간, 헌법소원의 심판

개념 13 청구기간, 헌법소원의 심판

01_ 청구기간

(1) 의의: 청구기간은 헌법소원의 청구가 허용된 기간을 말하며, 일정기간을 설정하여 그 기간이 지난 때에는 공권력작용을 더 이상 다툴 수 없게 함으로써 법률관계를 조속히 확정하여 법적 안정성을 확보하기 위함이다. 청구기간은 헌법소원의 청구서가 헌법재판소에 접수된 날로부터 기산하며(도달주의), 청구취지의 변경이 있게 되면 변경된 청구서가 제출된 시점을 기준하여 판단한다. 국선대리인의 선임신청이 있는 경우 헌법재판소법 제69조의 청구기간은 국선대리인의 선임신청이 있는 날을 기준으로 정한다.

(2) 다른 법률에 의한 구제절차를 거친 경우: 다른 법률에 의한 구제절차를 거친 헌법소원은 그 최종결정을 통지받은 날부터 30일 이내에 청구하여야 한다.

(3) 다른 법률에 의한 구제절차가 없는 경우: 헌법소원의 청구는 사유가 있음을 안 날부터 90일 이내에 그 사유가 있은 날부터 1년 이내에 청구하여야 한다. 사유가 있음을 안 날이란 공권력행사에 의한 기본권침해의 사실관계를 특정할 수 있을 정도로 현실적으로 인식하여 심판청구가 가능해진 경우를 말한다. 주의할 것은, 안 날이란 공권력행사에 의한 기본권침해의 사실관계를 알게 된 날이지 법률적으로 평가하여 헌법소원의 대상이 됨을 알게 된 날을 말하는 것이 아니다. 사유가 있은 날이란 공권력행사에 의해서 기본권침해가 발생한 날을 말한다.

(4) 법령소원과 청구기간: 법령의 시행과 동시에 기본권침해가 있는 경우에는 법령이 시행된 사실을 안 날부터 90일, 시행된 날부터 1년 이내에 청구하여야 하나, 법령이 시행된 뒤에 비로소 그 법령에 해당하는 사유가 발

생하여 기본권이 침해된 경우에는 그 사유가 발생하였음을 안 날부터 90일, 그 사유가 발생한 날부터 1년 이내에 청구하여야 한다.

(5) 청구기간의 추완: 정당한 사유로 청구기간을 준수하지 못한 경우 이에 대한 구제책이 마련될 필요가 있는데, 청구기간의 추완이다. 행정소송의 경우 취소소송을 다툴 수 있는 기간이 도과한 경우 정당한 사유가 있는 때에는 추완이 허용되며, 청구기간의 추완은 헌법소원에 준용된다.

02_ 헌법소원의 심판

(1) 지정재판부의 사전심사: 헌법재판소는 3인으로 구성된 지정재판부를 두어 헌법소원을 사전 심사할 수 있다. 지정재판부의 재판관전원이 일치된 의견에 의한 결정으로, 다른 구제절차를 경유하지 않은 경우, 청구기간이 경과한 경우, 대리인의 선임이 없는 경우, 심판청구가 부적법하고 그 흠결을 보정할 수 없는 경우에 심판청구를 각하할 수 있다. 지정재판부는 청구를 각하하지 않는 경우에는 결정으로 헌법소원을 전원재판부의 심판에 회부하여야 하고, 헌법소원의 심판청구가 있은 후 30일이 경과할 때까지 각하결정이 없으면 심판에 회부하는 결정이 있은 것으로 본다.

(2) 전원재판부의 심판: 청구인이 사망한 경우에는 헌법소원절차는 종료됨이 원칙이나, 침해된 기본권이 인신전속적 성격을 지니지 않은 때에는 헌법소원절차의 수계가 가능하다. 헌법소원의 심판절차 중 청구인이 사망하여 수계할 당사자가 없거나 수계의사가 없는 경우에 심판절차는 원칙적으로 종료된다. 심판청구가 취하된 경우 심판종료를 선언한다(소종료선언). 헌법재판소는 심판청구가 부적법할 경우 각하결정을 한다. 각하결정을 하였을 경우에는, 그 각하결정에서 판시한 요건의 흠결을 보정할 수 있는 때에 한하여 그 요건의 흠결을 보정하여 다시 심판청구를 하는 것은 허용된다(각하결정). 심판청구가 이유 없는 경우에는 기각결정 또는 합헌결정을 하고, 인용결정에 필요한 6인에 미치지 못한 경우 기각 또는 합헌결정을 한

다. 헌법재판소가 각하결정을 하거나 또는 기각결정시 심판청구가 권리의 남용이라고 인정되는 경우에는 청구인이 납부한 공탁금의 전부 또는 일부를 국고에 귀속할 수 있다. 헌법재판소 결정에 대한 불복은 허용되지 않으며, 즉시항고 역시 불허된다(기각결정 또는 합헌결정). 헌법재판소는 공권력이 기본권을 침해한 것이 확인된 경우에는 기본권침해의 원인이 된 공권력의 행사를 취소하거나, 그 불행사가 위헌임을 확인할 수 있으며, 인용결정은 재판관 6인 이상의 찬성이 있어야 한다. 헌법재판소의 인용결정은 모든 국가기관과 지방자치단체를 구속하는 기속력을 지니며, 공권력의 불행사에 대한 헌법소원을 인용하는 결정을 한 경우에는 피청구인은 그 결정취지에 따라 새로운 처분을 하여야 한다. 위헌소원이 인용된 경우 당해 헌법소원과 관련된 소송사건이 이미 확정된 때에는 당사자는 재심을 청구할 수 있다(인용결정 또는 위헌결정).

5-6 위헌심사형 헌법소원

개념 14 위헌심사형 헌법소원

01_ 의의

헌법재판소법 제68조 제2항은 '법률의 위헌여부심판의 제청신청이 기각된 경우에는 헌법재판소에 헌법소원을 제기할 수 있도록 규정'하고 있는데, 이것이 위헌심사형 헌법소원(위헌소원)이다. 위헌소원의 본질을 헌법소원으로 보는 견해가 있으나, 위헌소원은 그 본질이 헌법소원이 아니라 법률에 대한 규범통제, 즉 위헌법률심판에 해당한다.

02_ 요건

(1) 법률에 대한 위헌제청신청: 위헌소원은 법률이 아닌 헌법, 조례, 대통령령, 장관지침 등에 대하여는 제기할 수 없다. 입법의 부작위를 위헌소원의 대상으로 삼을 수 없다. 폐지된 법률이라 하더라도 위헌 여부가 가려져야 할 필요가 있는 경우에는 위헌소원의 대상으로 삼을 수 있다. 법률의 위헌 여부를 다투는 것이 아니라 법률해석의 위헌을 다투는 것(한정위헌청구)은 원칙적으로 부적법하다. 그러나 단순히 법률조항의 해석을 다투는 것이 아니라 그러한 해석의 여지를 주는 법률조항 자체의 불명확성을 다투는 경우로 이해되거나, 법률에 대한 법원의 확립된 판례가 형성되어 법원의 해석에 의하여 구체화된 법률규정이 위헌성을 지닌 경우, 기타 한정위헌의 판단을 구하는 청구가 법률조항 자체에 대한 다툼으로 볼 수 있는 경우에는 법률에 대한 위헌 여부를 다투는 것으로 볼 수 있다. 2012년 헌법재판소는 한정위헌청구를 예외적으로 허용하던 선례를 변경하여 한정위헌청구를 원칙적으로 적법한 것으로 보았다.

(2) 기각결정: 제청신청을 하지 않았고 이에 대해 법원의 기각결정도 없었던 법률조항에 대한 헌법소원은 부적법하다. 다만 예외적으로 위헌제청신청을 기각 또는 각하한 법원이 법률조항을 실질적으로 판단하였거나, 또는 법률조항이 명시적으로 위헌제청신청을 한 조항과 필연적 연관관계를 맺고 있어서 법원이 법률조항을 묵시적으로나마 위헌제청신청으로 판단을 하였을 경우에는 위헌소원으로서 적법하다. 위헌소원은 법원이 기각결정을 한 경우에 허용되나 각하한 경우에도 제기할 수 있다.

(3) 재판의 전제성: 위헌소원은 규범통제이므로 법률이 헌법에 위반되는 여부가 당해사건 재판에 전제가 되어야 한다. 재판의 전제성이 부정되어 기각결정을 내린 경우에도 위헌소원을 제기할 수 있고, 기각사유는 불문한다.

03_ 절차

위헌소원은 법원의 기각결정을 통지받은 날부터 30일 이내에 청구한다. '제청신청이 기각된 날부터 14일' 이내에 청구할 수 있었던 것을 '결정을 통지받은 날부터 30일' 이내로 개정하였다. 법이 불변기간이라고 규정한 경우에만 이른바 소송행위의 추완이 가능하다고 할 것인바, 헌법재판소법 제69조 제2항에 대하여는 이를 불변기간이라고 규정하는 법규정이 없어서 그 기간의 준수에 대하여 추완이 허용되지 않는다. 위헌소원의 경우 변호사강제주의가 적용되며 국선대리인제도가 적용된다. 또 위헌소원 계속 중 당사자가 사망하더라도 헌법소원이 인용될 경우 배우자 등은 확정된 유죄판결에 대해 재심청구가 가능하므로 권리보호이익이 존재한다. 위헌소원이 그 이유가 없는 경우 청구를 기각하는 대신 합헌이라는 주문을 내고 있는데, 이는 법령소원이 이유 없는 경우 기각결정을 하는 것과 구별된다.

PART 03

기본권론

09

헌법 이야기

드라마속 주인공들은 첫 번째 사기를 성공한 뒤, 양정도(서인국 분)의 제의로 곤경에 처한 백성일 과장(마동석 분)을 돕는 계기를 부여한 당해 사건의 명대사

서인국 | 그러니까... 이런 기분 들게 해 준 우리 백성일 아저씨, 한 번만 더 도와주자구요.....

그 뭐야... 대한민국 헌법 38조...모든 국민은 납세의 의무를 진다....법률에 의하여..... 음..... 이거 한번 지켜보겠다고 우리 같은 사기꾼들이랑 손까지 잡았는데...우리는 제자리 돌아가도 아저씨 같은 사람들은 그 자리 지키고 있어야지......그래야 그게 돌아가잖아...

"조세정의"

〈드라마 '38사기동대'(2016년) 중에서〉

38사기동대를 보면서 감동과 함께 헌법의 조문 하나 하나를 다시금 음미해 보고, 공부하게 된 계기를 부여한 드라마로, 그날의 소회를 인스타에 남긴 바 있다. 대한민국 헌법 제38조 모든 국민은 법률이 정하는 바에 의하여 납세의 의무를 진다. 적지 않은 세월을 공부하고 헌법책을 집필하면서 한번도 제대로 느껴보지 못했던 두 글자 "모든"

비록 드라마지만 오늘도 헌법 한조문 한조문을 써나가는데 심쿵♥

마동석의 선량한 연기에도 매료

〈저자의 인스타그램 2016.7.3.〉

CHAPTER 01

기본권 총론

인권(Human Rights)이란 인간이기 때문에 당연히 갖는 권리를 말한다. 인간의 권리인 인권은 전국가성과 초국가성을 특징으로 하며, 인간이기 때문에 시와 장소와 무관하게, 인간으로서 당연히 누릴 수 있는 보편적 권리의 성격을 지닌다. 인권은 법 이전의 개념의 성격을 지닌다고 할 수 있다. 반면 기본권이란 헌법이 보장하는 국민의 기본적 권리를 말하는 것인데, 기본권에는 전국가적 · 생래적 권리인 인권의 성질을 지닌 것이 있는 가하면 국가에 의해 주어진 시민의 권리인 국가내적 권리도 있으므로 인간의 본성에서 나오는 천부적 권리인 인권과는 개념은 물론 내용도 동일하다고 할 수 없다.

01 기본권의 의의와 법적 성격

개념 01 기본권의 의의와 법적 성격

01_ 기본권의 의의

기본권이란 헌법이 보장하는 국민의 기본적 권리를 말하는 것인데, 기본권은 이데올로기, 국가형태 및 사회구조에 따라 그 성격을 달리하게 된다. 자유 민주주의 헌법이 이해하는 기본권과 사회주의 헌법이 이해하는 기본권이 다르고, 혁명을 경험한 헌법과 그렇지 못한 헌법의 기본권 이해가 다를 수밖에 없으며, 시민혁명 전후와 산업혁명 이후의 기본권 개념이 동일할 수 없는 이유이기도 하다. 기본권은 국가로부터 자유를 지키기 위한 방어권이다. 그러나 기본권의 방어적 성격만으로 자유를 충분히 보장할 수 없다. 이는 오늘의 자유는 국가의 적극적 활동이나 급부에 의존하고 있기 때문이다. 그렇다면 기본권을 존재하는 국가권력을 제한하고 통제하는 소극적 방어권으로만 이해해서는 안 될 것이다. 또한 기본권을 개인의 권리로만 보아서도 안 될 것이다. 기본권은 공동체 기본질서의 불가결의 요소로서의 성격을 지니기 때문이다(객관적 가치질서). 기본권은 국가에 대한 주관적 공권의 성격 외에도 객관적 원칙규범의 성격을 지닌다(기본권의 이중성).

02_ 기본권의 법적 성격

기본권은 그 본질을 어떻게 이해하든 국가에 대한 개인의 주관적 권리이다. 동시에 기본권은 주관적 권리의 성격 외에도 객관적 원칙규범의 성격을 지닌다. 주관적 공권의 내용과 객관적 원칙규범의 성격이 정리되어야 한다. 기본권의 법적 성격을 정리함에 있어 법적 성격을 규명해야 할 것이 또 있는데 다름 아닌 제도보장이다.

⑴ 주관적 공권: 기본권은 국가에게 일정한 의무를 부과하는 주관적 공권이다. 여기서 주관적이란 '개인이 갖는 또는 소지하는'이고, 공법적이란 국가에 대한 것이며, 권리란 법적 주장할 수 있는 힘을 말한다. 주관적 공권으로서 기본권은 자신의 법적 지위가 침해될 경우 이에 대한 구제를 국가에 요구할 수 있는 법적 힘을 지니게 된다.

⑵ 자연권: 기본권은 국가에 선재하는 자유권(평등권 포함)과 국가에 의하여 비로소 주어지는 기본권으로 구분 되며, 자유권의 법적 성격이 자연권인가의 여부가 다투어 지나, 기본권(자유권)은 역사적 발전과정에서 볼 때 천부적인 자연권임이 명확하다. 생명 · 신체 · 사상 등의 자유는 인간존재의 고유한 자유임에 이론의 여지가 없다. 기본권(자유권)의 자연권성이 지니는 항의적 성격이 국민주권국가에서 또는 사회국가에서 감소된 것이 사실이며, 입헌주의가 제대로 실현되는 헌법 속에서 자연권성을 강조할 필요가 의문시되는 것 또한 사실이다. 그러나 혹독한 인권탄압을 경험한 우리 헌법 하에서 그리고 아직도 헌법의 규범적 효력이 위협받고 있는 헌법현실 속에서 기본권(자유권)의 자연권성은 강조되어야 한다.

⑶ 기본권의 이중적 성격: 기본권이 주관적 권리의 성격을 지니고 있다는 점에 이론이 없으나, 국가의 법질서를 구성하는 요소, 즉 객관적 원칙규범의 성격을 지니는가가 문제된다. 이중성을 긍정하는 것이 학계의 지배적 입장이며, 헌법재판소 역시 기본권의 이중적 성격을 긍정하고 있다.

⑷ 기본권과 제도보장: 제도보장이란 혼인 및 가족제도, 복수정당제, 지방자치, 정교분리, 대학의 자율, 사유재산제와 같이 정치적 공동체의 중요한 기능을 담당하고 있는 제도를 헌법이 보장하는 것을 말한다. 제도보장은 개인에게 권리를 부여하는 기본권과 구별되며, 기본권과 같이 자유와 권리를 보장하는 것이 아니라 제도의 유지를 보장한다. 헌법재판소는, 제도보장은 객관적 제도를 헌법에 규정하여 당해 제도의 본질을 유지하려는 것이라고 하였다.

02 기본권의 주체

개념 02 기본권의 주체

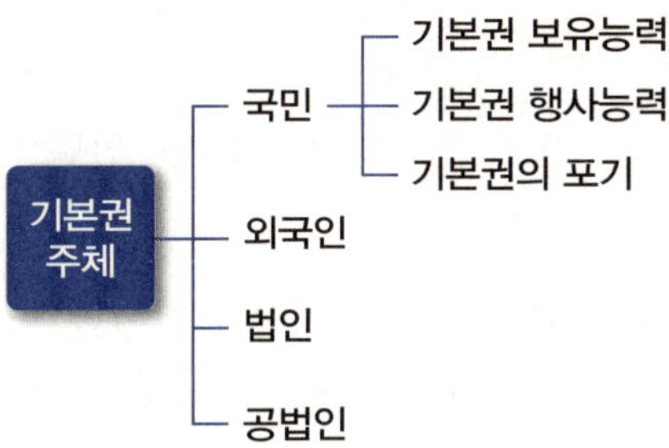

기본권의 주체란 기본권을 향유할 자격이다. 주관적 권리인 기본권은 누가 어느 정도로 향유할 것인가가 문제된다. 헌법은 제2장에서 기본권의 주체가 국민임을 밝히고 있는데, 이 경우 국민의 의미는 무엇이며, 국민의 범위 속에 외국인은 포함되는지, 또 법인은 그 주체에서 제외될 것인지가 문제된다.

01_ 국민

(1) 기본권 보유능력: 기본권 보유능력이란 기본권을 보유할 수 있는 자격이나 능력으로, 기본권능력이라고 한다. 모든 국민은 기본권을 향유할 수 있는 능력을 가진다. 이는 민법의 권리능력에 대응되는 헌법학 개념이다. 기본권보유능력은 민법의 권리능력과 유사하나 그 범위와 내용이 일치하지 않는다. 기본권보유능력은 인정되나 권리능력이 부정되는 것으로, 태아, 사자(死者), 민법상 법인격 없는 사단을 들 수 있다. 반면 기본권 보유능력은 부정되어도 민법상 권리능력이 인정되는 경우로, 민법상 법인격 있는

사단이나 외국인을 들 수 있다. 배아(embryo)는 수정 후 약 8주까지의 생명체를 말한다. '생명윤리 및 안전에 관한 법률'은 배아를 정의하면서, 수정란 및 수정된 때부터 발생학적으로 모든 기관이 형성되는 시기까지의 분열된 세포군으로 규정하고 있다. 헌법재판소는 초기배아는 생명체이지만 생명권의 주체가 되는 인간으로 보기 어렵다고 판시하였다.

(2) 기본권 행사능력: 기본권행사능력이란 기본권 보유자가 기본권을 유효하게 단독으로 행사할 수 있는 능력을 말한다. 민법의 행위능력과 대응된다. 기본권 행사능력과 민법의 행위능력 역시 일치하지 않는다. 민법상 행위무능력자라 하더라도 기본권행사능력을 가질 수 있다. 15세의 청소년들도 자신의 희망을 알리는 청원권을 향유하며, 자신의 의사를 표현할 수 있다. 반면, 민법상 행위능력자라 하여도 기본권행사능력이 없을 수 있다. 만 40세가 되어야 대통령 피선거권을 가지며, 25세가 되어야 국회의원의 피선거권을 향유한다.

(3) 기본권의 포기: 기본권의 포기란 기본권의 주체가 국가나 사인에 대하여 기본권에 의해 보호되는 지위나 이익을 행사하지 않겠다는 의사표시를 말한다. 예를 들어, 압수수색영장을 발부받지 못한 경찰관에게 자신의 주거에 대한 수색을 허용하거나, 우편물에 대한 검색을 허용하는 경우이다. 기본권의 포기는 기본권적 이익을 향유하지 않겠다는 적극적 의사표시라는 점에서, 적극적인 의사표시 없이 단순히 자신의 기본권을 행사하지 않는 '기본권의 불행사'와 구별된다. 또한 부작위를 통해 기본권을 '행사'하는 기본권의 '소극적 자유'와도 구별된다. 기본권의 소극적 자유의 경우 기본권의 포기는 나타나지 않는다.

02_ 외국인

기본권은 인권의 실질을 지닌 기본권(자유권)과 국민의 권리의 실질을 지닌 기본권으로 분류할 수 있다. 전자의 기본권은 외국인에게 그 주체성을 부정할 수 없다. 국민의 권리의 실질을 지닌 기본권의 경우에도 외국인에게 인정되는 기본권이 존재하며, 특히 외국인에게 보장되는 기본권이 침해된 경우 이에 대한 구제를 구하는 자격은 당연히 허용된다. 헌법재판소는 국민 또는 국민과 유사한 지위에 있는 외국인은 기본권의 주체가 될 수 있다고 하여 외국인의 기본권 주체성을 긍정하고 있다. 인간의 존엄과 가치 및 행복추구권, 평등권은 '인간의 권리'로서 외국인도 그 주체가 되며, 평등권의 경우 상호주의에 의한 제한이 있다. 기본권중 자유권은 인간의 자유를 지키는 수단이므로 외국인이라 하여 기본권의 주체성을 부정할 수 없다. 다만 국민의 권리의 성격을 지니는 생존권이나 참정권의 경우 이를 외국인에게 적극적으로 인정하기 어렵다. 청구권은 외국인에게도 허용된다.

03_ 법인

법인은 법상 인정된 '인'이다. 기본권은 국가와 '자연인' 간의 법률관계를 규율하는 것을 그 내용으로 하는데, 법적 사람이 등장하면서 법인도 자연인과 마찬가지로 기본권을 향유할 수 있는가가 문제된다. 기본권 중에는 그 성질상 법인에게 전혀 허용될 수 없는 것이 있는가 하면(생명권, 신체의 자유), 당연히 허용되어야 하는 기본권이 있다(법인 고유의 기본권). 따라서 인간의 존엄과 가치, 생명, 인신, 생존권, 사상 및 양심 등은 법인이 향유할 수 없다. 반면 성질상 법인이 누릴 수 있는 기본권은 당연히 법인에게 허용된다. 평등, 거주 · 이전, 법인의 명예와 같은 일반적 인격권, 직업선택, 언론 · 출판, 종교 · 학문, 재산, 청원, 재판청구 등이 이에 해당된다.

04_ 공법인

공법인이란 공법영역에서 만들어진 '인'이다. 공법인(공법상 사단, 영조물법인, 공법상 재단)은 설립과 해산이 모두 법률로 규율되며, 국가의 공적 과제를 수행해야 하는 존재라는 점에서 사법인과 크게 다르다. 이러한 공법인에게 기본권 주체성을 인정할 것인가가 문제된다. 원칙적으로 국민만이 기본권의 주체라 할 것이고 공권력의 행사자인 국가, 지방자치단체나 그 기관 또는 국가조직의 일부나 공법인은 기본권의 '수범자'이지 기본권의 주체가 아니고 오히려 국민의 기본권을 보호 내지 실현해야 할 책임과 의무를 지니고 있을 뿐이라고 하여 공법인의 기본권주체성을 부정한다. 그러나 공법인이나 이에 준하는 지위를 가진 자라 하더라도 공무를 수행하거나 고권적 행위를 하는 경우가 아닌 사경제 주체로서 활동하는 경우나 조직법상 국가로부터 독립한 고유 업무를 수행하는 경우, 그리고 다른 공권력 주체와의 관계에서 지배복종관계가 성립되어 일반 사인처럼 그 지배하에 있는 경우 등에는 기본권 주체가 될 수 있다.

03 | 기본권의 효력

개념 03 기본권의 효력

기본권의 효력이란 기본권의 기속력으로 누구에 대하여 기속력을 가지는가의 문제이다. 기본권은 주관적 공권이므로 국가에 대해 구속력을 지니는 것은 당연하다(기본권의 수직적 효력). 구속되는 국가권력의 범위, 형태가 문제된다. 반면 기본권은 사인 간에도 적용될 수 있는가가 문제된다(기본권의 수평적 효력). 만일 사인 간에도 적용된다면 어디까지 어떤 방법으로 적용될 것인가가 해결되어야 할 과제이다.

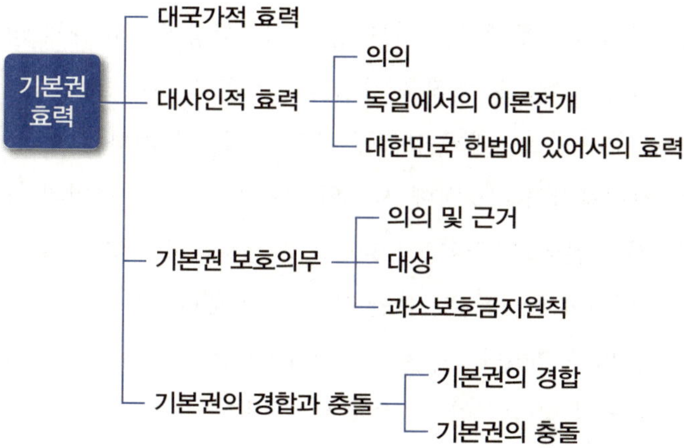

01_ 기본권의 대국가적 효력

주관적 공권으로서의 기본권은 '모든' 국가권력에 대하여 그 효력을 주장할 수 있다. 독일 기본법 제1조 제3항(기본권은 직접 적용되는 권리로서 입법, 집행 및 사법을 구속한다)과 같은 명문규정이 없는 우리 헌법의 경우에도 기본권은 당연히 입법 · 사법 · 행정을 포함한 모든 국가권력을 구속하며, 헌법개정권력도 구속한다. 기본권은 모든 국가권력을 구속하나 기본권의 대국가적 효력은 개별적 기본권마다 그 성질에 따라 차이가 존재한다. 인간의 존엄권, 행복추구권, 평등권, 자유권, 참정권, 청구권의 대국가적 효력은 모두 인정된다. 하지만 생존권의 경우, 생존권에 대한 '침해배제청구' 외에는 구체적인 입법이 행하여지지 않은 경우에 행정이나 사법을 직접 구속한다고 보기 어렵다.

02_ 기본권의 대사인적 효력

(1) 의의: 기본권은 대국가적 권리로서 권위주의적 국가권력에 대항하여 자유의 수호 장치로 기능하여 왔고 지금도 이러한 성격은 변화되지 않았고 될 수도 없다. 사회가 변하면서 기본권이 국가권력 이외의 거대한 조직, 기업, 단체 등 비국가적 권력들에 의하여도 침해되는 현상이 나타나게 되었다. 여성의 경우 결혼을 이유로 퇴직을 강제하는 결혼퇴직제, 남녀 사원 간의 임금차별, 사용자가 근로자에게 양심에 반하는 일을 강제하는 것 등이 그것이다. 또한 사적자치의 미명하에 사인의 자유가 또 다른 사인의 자유를 훼손하게 되면서 기본권의 대국가적 효력으로 충분하지 않고 그 효력은 사인 간에도 적용되어야 한다는 것이 인식되기 시작했다. 이것이 곧 기본권의 대사인적 효력의 문제이다. 기본권의 대사인효는 이론적으로는 기본권의 객관적 원칙규범의 성격이 인정됨으로써, 실제적으로는 근로관계의 남녀평등실현을 계기로 관심이 주어졌다.

(2) 독일에서의 이론전개: 기본권은 본래 국가권력에 대한 주관적 공권이므로 사인 상호간에는 그 효력을 주장할 수 없다는 효력 부인설, 법질서 전체의 통일성을 전제로 기본권은 사법상의 매개수단 없이도 사인간에 직접 효력을 지닌다는 직접적용설, 기본권은 사인 간에 효력을 미치는 데 사법

조항(일반조항이나 불확정 개념)을 매개로, 즉 간접적으로 적용된다는 간접적용설이 있다. 예를 들어, 甲은 사기업인 A회사에 입사하면서 향후 10년간 퇴사하지 않고 만약 그 이전에 퇴사하는 경우에는 퇴직금을 포기하는 것을 조건으로 고용계약을 체결하였다고 가정하자. 기본권의 '간접적용설(간접적 사인효력설)'에 의하면, 甲이 계약을 지키지 못하고 퇴사하는 경우 퇴직금을 반환받기 위해서는 A회사를 상대로 고용계약이 사법상의 일반조항에 반하여 무효임을 주장하여야 한다.

(3) 대한민국 헌법에 있어서 기본권의 대사인적 효력: 헌법은 환경권을 보장하면서 환경권보전의무를 국민에게 부과함으로써, 환경권의 수범자가 국민임을 명시하고 있다. 환경권은 대사인간에 직접 적용된다. 헌법 제21조 제4항은 '언론 · 출판이 타인의 명예나 권리를 침해한 때에는 피해자는 이에 대한 피해의 배상을 청구할 수 있다'고 규정하고 있는데, 이는 '언론 · 출판의 자유'를 사인 간에 직접 적용하는 경우에 해당한다고 한다(통설). 인간의 존엄권은 헌법의 최고의 가치이며 존엄 및 생명을 그 내용으로 하기에, 법률로도 제한할 수 없는 절대적 기본권으로, 대사인간에 직접 적용된다. 근로3권은 성질상 사인(사용자)에 대한 권리이므로 직접 적용되는 기본권에 속하며, '여자와 연소자의 근로보호규정'도 직접 적용된다. 그러나 청구권(청원권, 형사보상청구권, 국가배상청구권), 사법절차적 기본권(변호인의 도움을 받을 권리, 신속하고 공개적인 재판을 받을 권리), 생명 · 신체에 관한 헌법상 지도원리(죄형법정주의, 형벌불소급원칙), 참정권 내지 생존권은 대사인적 효력을 인정할 수 없는 기본권이다. 사인 간에 직접 적용되는 기본권과 대사인적 효력이 인정되지 않는 기본권을 제외한 모든 기본권은 간접적으로 사인 간에 적용된다. 적용은 사법규정을 매개로 하며, 주로 일반조항(민법 §103, §104, §2)을 통해 간접적으로 적용된다.

03_ 기본권 보호의무

⑴ 의의 및 근거: 기본권 보호의무란 사인의 위법한 기본권 침해 또는 침해의 위험에 대해 기본권을 보호해야할 국가의 의무를 말한다. 기본권은 국가권력의 부당한 침해에 대해 자유를 보장하며 동시에 객관적 원칙규범으로서(객관적 가치질서) 사인의 침해에 대해 기본권을 보호할 의무를 국가에게 적극적으로 부과한다. 우리 헌법재판소의 경우, 1997년 교통사고처리특례법 제4조 제1항에 대한 헌법소원사건에서 '기본권 보호의무'가 처음으로 등장하였다. 헌법 전문의 '우리들과 우리들의 자손의 안전과 자유와 행복을 영원히 확보', 헌법 제10조의 존엄과 가치, 헌법 제30조의 범죄피해구조청구권 등의 규정으로부터 국민의 생명 · 신체의 안전에 대한 기본권과 그 생명 · 신체를 사인의 침해로부터 적절히 보호해야 할 국가의 기본권 보호의무가 도출된다.

⑵ 대상: 보호의무의 대상은 자유권에 의해 보호될 가치가 있는 모든 보호법익이다. 생명이나 신체에 국한되지 않는다. 헌법재판소는 사인에 의한 생명, 신체, 환경침해에 대해서 국가의 기본권 보호의무를 적용하였는데, 기본권 보호의무 위반을 이유로 청구가 인용된 예는 아직 없다.

⑶ 입법자에 대한 헌법재판소의 통제(과소보호금지원칙): 과소보호금지원칙이란 기본권 보호의무의 위반여부를 판단함에 있어 국가의 기본권 보호나 실현이 최저한의 보호수준에 밑도는 조치를 금하는 것을 말한다. 과소금지는 과잉금지와, 과소보호금지는 과잉제한금지와 대응된다. 보호의무의 최저수준을 정하는 것이 쉬운 일은 아니지만, 기본권 보호는 기본권의 존재자체가 유명무실해지는 수준 이상의 보호이어야 한다. 과소금지원칙은 보호의 하한선으로 입법자의 형성재량에 한계를 설정한다. 헌법재판소는 과소보호금지원칙의 관점에서, 국가가 국민의 기본권 보호를 위하여 적어도 "적절하고 효율적인 최소한의 보호조치"를 취했는가를 기준으로 보호의무의 위반여부를 심사하고 있다.

04_ 기본권의 경합과 충돌(경쟁과 상충)

(1) 기본권의 경합: 기본권 경합이란 국가행위가 기본권 주체의 여러 기본권의 구성요건에 해당될 때 이들 기본권 상호간의 관계를 의미한다. 예컨대 강제 두발절단의 경우 신체불훼손권과 인격권과의 관계, 집회에 참석하고자 하는 사람을 체포·구속한 경우에 신체의 자유와 집회의 자유와의 관계, 신문편집실에 대한 수색의 경우 주거의 자유와 신문의 자유와의 관계, 종교단체가 발행하는 신문을 국가가 간섭하는 경우에 종교의 자유와 언론의 자유와의 관계가 이에 해당된다.

(2) 기본권의 충돌: 기본권 충돌이란 복수의 기본권주체가 각자의 법익을 관철하기 위해 서로 대립하는 기본권을 주장하는 경우에 기본권 상호간의 관계를 의미한다. 예를 들어 명예를 훼손하는 문학작품의 경우 예술의 자유와 사생활의 자유와의 관계이다. 기본권 충돌에 있어 대립되는 기본권은 반드시 '상이한 기본권'일 필요는 없다. 표현의 자유에 있어 경영권과 편집권의 충돌이 가능하며, 재산권보장에 있어 임대인의 소유권과 임차인의 임차권의 충돌이 가능하고, 집회의 자유와 집회반대의 자유 간 충돌이 가능하기 때문이다.

04 기본권의 제한과 그 한계

개념 04 기본권의 제한과 그 한계

자유와 권리는 최대한 보장되어야 하나 자유와 권리가 모든 사람의 것이 되기 위해서는 이에 대한 제한이 불가피하다. 기본권에 대한 제한이 요구되어도 자유와 권리의 본질적 부분에 대한 제한은 허용되지 않는다. 본질적 부분에 대한 제한이 허용된다면 헌법은 더 이상 자유의 권리장전이 될 수 없으며, 헌법의 존재의의까지 의문시되기 때문이다.

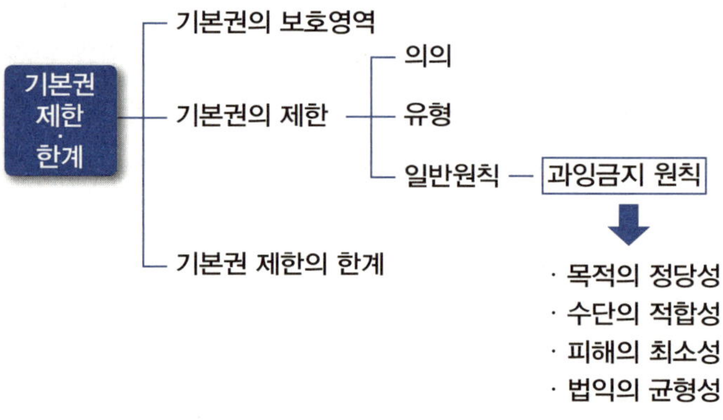

제37조 ① 국민의 자유와 권리는 헌법에 열거되지 아니한 이유로 경시되지 아니한다. ② 국민의 모든 자유와 권리는 국가안전보장 · 질서유지 또는 공공복리를 위하여 필요한 경우에 한하여 법률로써 제한할 수 있으며, 제한하는 경우에도 자유와 권리의 본질적인 내용을 침해할 수 없다.

01_ 기본권 보호영역

기본권 보호영역이란 기본권에 의해 보호되는 생활영역을 말한다. 기본권 행사는 이 보호영역 내에서 행해지는 기본권 주체의 각종 행위를 말한다. 기본권 (행사)에 대한 제한과 한계는 기본권 보호영역에 해당되는 행위를 확정하고 이에 대한 제한의 정당성을 검토하는 것이므로, 기본권 보호영역은 기본권 제한과 한계의 선결과제로서 중요한 의미를 갖는다. 보호영역에 해당되지 않는 행위에 대해서는 헌법상 정당화가 필요 없기 때문이다 (보호영역의 소극적 기능). 예를 들어 자동차 운전자에게 좌석안전띠를 매도록 하고 이를 위반했을 때 처벌하게 하는 것이 기본권 침해인가 여부를 판단하고자 할 때, 안전띠 착용강제가 (사생활의 자유, 양심의 자유, 일반적 행동자유 중) 어느 기본권의 보호영역에 해당하는 가를 확정하고, 이에 대한 제한(착용 강제)이 정당화될 수 있는가를 검토한다.

02_ 기본권의 제한

⑴ 의의: 기본권 제한이란 국가가 개인의 기본권 보호영역 내의 행위를 금지하거나 제약하는 것을 말한다. 기본권 보호영역 내의 행위를 제약하는 것이 아닌 때에는 기본권 제한이 존재하지 않는다. 헌법재판소는 영내 기거하는 군인은 그가 속한 세대의 거주지 선거에서 선거권을 행사할 수 있으므로, 영내 기거 군인에게 그가 속한 세대의 거주지에 등록하도록 한 주민등록법은 영내 기거 군인의 선거권을 제한하지 않는다고 하였다.

⑵ 유형: 헌법에 의한 제한이란 헌법이 명시적으로 기본권 제한을 규정한 것으로, 헌법 직접적 제한이라고 한다. 헌법에 의한 기본권 제한은 기본권의 내용을 제한하거나 기본권의 주체를 제한하는 두 가지 경우가 있다. 첫째, 내용을 제한하는 경우로, 정당의 목적이나 활동이 민주적 기본질서에 위배되지 못하도록 한 것, 언론 · 출판이 타인의 명예나 권리를 침해하지 못하도록 한 것, 재산권행사를 공공복리에 적합하도록 한 것을 들 수 있다. 둘째, 주체에 대한 제한으로, 군인 · 군무원의 국가배상청구권을 제한한 것, 주요 방위산업체근로자의 단체행동을 제한한 것을 들 수 있다. 법률에 의한 제한이란 법률형식에 의한 기본권 제한으로, 헌법 간접적 제한이

라고 한다(법률유보). 법률유보는 두 가지 의미로 사용되는데, 기본권 제한에는 법률의 근거가 요구된다는 것과 행정은 법률의 수권이 필요하다는 것이다. 여기서의 법률유보는 기본권 제한에 법률의 근거가 필요하다는 것을 말한다. 법률유보에는 순기능과 역기능이 있는데, 법률에 근거가 있기만 하면 기본권 제한이 가능하다는 역기능이 강조되어서는 안 된다. 법률에 의하지 않고서는 기본권을 제한할 수 없다는 순기능으로 해석되어야 한다. 법률유보는 특정한 기본권을 대상으로 하느냐 아니면 기본권 일반을 대상으로 하느냐에 따라 개별적 법률유보와 일반적 법률유보로 나눌 수 있다. 개별적 법률유보는 신체의 자유와 재산권이며, 일반적 법률유보는 헌법 제37조 제2항이다. 국민의 '모든' 자유와 권리는 국가안전보장, 질서유지, 공공복리를 이유로 제한될 수 있기에(일반적 법률유보), 우리 헌법 하에서 개별적 법률유보조항은 사실상 그 의미가 없다.

03_ 기본권 제한의 일반원칙(일반적 법률유보)

(1) 의의: 헌법 제37조 제2항은 '국민의 모든 자유와 권리는 국가안전보장 · 질서유지 · 공공복리를 위하여 필요한 경우에 한하여 법률로써 제한할 수 있으며, 제한하는 경우에도 자유와 권리의 본질적 내용을 침해할 수 없다'고 규정하고 있는데(일반적 법률유보), 헌법 제37조 제2항의 일반적 법률유보조항은 개별적 법률유보조항에 대해 일반법과 특별법의 관계에 있다. 헌법재판소는 제37조 제2항을 기본권제한입법의 수권규정과 기본권제한입법의 한계규정으로 본다.

(2) 기본권 제한의 목적: 국가안전보장이란 국가 자체의 존립에 대한 안전보장을 말하는 것으로, 국가의 독립 · 영토의 보전 · 헌법과 법률의 기능 · 헌법에 의하여 설치된 국가기관의 유지 등을 그 내용으로 한다. 질서유지란 국가 내의 존립과 유지에 대한 안전보장으로, 광의의 질서유지에서 국가안전보장을 제외한 질서를 말한다. 공공복리란 서로 대립하고 갈등하는

개인의 사적 이익을 넘는 모든 국민의 일반적 이익을 말한다.

(3) 기본권 제한의 형식: 기본권은 형식적 법률에 의해서만 제한될 수 있다. 법률과 동등한 효력을 지니는 긴급명령이나 조약 등에 의한 제한이 가능하다. 관습법에 의해서는 제한될 수 없다. 기본권을 제한하는 법률은 일반성을 지녀야 한다. 일반성이란 모든 사람과 모든 사건을 그 대상으로 한다는 것이다(일반적 법률). 따라서 특정의 사건이나 사람에 대하여 적용되는 소위 개별적 법률은 원칙적으로 허용될 수 없다. 개별적 법률 중 전적으로 특정인만을 차별하는 개별인적 법률은 위헌이다. 개별사건적 법률은 개별적 법률이라고 하여 바로 위헌이 되는 것이 아니라 특정사건만 규율하는 것을 정당화할 수 있는 합리적 이유가 없는 경우에 한해 위헌이 된다.

(4) 기본권 제한의 정도(과잉금지의 원칙): 과잉금지원칙은 자의금지원칙과 함께 정의의 본질적 구성부분으로서, 법치국가원리에서 파생된 헌법상 기본원리의 하나인 비례의 원칙을 의미한다. 과잉금지원칙은 국가작용(특히 입법)의 방법적 한계를 명시하는 것으로, 목적의 정당성, 수단의 적합성, 피해의 최소성, 법익의 균형성의 4가지 요소를 그 내용으로 한다. 기본권 제한이 정당화되기 위해서는 기본권 제한을 통해 달성하고자 하는 목적이 확정되어야 하고, 목적이 헌법적으로 허용될 수 있어야 한다(목적의 정당성). 방법의 적합성이란 목적을 위해 선택된 기본권제한 수단이 목적 달성에 효과적이고 적절하여야 함을 말한다. 선택된 수단이 목적달성에 최적, 최상의 수단일 필요는 없으며, 선택된 수단이 목적달성을 부분적으로만 촉진시킨다 하여도 적합성을 충족한다(수단의 적합성). 피해의 최소성이란 목적달성을 위해 비슷한 효과를 지닌 여러 수단들 중에서 기본권을 가장 적게 제한하는 수단을 선택하여야 함을 말한다. 기본권 제한조치가 적절하다 할지라도 보다 완화된 형태나 방법을 모색함으로써 기본권의 제한은 필요한 최소한도에 그쳐야 한다(피해의 최소성). 법익의 균형성이란 기본권 제한에 의하여 보호하려는 공익과 침해되는 사익을 비교 · 형량 할 때 양자 간에 합리적인 균형이 유지되어야 함을 말한다(법익의 균형성).

04_ 기본권 제한의 한계

기본권 제한의 한계란 기본권을 제한할 경우 입법자가 지켜야 할 한계를 의미하는데, 방법상 한계(과잉금지원칙)와 내용상 한계(본질적 내용의 침해금지)로 나누어진다. 전자는 이미 과잉금지원칙에서 살펴보았기에 내용상 한계인 본질적 내용의 침해금지만 다루기로 한다. 본질적 내용의 침해금지 조항은 제2공화국 헌법에서 처음으로 수용되었고, 유신헌법에서 삭제되었다가 제5공화국 헌법에서 부활되어 지금에 이르고 있다.

(1) 기본권의 본질적 내용의 판단기준: 기본권의 본질적 내용은 기본권 제한의 절대적 한계가 된다. 기본권의 본질적 내용이 무엇이며, 그 판단기준이 크게 다투어지는데, 절대설과 상대설 등의 대립이 그것이다. 절대설이란 기본권의 본질적 내용을 기본권의 실체적 핵심영역으로 이해하는 입장이다. 절대설은 기본권의 본질적 내용이 고정적이고 구체적 상황과 무관하게 정해질 수 있으며, 기본권 제한에 있어 절대적으로 침해할 수 없는 객관적 영역이 존재한다고 한다. 기본권의 본질적 내용의 실체를 인간의 존엄으로 보는 견해와 '인간의 존엄과 개별기본권의 핵심영역'으로 보는 견해로 대립된다. 상대설은 기본권 제한의 목적과 그로 인한 기본권 제한의 상관관계 속에서 기본권의 본질적 내용을 확정하려는 입장이다. 상대설은 기본권의 본질적 내용이 객관적으로 주어졌다는 절대설과 달리, 본질적 내용은 고정적인 것이 아니라 가변적인 것이라고 한다.

(2) 기본권의 본질적 내용: 기본권의 본질적 내용은 절대설로 설명되어야 하나, 생명에 대한 제한과 같이 절대설로 해결할 수 없는 경우에는 상대설을 부득이 원용하지 않을 수 없다(절충설). 헌법재판소는 일반적으로 절대설을 취하고 있는 것으로 이해되나, 상대설을 취한 예도 있다. 사형제도가 비례의 원칙을 준수하는 한 생명을 빼앗는 형벌이라도 본질적 내용에 대한 침해금지에 위반되지 않는다고 한 것이 그것이다.

05 | 기본권의 보호

개념 05 기본권의 보호(침해와 구제)

국가의 존립목적이 국민의 기본권을 보장하고 실현하는 것이므로 기본권은 기본권의 모든 적으로부터 보호되어야 한다. 기본권이 헌법에 문서화되었고, 또 헌법이 보장과 실현을 천명하였다고 자동적으로 보호되지 않는다. 기본권보장이 실효성을 지니기 위해서는 기본권이 현실적으로 침해된 경우에 그 침해행위에 대한 구제방법이 마련되어야 한다. 기본권은 국가기관에 의해 주로 침해되지만 사인에 의한 침해 역시 가능하다. 국가기관에 의한 침해의 경우 입법기관, 행정기관, 사법기관에 의한 침해로 나눌 수 있다.

01_ 국가기관에 의한 침해와 구제

(1) 입법기관에 의한 침해와 구제: 법률이 국민의 기본권을 침해한 경우에는 법률에 대한 위헌심사를 구하거나(구체적 규범통제), 법률에 대한 헌법소원을 통해 구제받을 수 있다. 기본권 침해는 입법부작위에 의해서도 이루어진다. 입법부작위에 의한 기본권 침해란 기본권실현을 위한 입법자의 입법의무가 존재함에도 입법이 없거나, 불충분, 불완전하여 나타나는 기본권 침해를 말한다. 입법의무가 전제되지 않는 단순 입법부작위에 대해서는 구제수단이 존재하지 않는다. 단순 입법부작위는 헌법소원의 대상이 되지 않으며 청원권의 대상이 될 뿐이다. 입법부작위에는 진정 입법부작위와 부진정 입법부작위가 있다. 진정 입법부작위란 입법자가 헌법상 입법의무가 있음에도 아무런 입법을 하지 않은 것으로 입법의 흠결이 있는 입법권의 불행사를 말한다. 한편 부진정 입법부작위란 입법자가 입법은 하였으나 내

용 · 범위 · 절차 등이 불완전 · 불충분하게 이루어 진 것으로, 입법의 결함이 있는 입법권의 행사를 말한다.

(2) 행정기관에 의한 침해와 구제: 기본권 침해는 법의 집행과정에서 가장 많이 나타난다. 그 침해유형을 보면, 첫째, 행정기관이 법을 적용하고 집행함에 있어 법령의 해석 · 적용을 그르쳐 나타나는 기본권 침해 둘째, 위헌인 법령을 그대로 적용함으로써 나타나는 기본권 침해, 그리고 법령을 집행하지 않음으로써 나타나는 기본권 침해로 나눌 수 있다. 청원권의 행사를 통해 위법 · 부당한 처분에 대한 행정심판 또는 행정소송을 통해 구제받을 수 있다. 그리고 국가배상이나 손실보상 및 형사보상을 통해 구제된다. 행정절차와 같은 사전적 구제방법도 있다. 위헌의 명령 · 규칙에 대한 규범통제 또는 법령소원을 청구할 수 있다. 국가인권위원회를 통한 구제도 가능하다.

(3) 사법기관에 의한 침해와 구제: 법원의 재판도 기본권을 침해할 수 있다. 기본권의 효력을 인식하지 못한 법령해석이나 적용, 재판의 부당한 지연, 사법절차적 기본권을 침해하는 소송진행, 소송절차에서 당사자의 부당한 차별 등을 통해 기본권 침해가 나타난다. 특히 재판지연의 경우 재판지연을 제도의 한계로 볼 것이 아니라 기본권 침해로 인식하여야 한다. 오판에 의한 기본권 침해는 심급제도에 의해 구제될 수 있고, 형사보상청구에 의해서도 구제가 가능하다. 비록 예외적이지만 법원의 판결에 대한 헌법소원을 통해 구제될 수 있다.

02_ 사인에 의한 침해와 구제

사인에 의한 기본권 침해는 침해형태에 따라 일반 법률에 따른 구제 또는 제재가 행해진다. 민사 손해배상책임이나 형사적 제재가 그것이다. 일반 법률이 사인에 의한 기본권 침해에 대한 구제를 규율하지 않은 경우, 사인에 의한 기본권 침해는 기본권의 대사인적 효력을 통해 해결한다.

03_ 국가인권위원회에 의한 기본권 보호

국가인권위원회는 국가인권위원회법에 근거하여 인권을 보호하고 그 수준을 향상시키기 위해 설립된 독립된 국가기관이다. 국가인권위원회의 설립으로 인권보호의 획기적인 계기가 마련되었다. 유엔 등 국제기구는 국가인권기구 설립을 위해 많은 노력을 경주하여 왔고 1995년에 '국가인권기구 설립권고안'이 제정되었다. 이를 계기로 여러 나라가 국가인권기구를 설립하게 되었다. 국가인권위원회는 불가침의 기본적 인권을 보호하고 향상시키기 위해 설립되었다. 국가인권위원회가 보호하려는 인권이란 헌법 및 법률에서 보장하거나 대한민국이 가입 · 비준한 국제인권조약 및 국제관습법에서 인정하는 인간으로서의 존엄과 가치 및 자유와 권리를 말한다. 사인에 의한 평등권 침해에 대하여도 보호를 하며, 대한민국의 영역 안에 있는 외국인도 구제를 받을 수 있도록 하여 인권실현의 획기적인 장을 마련하였다. 위원회는 위원장 1인과 3인의 상임위원을 포함한 11인의 인권위원으로 구성한다. 위원회의 소관업무로는, 인권에 관한 법령 · 제도 · 정책 · 관행의 조사와 연구 및 그 개선이 필요한 사항에 관한 권고 또는 의견의 표명, 인권침해행위에 대한 조사와 구제, 차별행위에 대한 조사와 구제, 인권상황에 대한 실태조사, 인권에 관한 교육 및 홍보 등이 있다.

CHAPTER 02

기본권 각론

10

헌법 이야기

내가 가장 좋아하는 길은

야구장 가는 길이다.

앞으로도 나는 그 길 위에서

부딪히며 살아갈 것이다.

그것이 나의 베스트다.

〈김성근이다, 김성근 지음, 인용〉

#김성근 감독님께

이제 시즌 막바지 몇 경기 남지 않은 시점에서

끝까지 포기하지 않고 최선을 다하고 계시는게

너무 눈물겹습니다.

감독님을 가까이서 처음 본게 2015년 5월 인하대 특타 현장에서 였는데, 3시간 넘게 현장에서 지켜보며 감독님의 일거수 일투족을 관찰하다...

그만 저는 감독님의 작은 행동 하나에 깊은 감동을 받았습니다.
훈련을 다 마치시고 문학구장으로 가시기 전에 훈련장 구석구석을 돌며 그믈에 끼어 있는 공 하나까지 꺼내서 훈련한 공을 주워 담으시던 그 모습이 눈에 생생합니다.

저는 그때 결심을 한 게 있습니다...
언젠가 기회가 된다면...

〈저자의 인스타그램 2016.9.21.〉

야구선수가 너무도 되고 싶었지만, 지금은 이글스와 김성근 감독님을 좋아하는 팬으로 살고 있다. 대한민국 헌법 전문은 "각인의 기회를 균등히 하고, 능력을 최고도로 발휘하게 하고" 있는바, 어느 선수라도 부족함은 있을 수 있지만 누구하나 쓸모없는 존재는 없으니 그들 모두에게 최대한 기회를 부여해야 마땅하다고 생각하시며, 너무도 긴세월을 묵묵히 응원해주는 간절한 이글스 팬들을 위해서라도 끝까지 최선을 다하고 계시는 노감독의 투혼이 눈물겹다. 힘든 여건에서도 "일구이무"의 가르침을 전하고 계시는 감독님과 그 분을 믿고 열심히 운동하는 이글스 선수들이 올해에는 반드시 가을 야구를 하게 되기를 간절히 바래본다.

01 | 인간의 존엄과 가치 및 행복추구권

개념 01 인간의 존엄과 가치 및 행복추구권

> **제10조** 모든 국민은 인간으로서의 존엄과 가치를 가지며, 행복을 추구할 권리를 가진다. 국가는 개인이 가지는 불가침의 기본적 인권을 확인하고 이를 보장할 의무를 진다.

〈1-1〉 인간의 존엄과 가치

01_ 의의

우리 헌법은 제10조에서 모든 국민은 인간으로서의 존엄과 가치를 가진다고 하여 우리 헌법의 이념과 목표가 인간의 존엄성실현에 있음을 명백히 하고 있다.

02_ 인간의 존엄권(협의의 존엄권)

우리 헌법이 예정하고 있는 인간상은 고립된 인간이 아니며 독립적 지위를 전혀 갖지 못한 인간도 아닌, 인간의 고유한 가치를 유지하면서 사회에 구속되고 사회와 일정한 관계를 가진 인간을 의미한다(인격주의). 인간의 존엄과 가치란 인간이 이성적 존재로서 그 자체가 목적이며 고유한 가치를 지닌 존재라는 것이다.

03_ 인간의 존엄권(생명권)

생명권의 대상인 생명은 생존을 말하므로, 생명권이란 생존할 권리를 말한다. 생존은 자연과학적 개념으로서 객관적으로 판단되어야 한다. 생명권은 생명을 지닌 모든 자연인이 주체가 된다. 따라서 내국인은 물론 외국인과 무국적자도 향유한다. 법인은 그 주체가 될 수 없다. 태아도 생명권의 주체가 되나, 헌법재판소는 초기 배아의 생명권주체성을 부정하고 있다.

〈1-2〉 행복추구권

01_ 의의

행복추구권이란 안락하고 만족스러운 삶을 추구할 수 있는 권리를 말한다. 모든 국민과 외국인에게 주체성이 긍정된다. 법인은 주체가 될 수 없으나 예외적으로 주체가 될 수 있다. 예를 들어 법인은 행복추구권(일반적 행동자유권)으로부터 도출되는 계약의 자유의 주체가 될 수 있다.

02_ 행복추구권의 내용

(1) 일반적 인격권: 일반적 인격권이란 개인의 고유한 인격적 가치를 실현하고 인격적 가치가 침해되지 않을 권리를 말한다. 일반적 인격권은 인격의 자유로운 형성, 인격의 자유로운 유지 및 인격의 자유로운 표현을 보장한다. 인격의 자유로운 형성이란 인격을 스스로 결정하고 발견하고 판단할 수 있는 권리를 말한다. 개명(改名)권이 보장된다. 인격의 자유로운 유지란 인격에 대한 외부적 간섭을 배제할 수 있는 권리를 말하는데, 인격의 유지는 사회적으로 이해되어야 한다. 또한 인격권은 인격의 자유로운 표현, 즉 왜곡되어 표현되지 않을 권리를 보장한다.

(2) 일반적 행동자유권: 일반적 행동자유권이란 인격의 자유로운 발현을 목적으로 자유롭게 행동할 수 있는 자유를 말한다. 일반적 행동자유는 인격의 자유로운 발현을 목적으로 하는 행동의 자유로, 취미활동(승마, 수상스키), 여가활동(산보) 등은 일반적 행동자유에 해당된다. 일반 공중에게 개방된 장소(서울 광장)를 통행하거나, 여가활동이나 문화활동을 하는 것은 일반적 행동자유권의 내용으로 보장된다.

11

헌법 이야기

재개발지역의 강제철거 현장에서 저항하고 있는 아버지를 찾아 온 아들이 억울하게 죽음을 당하자, 이성을 잃은 아버지가 그 과정에서 경찰을 죽인 현행범으로 체포되고, 그를 변호하는 지방대 출신의 국선변호인(윤계상 분)의 조력을 정부가 방해하기 위해 징계위원회에 회부하여 심의 중인 장면에서,

검사장 | 징계혐의자는 공무를 수행 중이던 경찰과 물리적인 충돌을 했고, 폭행에 가담 하였습니다. 이는 의심할 여지 없이 변호사의 품위를 손상시키는 행위고, 따라서 공정한 판단에 따라 적절한 징계가 필요하다는게 본 위원의 생각입니다.

위원장 | 징계혐의자인 윤진원변호사가 기소라도 됐습니까?

검사장 | 사건 당일 훈방조치된 걸로 알고 있습니다.

위원장 | 저 건은 지금 수사 중입니까?

검사장 | 그건 아닙니다.

위원장 | 기소는커녕 수사도 착수하지 않았다면서 그 사진은 어떻게 알고 찾아냈죠? 표적수사라도 하셨습니까?

검사장 | (어이 없다는 표정으로 눈만 껌뻑이며)……

위원장 | 전 말입니다. 검찰이 징계심의를 악용하고 있다는 느낌이 들어요.

검사장 | 절대로 그런 일은 없습니다.

위원장 | 여긴 왜 나오셨습니까?

검사장 | 저는 위원회의 심의 위원입니다. 그걸 모르시는 건 아니겠죠?

위원장 | 아뇨...아주 잘 알죠...하지만, 내 재임이래 한번이라도 징계심의에 출석한 적 있어요? 한 번도 안 오다가 오늘은 왜 온 겁니까?

검사장 | (아주 당황스런 표정으로) 위원장님? 공정한 입장을 유지해주십쇼...

위원장 | 이 봐요, 검사장님은 징계신청인이지 이해당사자가 아니죠?

검사장 | 물론입니다.

위원장 | 여긴 법정이 아니고, 검사님은 기소를 한 게 아니라 징계심의를 신청한거에요. 맞죠?

검사장 | (쓰라진 표정으로) 그렇습니다.

위원장 | 그러니까 나는 오직, 징계혐의자인 윤변호사한테만 공정하면 되는거에요.

검사장 | (계속 쓰라진 표정으로) 예.....

위원장 | 잘 알고 계시니, 짧게 끝냅시다. 자, 심의합시다.

〈영화 '소수의견'(2015년) 중에서〉

영화를 보고 나면 스토리나 배우들의 연기도 좋지만, 이 장면이 아주 각인되어 여러 번 다시 돌려보게 된다. "공정한 재판을 받을 권리"는 헌법에 명시되어 있지는 않으나, 모든 국민이 당연히 갖는 권리이다. 헌법 제11조 제1항은 "모든 국민은 법 앞에 평등하다"고 선언하고 있다. 검사장의 스승이자 친분이 아주 돈독한 징계심의위원회 위원장의 공정함에 매료되어 좋았던 기억이 있다. 영화를 보는 동안만이라도 현실을 잊고 몰입하게 되는 건, 그렇지 못한 현실에 대한 슬픈 자화상이다.

개념 02 평등권

헌법 제11조 제1항은 '모든 국민은 법 앞에 평등하다. 누구든지 성별 종교 또는 사회적 신분에 의하여 정치적 경제적 사회적 문화적 생활의 모든 영역에 있어서 차별을 받지 아니 한다'고 규정하여 평등원칙과 평등권을 보장하고 있다. 또한 제2항은 사회적 특수계급제도의 금지를, 제3항은 영전일대의 원칙을 규정하고 있다.

- 평등의 원칙
  - 자의금지원칙
  - 비례성 심사원칙
    - 엄격한 심사
    - 완화된 심사
  - 특권제도의 금지

제11조 ① 모든 국민은 법 앞에 평등하다. 누구든지 성별 · 종교 또는 사회적 신분에 의하여 정치적 · 경제적 · 사회적 · 문화적 생활의 모든 영역에 있어서 차별을 받지 아니한다. ② 사회적 특수계급의 제도는 인정되지 아니하며, 어떠한 형태로도 이를 창설할 수 없다. ③ 훈장등의 영전은 이를 받은 자에게만 효력이 있고, 어떠한 특권도 이에 따르지 아니한다.

〈2-1〉 평등의 원칙

01_ 의의

평등이란 비교의 결과 동일하게 취급되는 것을 말하며, 상대적 평등을 의미하고, 사회국가원리를 기본원리로 삼는 헌법에서는 정의를 실현하고자 경제 · 사회적 약자를 보호하는 실질적 평등이 강조된다. 법의 내용이 불평등하면 법의 해석과 적용을 올바르게 하더라도 그 결과는 불평등할 수밖에 없으므로 법 앞의 평등이란 입법을 구속하는 법평등을 말한다(통설). 평등은 같은 것은 같게 다른 것은 다르게 취급할 것을 요청한다.

02_ 평등 판단의 기준

⑴ 자의금지원칙: 자의금지원칙이란 차별이 정당하기 위해서는 차별이 자의적이지 않아야 함을 말한다. 자의란 객관적으로 명백한 근거가 없는 것을 말하며 주관적인 책임비난을 의미하지 않는다. 일반적으로 자의금지원칙에 관한 심사요건은 ① 본질적으로 동일한 것을 다르게 취급하고 있는지에 관련된 차별취급이 존재하는지 여부와, ② 이러한 차별취급이 존재한다면 이를 자의적인 것으로 볼 수 있는지 여부라고 할 수 있으며, 나아가 ①의 요건과 관련하여 두 개의 비교집단이 본질적으로 동일한가의 판단은 일반적으로 관련 헌법 규정과 당해 법 규정의 의미와 목적에 달려 있고, ②의 요건과 관련하여 차별취급의 자의성은 합리적인 이유가 결여된 것을 의미하므로, 차별대우를 정당화하는 객관적이고 합리적인 이유가 존재한다면 그 차별대우는 자의적인 것으로 볼 수 없게 된다.

⑵ 비례성 심사원칙: 비례성 심사원칙이란 차별목적과 차별수단 간에 엄격한 비례관계(목적, 적합, 필요, 법익균형)를 충족하여야 합리적 차별이 된다는 원칙이다. 즉 정당한 목적을 추구하고, 그 수단이 목적달성을 위해 적합하고 필요하며, 법익균형을 이룰 때 비로소 합리적 차별이 된다는 것이다.

비례성심사원칙은 전술한 과잉금지원칙과 내용에 있어 차이가 있으나, 실제적 적용에 있어서는 동일하다고 보아야 한다. 구체적 내용에 차이가 나타나는 것은 심사대상의 특성에 기인한 것이다. 비례성 심사원칙은 다시 엄격한 비례성 심사원칙과 완화된 비례성 심사원칙으로 나눌 수 있다. 비례성 심사를 엄격심사와 완화된 심사로 구별하려는 것은 엄격한 비례성 심사가 요구되는 것은 아니나 그렇다고 자의금지심사로 충분하지 않는 상황이 존재하기 때문이다. 예를 들어 헌법이 직접 차별을 명하고 있는 경우의 평등위배 여부나 중립적 규정이 우연히 결과적으로 일정 집단에게 불이익을 주는 간접차별에 있어서 엄격한 비례성 심사를 하게 되면 언제나 평등에 위배되는 부당한 결론에 이르게 되기 때문이다. 헌법재판소가 '제대군인 가산점사건'과 같이 간접차별이 문제되는 경우에 엄격심사를 적용하여 위헌결정을 도출한 것에 대해 비판의 소리가 적지 않은 것도 이런 이유에서이다. 반면 헌법이 차별대우를 명하고 있는 '국가유공자 가산점사건'과 같은 경우 헌법재판소가 완화된 비례성 심사를 적용한 것은 적절하다.

03_ 특권제도의 금지

헌법 제11조 제2항은 사회적 특수계급제도는 인정되지 아니하며, 어떠한 형태로도 이를 창설할 수 없다고 규정하고 있다. 특수계급이란 귀족제도나 노예제도와 같은 봉건적 제도를 말하는 것으로 이러한 특수계급제도의 창설은 평등원칙에 위반된다. 헌법 제11조 제3항은 훈장 등의 영전은 이를 받은 자에게만 효력이 있고, 어떠한 특권도 따르지 아니한다고 규정한다. 영전의 세습제나 영전의 특권화를 배제함으로써 특권계층의 발생을 예방하고 있다. 영전을 받은 자에게 세금감면이나 처벌면제 등의 특권을 부여할 수 없다. 다만 훈장에 수반되는 연금이나 유족에 대한 보훈까지 금하는 것은 아니다. 헌법재판소는 독립유공자에게 서훈의 등급에 따라 부가연금을 지급하는 것은 합헌이라고 하였다.

〈2-2〉 평등권

01_ 의의

평등권이란 부당한 차별의 금지를 요구하는 주관적 공권을 말한다. 헌법 제11조 제1항 제2문은 평등권을 보장하고 있다. 평등권의 향유주체는 개인뿐 아니라 법인은 물론 권리능력 없는 사단이나 재단도 주체가 된다. 외국인도 그 주체가 될 수 있다. 외국인의 경우 국제법과 상호주의의 원칙에 따라 제한은 불가피하다.

02_ 내용

헌법 제11조는 '누구든지 성별 · 종교 또는 사회적 신분에 의하여…차별을 받지 아니한다'고 규정하고 있다. 차별금지사유로 든 '성별 · 종교 · 사회적 신분'이 예시적 사유에 속하는지 아니면 열거적 성격을 지니는가가 문제되나, 통설은 예시적으로 이해하며, 따라서 학력, 건강, 정치관, 연령, 출신지역, 인종, 언어 등의 사유로 인한 불합리한 차별은 허용되지 않게 된다. 헌법 제11조 제1항은 정치적 · 경제적 · 사회적 · 문화적 모든 영역에 있어서 차별을 받지 아니한다고 규정하고 있다. 모든 영역에서 차별이 금지된다.

03_ 평등권의 제한

헌법이 직접 평등원리의 예외를 인정하거나 평등권을 제한하는 경우가 있는바, 특권을 부여하는 경우와 특별한 제한을 하는 경우이다. 전자로는 정당의 특권, 대통령의 형사상 특권, 국회의원의 불체포특권 및 면책특권, 국가유공자의 우선적 취업기회보장이 이에 해당된다. 후자는 공무원에 대한 특별한 제한을 들 수 있는바, 공무원의 근로3권 제한, 군인 · 군무원의 2중 배상금지, 군인 · 군무원의 군사재판 등이다.

03 | 자유권적 기본권

12
헌법 이야기

법정에서 증인으로 출석한 차동영 형사(곽도원 역)와 송우석(송강호 역)변호사의 공방

송강호 | 증거라곤 자술서밖에 없는 거지요?

곽도원 | 저 빨갱이들이 얼마나 지독한데... 증거를 남기겠습니까? 그리고 사상범들이 물증이 어딨습니까? 국보법 사범들은 자백에 포커스를 맞추고 수사를 하는 겁니다.

송강호 | 그.... 국보법... 국보법하는데, 헌법 제12조 제7항(피고인의 자백이 고문 · 폭행 · 협박 · 구속의 부당한 장기화 또는 기망 기타의 방법에 의하여 자의로 진술된 것이 아니라고 인정될 때 또는 정식재판에 있어서 피고인의 자백이 그에게 불리한 유일한 증거일 때에는 이를 유죄의 증거로 삼거나 이를 이유로 처벌할 수 없다), 형사소송법 제310조에 의하면 자백만으로는 유죄 입증이 안 된다고 되어 있습니다.

국보법은 헌법 위에 있고, 형사소송법의 대원칙도 무시합니까?

곽도원 | 그걸 왜 나한테 그래요~~
나는 있는 법 그대로 집행했을 뿐인데~

〈영화 '변호인'(2013년) 중에서〉

역사의 한 페이지마다 국가에 의한 인권유린의 기록들이 존재한다. 과거, 간첩단 사건이나 국가권력에 의해 조작되어 고통 받거나 희생된 개인이나 단체의 재심청구에서 무죄판결들이 나오고 있다.

최근의 국정 농단사건으로 얼룩진 무수히 많은 피해사례들 중에서도 이른바 "문화계 블랙리스트"는 상상을 초월할 정도 그 이상으로 비참한 역사다. 헌법 제9조는 "국가는 전통문화의 계승·발전과 민족문화의 창달에 노력하여야 한다"고 규정하지만, 헌법 위에서 못난 권력을 선량한 국민들에게 휘두르는 그들은 도대체 어느 나라 헌법을 수호하는 집단인지 묻고 싶다. 그러나 나는 믿는다. "빼앗긴 들에도 봄은 온다"는 진리를...

[자유권적 기본권 체계도]

- 신체에 관한 자유와 권리
  - 신체를 훼손당하지 않을 권리
  - 신체의 자유
  - 신체의 자유의 실체적 보장
  - 신체의 자유의 절차적 보장
  - 형사절차상 원리
- 사회 · 경제적 자유
  - 거주 · 이전의 자유
  - 직업선택의 자유
  - 재산권의 보장
- 사생활영역의 자유
  - 주거의 자유
  - 사생활의 비밀과 자유
  - 통신의 자유
- 정신생활영역의 자유
  - 양심의 자유
  - 종교의 자유
  - 언론 · 출판의 자유
  - 집회 · 결사의 자유
  - 학문과 예술의 자유

3-1 신체에 관한 자유와 권리

개념 03 신체를 훼손당하지 않을 권리와 신체의 자유

헌법 제12조 제1항은 '모든 국민은 신체의 자유를 가진다'고 하여 신체의 자유를 보장하고 있다. 신체의 자유의 완벽한 보호를 위해 제2항에서 제7항에 이르기까지 신체의 자유를 보장할 수 있는 각종의 실체 · 절차적 장치를 두고 있다. 제13조는 이중처벌금지와 형벌불소급을, 제27조는 재판받을 권리를, 제28조는 형사보상청구를 규정하고 있다. 신체의 자유는 신체의 완전성과 신체활동의 자유를 그 내용으로 한다.

- **신체에 관한 자유와 권리**
  - 신체를 훼손당하지 않을 권리
  - 신체의 자유
  - 실체적 보장
    - 죄형법정주의
    - 일사부재리 원칙
    - 연좌제금지
  - 절차적 보장
    - 적법절차 원리
    - 영장주의
    - 체포 · 구속적부심사제
    - 인신보호청구
    - 체포 · 구속이유 등의 고지를 받을 권리
  - 형사절차상 원리
    - 무죄추정원리
    - 고문을 받지 아니할 권리
    - 진술거부권(묵비권)
    - 자백의 증거능력과 증명력
    - 변호인의 도움을 받을 권리

01_ 신체를 훼손당하지 않을 권리(신체의 완전성)

신체의 자유란 신체의 완전성이 침해당하지 아니할 자유와 자율적인 신체활동의 자유를 말한다. 신체의 완전성은 신체를 훼손당하지 않을 권리에 의해 보호되고, 자율적인 신체활동의 자유는 신체의 자유의 보호영역으로 보아 양자를 구별된다. 우리 헌법은 신체를 훼손당하지 않을 권리를 명시적으로 규정하고 있지 않으나 생명권과 더불어 당연히 허용되는 헌법적 권리로 본다. 신체불훼손권은 신체의 완전성을 보호한다. 모발절단이나 두발모양의 강제변경 등과 같이 신체의 외양에 변경을 가하는 행위가 금지되며, 태형, 강제거세, 혈액채취, 강제불임, 체벌 등 일체의 신체가혹행위로부터 보호된다. 헌법재판소는 금치처분을 받은 수형자에 대한 절대적 운동의 금지는 수형자의 신체적 건강뿐만 아니라 정신적 건강을 해칠 위험성이 현저히 높아, 신체의 안전성이 훼손당하지 아니할 자유에 대한 침해라 하였다.

02_ 신체의 자유(신체활동의 임의성)

신체의 자유란 신체의 완전성과 신체활동의 임의성을 보호영역으로 하는데, 신체의 완전성은 신체불훼손권으로 보호되기에 신체활동의 임의성을 그 내용으로 하는 '신체활동의 자유'를 의미한다. 신체의 자유는 '자율적인 신체활동의 자유'로서 신체이동의 자유를 포함한다. 신체이동의 자유는 일정한 장소로부터 임의로 이동하는 것을 말한다. 헌법 제12조 제1항은 누구든지 법률에 의하지 아니하고는 체포 · 구속 · 압수 · 수색 · 심문을 받지 않고, 법률과 적법절차에 의하지 않고서는 처벌 · 보안처분 · 강제노역을 받지 않는다고 규정하고 있다. 신체의 자유는 법률로 제한할 수 있다. 신체의 자유의 본질적 내용에 대한 침해는 불허된다. 헌법재판소는 수형자에게 약 400일 동안 상시적으로 양팔을 사용할 수 없도록 금속수갑과 가죽수갑을 착용하게 한 계구사용행위는 신체거동의 자유를 침해하였다고 하였다.

개념 04 신체의 자유의 실체적 보장

죄형법정주의
- 관습형법의 금지
- 형벌소급금지 원칙
- 명확성 원칙
- 유추해석의 금지
- 자기책임의 원리

〈4-1〉 죄형법정주의

01_ 의의

죄형법정주의는 한마디로 '법률 없으면 범죄 없고, 형벌 없다'로 표현된다. 범죄의 구성요건과 형벌의 양과 종류를 미리 법률로 확정함으로써, 무엇이 처벌될 행위인가를 예측 가능하도록 하여 국민의 법적 안정성을 보호하고 국민의 자유와 권리를 국가권력의 자의적 행사로부터 보호하려는데 그 의의가 있다.

02_ 파생원칙

(1) 관습형법의 금지: 범죄와 형벌은 법률로 사전에 정해져야 한다. 법률로 정해져야 법적 예측이 가능하며 법적 안정성이 확보된다. 따라서 관습법에 의해 구성요건을 정하거나 가벌성을 정할 수 없다. 범죄와 형벌은 법률로 정해져야 하나 이를 모두 법률로 규율하는 것은 불가능하기에 하위법인 명령에 위임은 불가피하다. 명령에 의한 처벌을 허용하더라도, 구성요건 · 형벌의 종류 · 형벌의 상한과 폭에 관한 명확한 기준이 근거법률에서

제시되어야 하며, 그것도 긴급한 필요가 있거나 법률로써 자세히 정할 수 없는 부득이한 사정이 있는 경우로 한정되어야 한다.

(2) 형벌소급금지의 원칙: 형벌소급금지란 행위시 법률에 의하지 아니하고는 처벌되지 않는다는 것으로 사후입법에 의한 처벌을 금지함으로써 법적 안정성과 신뢰보호를 확보하고자 함이다. 형벌소급금지원칙은 형벌의 소급적용을 불허하나 모든 소급적용을 금하는 것은 아니다. '경한 신법'의 소급적용은 허용된다. 행위 당시의 판례에 의하면 처벌대상이 아니었던 행위가 '판례변경'에 따라 처벌되게 되었다 하여도 형벌불소급의 원칙에 반하지 않는다. '공소시효의 소급적용'이 형벌불소급원칙에 위배되는가가 문제되나, 헌법재판소는 공소시효가 완성된 경우 소급적용은 원칙적으로 허용될 수 없지만 소급금지를 통해 얻는 공익보다 더 크고 중대한 공익이 존재하는 경우에는 매우 제한적이긴 하여도 소급이 가능하다고 본다.

(3) 명확성의 원칙: 명확성원칙이란 금지되는 행위와 그에 대한 제제가 법률로 구체적이고 명료하게 규정되어야 함을 말한다(실질적 죄형법정주의). 명확 여부는 건전한 상식과 정상적인 법감정을 지닌 사람이 그 의미를 이해할 수 있는가를 기준으로 한다. 법률을 구체적으로 완벽하게 규율하는 것은 불가능에 가깝고 법률의 흠결로 인한 법집행의 공백을 방지하기 위해 가치개념을 포함하는 일반적 · 규범적 개념의 사용은 허용되며 불가피하다. 다소 광범위하고 법관의 보충적 해석을 필요로 하는 개념을 사용하였다 하더라도 적용단계에서 다의적으로 해석될 우려가 없는 경우는 명확성원칙에 반하지 않는다.

(4) 유추해석의 금지: 유추해석의 금지란 범죄와 형벌에 대한 법률규정이 없음에도 다른 법률의 해석을 통해 범죄와 형벌을 인정하는 것을 금하는 것이다. 죄와 벌에 대한 유추해석을 허용하게 되면 법률에 명시적으로 규정되어 있지 않은 행위에 대한 처벌이 가능하게 되며, 결국 법관에 의해 자의적 법창조 및 법집행을 허용하는 것이 되므로 죄형법정주의에 위배된다.

(5) 자기책임의 원리: 자기책임원리란 타인의 행위에 대해 책임을 지지 않

는다는 것으로, 인간의 존엄 및 인간의 자유와 유책성의 필연적 결과로서, 근대법의 기본이념으로 기능한다. 자기책임원리는 인간으로서의 존엄을 가지고 스스로의 책임에 따라 자신의 행동을 결정할 것을 보장하고 있는 헌법 제10조로부터 도출된다. 헌법의 연좌제금지는 자기책임원리의 한 구현 형태이다.

〈4-2〉 일사부재리의 원칙(이중처벌금지)

> 제13조 ① 모든 국민은 행위시의 법률에 의하여 범죄를 구성하지 아니하는 행위로 소추되지 아니하며, 동일한 범죄에 대하여 거듭 처벌받지 아니한다.

헌법 제13조 제1항 2문은 일사부재리원칙을 규정하고 있다. 일사부재리원칙이란 판결이 확정되면 그 기판력에 의하여 동일한 사건을 거듭 심판할 수 없다는 원칙을 말한다. 일사부재리원칙은 죄형법정주의의 내용을 이루는 것은 아니나 그와 이념을 같이 한다. 일사부재리원칙은 형사판결의 기판력을 통해 법적 안정성에 기여하며, 실체적 정의보다 법적 안정성을 우선하게 한다. 헌법 제13조 제1항의 '처벌'은 범죄에 대한 국가의 형벌권 실행으로서의 과벌을 의미하므로, 국가가 행하는 일체의 제재나 불이익처분을 말하는 헌법 제12조 제1항의 '처벌'과 구별된다. 질서벌이나 집행벌에도 이중처벌금지는 적용된다.

〈4-3〉 연좌제의 금지

> 제13조 ③ 모든 국민은 자기의 행위가 아닌 친족의 행위로 인하여 불이익한 처우를 받지 아니한다.

헌법 제13조 제3항은 연좌제를 금지하고 있다. 연좌제란 자기의 행위가 아닌 타인의 행위 때문에 책임을 지는 것으로, 이는 근대 형법의 기본원리인 자기책임원리에 위배된다. '친족'은 민법상 친족에 국한되지 않으며 다른 모든 사람을 포함한다. 불이익한 처우란 형법상 불이익을 포함하여 취업 · 해외여행 · 관급공사 등 모든 영역에서의 불이익을 말한다. 따라서 친족의 재산까지 몰수형을 선고하도록 한 '반국가행위처벌법'은 연좌제금지에 위반되며, 면세용 담배를 공급받은 자가 담배를 용도 외에 부정사용한 경우 위반행위와 무관한 담배제조자에게 담배소비세를 징수하는 것은 자기책임의 원리에 위반된다.

개념 05 신체의 자유의 절차적 보장

제12조 ① 모든 국민은 신체의 자유를 가진다. 누구든지 법률에 의하지 아니하고는 체포 · 구속 · 압수 · 수색 또는 심문을 받지 아니하며, 법률과 적법한 절차에 의하지 아니하고는 처벌 · 보안처분 또는 강제노역을 받지 아니한다. ③ 체포 · 구속 · 압수 또는 수색을 할 때에는 적법한 절차에 따라 검사의 신청에 의하여 법관이 발부한 영장을 제시하여야 한다. 다만, 현행범인인 경우와 장기 3년 이상의 형에 해당하는 죄를 범하고 도피 또는 증거인멸의 염려가 있을 때에는 사후에 영장을 청구할 수 있다.

01_ 적법절차의 원리

적법절차원리란 모든 국가작용은 정당한 법률과 정당한 절차(due process of due law)에 따를 것을 요구하는 헌법원리를 말한다. 적법절차는 공권력의 자의적 행사를 방지하고 인권을 실질적으로 보호하는데 그 의의가 있다. 헌법에 규정된 적법절차의 내용에 관해, 다수설과 판례는 적법절차를 절차와 실체에 있어 법률이 모두 적정할 것을 요구하는 것으로 이해하는 실체 · 절차 적법주의 입장을 취하고 있다. 적법절차원리는 신체의 자유와 관련된 '처벌 · 보안처분 · 강제노역 및 영장의 발부'에 그치는 것이 아니라, 본인에게 생명 · 자유 · 재산 등 모든 기본권에 불이익이 되는 일체의 제재에 적용된다. 적법절차원리는 형사소추절차나 재판절차에 주로 적용되지만, 입법절차 · 행정절차 및 사법절차에도 적용된다. 탄핵절차에는 적용되지 않는다.

02_ 영장주의

헌법은 제12조 제3항에서 체포 · 구속 · 압수 · 수색을 할 때에는 검사의 신청에 의하여 법관이 발부한 영장을 제시하도록 규정하고 있다. 영장주의란 형사절차와 관련하여 체포 · 구속 · 압수 · 수색의 강제처분을 함에 있어서는 사법권 독립에 의하여 그 신분이 보장되는 법관이 발부한 영장에 의하지 않으면 안 된다는 원칙을 말한다. 영장이란 신체와 관련된 강제처분을 허락하는 법원의 허가장이다. 영장에는 체포영장, 구속영장, 압수 · 수색영장이 있다. 영장에는 체포 및 구속의 대상, 압수의 목적물 또는 수색의 장소 등이 구체적으로 명시되어야 한다. 이른바 일반영장은 금지된다.

03_ 체포·구속적부심사제

> 제12조 ⑥ 누구든지 체포 또는 구속을 당한 때에는 적부의 심사를 법원에 청구할 권리를 가진다.

헌법은 제12조 제6항에서 체포 · 구속적부심사를 규정하고 있다. 체포 · 구속적부심사란 피체포자 · 피구속자가 청구한 체포 · 구속의 적부여부를 법원이 심사하는 것을 말한다. 체포 · 구속의 요건이 결여되어 있음에도 체포 · 구속된 경우, 체포된 구속영장청구기간이 도과하였음에도 석방되지 않은 경우, 구속기간이 경과된 후 계속해서 구속되어 있는 경우, 피해변상 또는 합의 및 고소취소 등으로 구속할 필요가 없는 경우 등에 적부청구가 이루어진다. 헌법은 인신보호의 만전을 기하기 위해 사전 예방책으로 영장제도를, 사후 구제책으로 체포 · 구속적부심사를 두고 있다.

04_ 인신보호청구

인신보호청구(또는 인신보호청구권)는 행정기관이나 사인에 의해 위법하게 인신을 구속당한 경우 법관에게 인신구속의 적법여부를 판단 받을 수 있는 권리를 말한다. 2007년에 제정된 인신보호법은 행정처분이나 사인에 의한 시설 수용으로 피수용자의 인신의 자유가 위법하게 침해될 수 있음에도 불구하고 그 동안 사법심사를 통한 신속하고 효과적인 구제절차가 마련되어 있지 않았다는 반성적 고려 하에, 위법한 행정처분 또는 사인에 의한 시설에의 수용으로 인하여 위법하게 인신의 자유를 제한당하고 있는 개인의 구제절차를 마련함으로써 헌법이 보장하고 있는 국민의 기본권을 보호하는 것을 목적으로 제정되었다.

05_ 체포·구속이유 등의 고지를 받을 권리

> 제12조 ⑤ 누구든지 체포 또는 구속의 이유와 변호인의 조력을 받을 권리가 있음을 고지받지 아니하고는 체포 또는 구속을 당하지 아니한다. 체포 또는 구속을 당한 자의 가족 등 법률이 정하는 자에게는 그 이유와 일시 · 장소가 지체 없이 통지되어야 한다.

헌법 제12조 제5항은 체포 · 구속이유 등의 고지를 받을 권리를 규정하고 있다. 이는 미국에서 성립된 소위 Miranda원칙을 규정한 것이라 할 수 있다. 고지 및 통지제도는 피의자(피고인)나 그의 가족들에게 변명과 적절한 방어수단을 강구케 하여 인신보장에 기여하고자 함이다. 고지는 이유도 모르게 이루어지는 체포 · 구속의 황당함을 제거하고자 함이며, 통지는 가족 중 일원이 영문도 모른 채 구속되었다가 사후에 알게 되는 불법을 사전 예방적으로 구제하고자 함이다.

개념 06 형사피의자·형사피고인의 인신을 보장하는 형사절차상의 원리와 권리

01_ 무죄추정원리

제27조 ④ 형사피고인은 유죄의 판결이 확정될 때까지는 무죄로 추정된다.

헌법 제27조 제4항은 무죄추정의 원리를 선언하고 있다. 형사소송법 제275의 2도 이 권리를 규정하고 있다. 무죄추정의 원리는 수사, 공소, 공판과 같은 판결형성 이전의 절차는 물론 판결형성에서도 준수되어야 하는 헌법상 기본원리이다. 헌법은 형사피고인의 무죄추정에 대해서만 규정하고 있다. 형사피의자의 무죄추정은 당연한 것이라는 전제에 서 있다고 보아야 한다.

02_ 고문을 받지 아니할 권리

제12조 ② 모든 국민은 고문을 받지 아니하며, 형사상 자기에게 불리한 진술을 강요당하지 아니한다.

모든 국민은 고문을 받지 아니한다. 형법은 고문을 범죄로 규정하여 처벌하고 있고, 형사소송법은 고문에 의한 자백의 증거능력을 절대적으로 배제하여 고문을 받지 않을 권리를 실효적으로 보장하고 있다.

03_ 진술거부권(묵비권)

제12조 ② 모든 국민은 고문을 받지 아니하며, 형사상 자기에게 불리한 진술을 강요당하지 아니한다.

헌법은 제12조 제2항에서 진술거부권을 보장하고 있다. 진술거부권은 수사절차나 공판절차에서 자기에게 불리한 진술이나 증언을 거부할 수 있는 권리를 말한다. 형사피의자나 형사피고인에게 진술거부권이 인정된다.

증인이나 참고인에게도 인정된다. 진술거부권은 형사절차를 포함한 모든 절차에서 인정된다. 행정절차는 물론 국회의 청문회 절차에서도 진술을 거부할 수 있다.

04_ 자백의 증거능력과 증명력

> **제12조** ⑦ 피고인의 자백이 고문 · 폭행 · 협박 · 구속의 부당한 장기화 또는 기망 기타의 방법에 의하여 자의로 진술된 것이 아니라고 인정될 때 또는 정식재판에 있어서 피고인의 자백이 그에게 불리한 유일한 증거일 때에는 이를 유죄의 증거로 삼거나 이를 이유로 처벌할 수 없다.

헌법 제12조 제7항은 자백의 증거능력과 증명력을 제한하고 있다. 형사소송법 제309조와 제310조도 동일한 내용을 규정하고 있다. 자백이란 자기의 범죄사실을 시인하는 것을 말한다. '자백은 증거의 왕'에 의거하여 국가가 강압수단을 통해 자백을 얻어내려고 한다면 헌법이 보장하는 신체의 자유는 무의미해진다. 형사절차에서 증거로 사용되기 위해서는 증거는 증거가 될 수 있는 자격(증거능력)이 있어야 한다. 임의성 없는 증거의 증거능력은 부정된다. 또한 증거능력이 있는 증거라 하더라도 증거가 범죄를 입증할 수 있는 힘(증명력)이 있어야 한다. 신빙성 없는 증거는 증명력이 없다. 증거의 증명력은 법관의 자유판단에 의한다(자유심증주의).

05_ 변호인의 도움을 받을 권리

변호인의 도움을 받을 권리
- **변호인 선임권**
- **변호인 접견 · 교통권**
- **변호인 참여요구권**

더 알아보기

• **수형자:** 징역형 · 금고형 또는 구류형의 선고를 받아 그 형이 확정된 사람과 벌금 또는 과료를 완납하지 아니하여 노역장 유치명령을 받은 사람

• **미결수용자:** 형사피의자 또는 형사피고인으로서 체포되거나 구속영장의 집행을 받은 사람

• **사형확정자:** 사형의 선고를 받아 그 형이 확정된 사람

• **수용자:** 수형자 · 미결수용자 · 사형확정자, 그 밖에 법률과 적법한 절차에 따라 교도소 · 구치소 및 그 지소에 수용된 사람

〈형의 집행 및 수용자의 처우에 관한 법률 제2조〉

제12조 ④ 누구든지 체포 또는 구속을 당한 때에는 즉시 변호인의 조력을 받을 권리를 가진다. 다만, 형사피고인이 스스로 변호인을 구할 수 없을 때에는 법률이 정하는 바에 의하여 국가가 변호인을 붙인다.

(1) **변호인선임권: 변호인 선임권이란 변호인을 선임하여 조력을 받을 권리**를 말한다. 헌법은 형사피고인이 스스로 변호인을 구할 수 없는 경우에는 국가에 대하여 국선변호인의 선임을 요구할 수 있다고 규정하고 있으므로, 형사피고인의 국선변호인 선임요구는 헌법상 기본권으로 보장된다. 형사소송법은 형사피의자에게도 체포 · 구속적부심사와 영장실질심사로 국한하여 국선변호를 허용한다.

(2) **변호인 접견 · 교통권: 변호인 접견 · 교통권은 선임된 변호인과 상담하고 조언을 구할 권리**로, 변호인의 조력을 받을 권리의 본질적 내용을 이룬다. 변호인 접견 · 교통권은 변호인과의 자유로운 접견 · 교통의 보장과 교통내용의 비밀보장을 그 내용으로 한다. 체포 · 구금을 당했을 때 변호인과의 접견을 일정기간 금지하거나, 접견 시 수사관 등이 대화를 듣거나 녹화하는 것은 변호인 접견 · 교통권에 대한 침해가 된다. 또 미결수용자가 변호사에게 발송을 의뢰한 서신이나 변호사가 미결수에게 보낸 서신에 대한 검열 역시 변호인의 조력을 받을 권리에 대한 침해가 된다. 변호인 아닌 제3자와의 접견교통도 보장되어야 하나, 미결수용자의 가족 등과의 교류보

장은 변호인 접견 · 교통권이 아닌 일반적 행동자유권의 내용으로 보아야 한다.

(3) 변호인 참여요구권: 변호인 참여요구권이란 형사피의자(피고인)가 형사절차에서 변호인과 상담하고 조언을 구하기 위해 변호인의 참여를 요구할 수 있는 권리를 말한다. 헌법은 '체포 · 구속'된 경우에 변호인의 조력을 받을 수 있다고 규정하고 있어 '불구속' 피의자(피고인)에게 변호인의 조력을 받을 권리가 허용되는가가 문제되기도 하였으나, 불구속 피의자(피고인)의 변호인 참여요구권은 법률의 근거가 없어도 헌법 그 자체로부터 인정된다.

3-2 사회·경제적 자유

개념 07 거주 · 이전의 자유

제14조 모든 국민은 거주 · 이전의 자유를 가진다.

01_ 의의

거주 · 이전의 자유란 자기가 원하는 곳에 주소나 거소를 설정하고, 체류하며, 이전할 자유를 말한다. 자기 의사에 반하여 주거지를 옮기지 않을 자유를 포함한다. 거주란 일정한 장소를 생활의 중심지로 삼으려는 의사를 갖고 정주하는 것을 말한다. 반면 체류는 일정한 장소에 잠정적으로 머무는 것을 말한다. 거주 · 이전의 자유의 향유주체는 모든 국민이다.

02_ 내용

적극적 거주 · 이전의 자유란 대한민국의 영토 안에서 자유롭게 주소나 거소를 설정하고 이전할 수 있는 자유를 말한다. 거주 · 이전의 자유는 장소를 변경하지 않을 자유, 즉 소극적 거주 · 이전의 자유를 보장한다. 국외 거주 · 이전의 자유는 해외여행의 자유를 보장한다. 출국과 입국의 자유 및 귀국의 자유가 보장된다. 출국의 자유와 관련하여 여권발급이 출국허가형식으로 운영하는 것은 거주 · 이전의 자유에 대한 침해이다. 세계인권선언은 국적변경의 자유를 규정하고 있는데, 우리 헌법에도 타당하다. 국적변경의 자유를 인정한다고 하여 무국적이 되는 자유까지 보장하는 것은 아니다. 기본권보장이 범죄의 수단으로 악용되어서는 안되므로 탈세나 병역기피의 목적으로 국적을 변경하는 것까지 거주 · 이전의 자유에 의해 보호될 수 없다.

13
헌법 이야기

[한화이글스의 우승을 기원합니다!
초대해 주신 MBC스포츠 허구연위원님 고맙습니다.
합덕초등학교 야구부 일동]

총인원이 10명밖에 안 되는 충남 당진의 합덕초등학교
야구부를 초대해 주신 허위원님.
저는 당신의 진심을 알고 있어요.

〈저자의 인스타그램, 2016.7.10.〉

초등학교 때부터 체육시간은 물론 방과 후에도 비가 오나 바람이 부나 운동장에서 야구를 즐겨하던 한 어린이는 야구가 너무도 좋아서 장래희망이 야구선수였다. 하지만 끝내 그토록 꿈꾸던 직업인으로서의 야구인이 되지 못하고, 헌법 제15조가 모든 국민에게 부여한 "직업선택의 자유"를 모티브로 야구와 관련된 글을 쓰고 있으니, 이런 견지에서 보아 딜레마는 무엇이며 꿈을 이루지 못한 회한은 무슨 뜻인가?

직업인으로서의 야구인을 떠올리다, 평소에 존경하던 허구연위원님이 생각났다. 한평생을 야구장 안과 밖에서 직업 야구인으로서의 소신과 열정에 크게 감동을 받았다. 화려하게 보이는 프로야구선수와 멋진 야구장의 함성소리 이면에는 아직도 여러모로 부족한 인프라와 어린 꿈나무들이 연습하고 시합할 수 있는 환경의 열악함을 알리고 개선하는데 앞장서고 계시는 그 분의 깊은 뜻에 공감한다.

과거에도, 지금도.......

국내 경기 뿐만 아니라 메이저리그, 올림픽이나 그 밖의 많은 국제대회에서 재미있고 생동감 넘치는 해설로 국민들의 심장을 울려주시는 그분의 샤우팅(대쓰요!!!)이 좋다.

언젠가 야구를 업으로 삼아 생활의 기본적 수요를 충족시키기 위한 계속적인 소득활동을 할지도 모를 어린 유소년과 청소년들의 직업선택에 귀감이 되는 야구인들이 지금보다 더 많아지길 희망한다.

- 직업 선택의 자유
  - 내용
    - 직업결정의 자유
    - 직업수행의 자유
    - 독점과 경쟁의 자유
  - 단계이론
    - 직업수행의 자유제한(1단계)
    - 주관적 조건에 의한 직업결정의 자유제한(2단계)
    - 객관적 조건에 의한 직업결정의 자유제한(3단계)

제15조 모든 국민은 직업선택의 자유를 가진다.

헌법 제15조가 직업선택의 자유만 보장하는 형태를 취하고 있으나 직업선택과 직업수행을 모두 포함하는 '직업의 자유'의 보장으로 보는 데 이의가 없다. 직업의 자유란 원하는 직업을 자유롭게 선택하고 선택한 직업에 종사하는 자유를 말한다. 직업이란 생활의 기본적 수요를 충족시키기 위한 계속적인 소득활동을 말한다(생활수단성, 계속성). 직업은 생활기반을 마련하고 이를 유지하기 위한 것이어야 한다. 단순한 취미활동은 직업이 될 수 없다. 직업으로 인정되기 위해서는 어느 정도의 지속성이 요구된다. 대학생은 본업이 학업수행이지만, 방학기간을 이용하여 또는 휴학 중에 학비 등을 벌기 위해 학원강사로서 일하는 행위는 어느 정도 계속성을 띤 소득활동으로서 직업의 자유의 보호영역에 속한다.

01_ 내용

(1) 직업결정의 자유: 직업결정의 자유란 자기가 원하는 직업을 선정하여, 개시, 계속, 포기, 변경할 자유를 말한다. 두 개 이상의 직업을 동시에 가질 수 있는 겸직의 자유를 포함하며, 직업 없이 자신의 재산으로 살고자 하는 무직업의 자유도 보호한다. 근로의 의무는 모든 국민에게 노동을 강제적으로 부담시키는 것이 아니므로 무직업의 자유와 모순되지 않는다.

(2) 직업수행의 자유: 직업수행의 자유란 자신이 결정한 직업에 종사할 자

유를 말한다. 직업수행의 자유는 직업의 시작과 계속과 끝을 마음대로 결정할 수 있고, 직업수행의 장소 · 기간 · 형태 · 수단 등을 자유롭게 결정할 수 있음을 말한다. 직업수행의 자유에는 개인의 소득활동은 물론 영업의 자유까지 포함되므로, 영업의 자유는 직업수행의 자유의 한 내용이 된다. 영업의 자유란 상업, 자영업 등 독립된 형태의 직업을 선택하고 행사할 자유를 말한다.

(3) 독점과 경쟁의 자유: 직업의 자유는 경쟁의 자유를 전제로 한다. 국가가 특정인(기업)을 우대하거나 직종을 독점하거나 또는 독과점상태를 조장내지 옹호한다면 이는 직업의 자유에 대한 중대한 위협이 되기 때문이다. '경쟁의 자유'는 다른 기업과의 경쟁에서 국가의 간섭이나 방해를 받지 않고 기업활동을 할 수 있는 자유를 말하는 것으로, 이러한 경쟁의 자유는 기본권의 주체가 직업의 자유를 실제로 행사하는 데에서 나오는 결과이므로 당연히 직업의 자유에 의하여 보장된다.

02_ 제한과 한계

(1) 제한: 직업선택의 자유는 국가안전보장 · 질서유지 · 공공복리를 위하여 필요한 경우 법률에 의하여 제한될 수 있다. 제한목적에 따라 본다면, 국가안전보장을 위한 제한으로는 무기생산과 판매를 제한하며, 질서유지를 위한 제한으로는 일정한 영업의 경우 허가를 받도록 하고, 공공복리를 위한 제한으로는 불공정거래행위를 금하는 것 등이다.

(2) 단계적 한계(단계이론): 단계이론이란 직업의 자유를 제한하는 경우 가장 약한 제한으로 제한목적을 달성해보고 그것으로 목적달성이 어려운 경우 다음 단계의 보다 강한 제한을 해야 한다는 것이다. 직업의 자유를 제한함에 있어서 다음과 같은 순서를 지킬 것이 요구된다. 직업의 자유에 대한 제한은 기본권에 대한 침해정도가 좀 더 경미한 직업수행의 자유를 제한하는 방법으로 공익목적을 달성하도록 하여야 한다. 유흥업소의 영업시간제

한, 택시의 10부제 운행, 영업종료시간의 설정, 변호사의 광고금지, 1약사 1약국경영제한, 국산영화의 연간상영일수제한, 백화점세일의 횟수제한 등이 이에 해당된다(직업수행의 자유제한; 1단계). 2단계 제한은 직업수행의 자유에 대한 제한으로 공익목적의 달성이 어려운 경우에 행해지는 것으로 주관적 조건을 근거로 직업결정의 자유를 제한하는 것이다. 주관적 조건은 개인적 능력이나 지식 그리고 경험 등에 결부되어 있다. 일정한 요건을 충족하지 않고서는 직업을 수행하는 것이 불가능하거나 사리에 맞지 않거나 위험을 초래할 수 있는 경우에 이루어지는 제한이다. 예를 들어, 법조인이나 의료인이 되고자 하는 자에게 자격시험의 합격을 요구하거나, 영업용택시운전사에게 1종 면허소지를 요구하는 것, 또는 일반 학원강사에게 대학졸업 이상의 학력 소지를 요구하는 것 등이다(주관적 조건에 의한 직업결정의 자유제한; 2단계). 주관적 조건 이외에 객관적 조건에 의하여 직업결정의 자유가 제한될 수 있다. 객관적 조건은 기본권 주체의 능력과 무관한 것이므로 이를 가지고 직업선택을 제한하는 것은 직업의 자유에 대한 중대한 위협이 되므로, 매우 중요한 법익에 대한 명백하고 현존하는 중대한 위험을 방지하기 위해 필요한 경우에만 정당화 될 수 있다. 따라서 적정분포의 관점, 기존업체 보호의 관점, 동일업종의 수 제한 등의 관점에서 직업의 자유를 제한하는 것은 위헌의 소지가 크다. 헌법재판소 역시 당사자의 능력이나 자격과 상관없는 객관적 사유에 의한 제한은 '월등하게 중요한 공익'을 위하여 명백하고 확실한 위험을 방지하기 위한 경우에만 정당화될 수 있다고 하였다(객관적 조건에 의한 직업결정의 자유제한; 3단계).

개념 09 재산권의 보장

재산권보장이란 재산의 존속을 보호하고 재산에 대한 자유로운 사용, 수익, 처분 및 상속을 허용하는 것을 말한다. 재산권이 보장될 때 자신의 삶을 스스로 책임질 수 있으며, 개개인의 자유와 창의는 보장되고 더 나아가 인간의 존엄과 가치를 증대시켜 준다. 결국 재산권보장은 국민에게 재산법 영역에서의 자유공간을 보장하여 주며 이를 통해 개개 국민의 삶을 자주적으로 형성할 수 있게 하여 준다.

제13조 ② 모든 국민은 소급입법에 의하여 참정권의 제한을 받거나 재산권을 박탈당하지 아니한다.

제23조 ① 모든 국민의 재산권은 보장된다. 그 내용과 한계는 법률로 정한다. ② 재산권의 행사는 공공복리에 적합하도록 하여야 한다. ③ 공공필요에 의한 재산권의 수용 · 사용 또는 제한 및 그에 대한 보상은 법률로써 하되, 정당한 보상을 지급하여야 한다.

01_ 재산권의 객체

헌법의 재산권은 그 내용이 입법자에 의해 형성된다 하여도 재산권개념은 법률로 정해지는 것이 아니라 헌법에 의해서 독자적으로 결정된다. 재산권이란 사적 유용성 및 그에 대한 원칙적인 처분권을 내포하는 재산가치 있는 구체적인 권리를 말한다. 재산권의 기본내용은 재산적 가치가 개인에게 귀속되며, 재산에 대한 사용 · 수익 · 처분이 가능해야 한다. 헌법 제23조 제1항의 재산권은 공 · 사법상 재산적 가치가 있는 모든 권리를 말한다. 재산가액의 다과는 문제되지 않는다. 헌법의 재산권은 민법의 재산권과 동일하지 않고 더 포괄적이다. 따라서 재산권은 민법의 소유권, 물권, 채권 등 재산적 가치가 있는 모든 권리 외에도, 특별법상 권리(광업권, 어업권, 수렵권)와 공법상 권리(봉급청구권, 퇴직연금수급권, 연금청구권)를 포함한다.

02_ 재산권의 내용

⑴ 사유재산제도: 재산권은 사유재산제도를 보장한다. 사유재산제도란 생산수단의 사유를 허용하는 제도를 말한다. 사유재산제도는 사유재산권의 전제조건이 된다. 사유재산권은 그 내용을 실현시킬 수 있는 최소한의 법질서가 보장되어야 하기 때문이다.

⑵ 사유재산권: 재산권은 사유재산권을 보장하고 소급하여 재산권이 박탈되지 않도록 한다. 사유재산권이란 사유재산제도의 기초 위에서 재화의 소유, 사용, 수익, 처분할 수 있는 권리를 말한다. 재산권은 사유재산권을 보장하며, 이러한 사유재산권보장은 사유재산제도의 보장과 달리 입법권, 사법권, 행정권 모두를 구속한다. 헌법 제13조 제2항은 '모든 국민은 소급입법에 의해 재산권을 박탈당하지 않는다'고 규정하여 소급입법에 의한 재산권박탈을 금하고 있다. 이는 소급적인 재산권박탈을 금지함으로써 재산권에 대한 신뢰를 보호하고 법적 안정을 확보하고자 함이다.

03_ 재산권의 한계

헌법 제23조 제2항은 '재산권의 행사는 공공복리에 적합하도록 하여야 한다'고 규정하며 재산권의 사회적 기속, 즉 재산권행사의 공공복리 적합성의 의무를 천명하고 있다. 재산권의 사회적 기속이란 재산권은 그 내용 및 행사에 있어 사회적 제약이 불가피하다는 것을 말한다. 통상 자연환경이나 문화재보호를 위해 혹은 도시계획을 통해 재산(특히 토지)에 대하여 부과된 보전 및 개발금지의무가 이에 속한다. 헌법 23조의 재산권보장은 개인의 임의적인 재산권이 아닌 사회적으로 기속되고 공공복리에 대하여 의무지워진 재산권 보장을 말한다. 재산권의 사회적 기속은 재산권의 절대적 보장에서 나타난 사회적 폐단을 최소화시키고 사유재산제도의 역기능을 방지하기 위한 것으로, 사회국가원리를 실현하는 구체적 표현의 하나이다.

3-3 사생활 영역의 자유

개념 10 주거의 자유

제16조 모든 국민은 주거의 자유를 침해받지 아니한다. 주거에 대한 압수나 수색을 할 때에는 검사의 신청에 의하여 법관이 발부한 영장을 제시하여야 한다.

01_ 의의

주거의 자유란 개인의 기본적인 생활공간을 보장하여 그 공간에서 안식할 수 있는 권리를 말한다. 사람은 누구나 편안하게 쉴 수 있는 자신만의 생활공간을 갖기 원한다. 주거의 자유는 자신의 생활공간인 주거가 부당하게 침해당하지 않을 권리로서, 자기만의 생활공간에 타인이 출입하는 것을 금한다. 생활공간에 대한 보호가 선행되지 않고서는 사생활이 보호될 수 없고 더 나아가 인간의 존엄과 행복추구도 불가능하게 된다.

02_ 내용

(1) 주거의 불가침: 주거란 거주하기 위하여 점유하고 있는 일체의 공간적인 생활영역을 말한다. 실제 거주여하를 불문하고, 반드시 '주택'이어야 하는 것도 아니다. 불가침이란 사적 생활공간이 권원 없이 침해되지 않는다는 것을 말한다. 침해란 거주자의 동의 없이 주거에 출입하거나 그 의사에 반하여 주거에 머무는 것이다. 거주자의 의사에 반하여 주거에 들어가는 것은(침입) 주거의 자유에 대한 침해이며, 주거 내에 설치된 도청기를 사용하여 내부의 회화를 도청하거나 녹음하는 것 또는 몰래 카메라를 소지하여 주거 내부를 비밀리에 촬영하는 것 역시 주거침해에 해당된다. 다만 주거 밖에 도청기를 설치한 경우는 사생활침해는 되어도 주거침해는 아니라

고 본다. 거주자의 동의가 있어도 불법을 목적으로 들어간 경우에는 거주자의 진정한 동의가 있었다고 볼 수 없으므로 주거침입이 성립된다.

(2) 주거에 대한 압수 · 수색과 영장주의: 주거에 대한 압수란 주거에 들어가 점유자의 소지품 등을 강제로 취득하는 것이고, 수색이란 사람이나 물건을 발견하기 위하여 물건 · 장소에 대하여 행하는 강제검색을 말한다. 주거에 대한 압수 · 수색에는 영장이 제시되어야 한다. 그러나 현행범을 체포하거나 긴급체포를 하는 경우, 체포현장에서의 압수 · 수색 · 검증은 별도의 압수 · 수색의 영장이 없어도 할 수 있다.

개념 11 사생활의 비밀과 자유

제17조 모든 국민은 사생활의 비밀과 자유를 침해받지 아니한다.

01_ 의의

사생활의 비밀과 자유란 자기만의 비밀이 부당하게 공개당하지 않고 자신의 삶을 자율적으로 영위할 수 있는 자유를 말한다. 사생활이란 시대와 장소에 따라 변화되는 상황적 개념으로, 다의적이며 포괄적이고 또 주관적이다. 또한 사생활은 개인의 인격 · 개성 · 동일성 실현을 위한 자율영역으로, 내적으로 차단된 활동영역이다.

02_ 내용

(1) 사생활의 비밀의 불가침: 사생활의 비밀의 불가침이란 국가가 사생활을 들여다보고 정보를 수집하는 것에 대한 보호로서, 자신을 은밀히 탐지하는 것에 대한 방어권의 성격을 지닌다.

(2) 사생활의 자유의 불가침: 사생활의 자유의 불가침이란 국가가 사생활의 자유로운 형성을 방해하거나 금지하는 것에 대한 보호이다. 개인의 사생활, 즉 결혼, 이혼, 피임, 출산, 가옥의 형태, 취미생활 등에 관한 자유로운 결정이 보호된다. 헌법재판소는 간통죄를 처벌하는 것은 성적 자기결정권 및 사생활의 비밀과 자유를 침해하는 것으로 헌법에 위반된다고 하였다.

(3) 정보자기결정권: 정보자기결정권은 자기정보결정권과 자기정보통제권으로 구성된다. 자기정보결정권은 자신에 관한 정보가 언제, 누구에게, 어느 범위까지 알려지고 이용되도록 할 것인가를 정보주체가 스스로 결정할 수 있는 권리이며, 자기정보통제권은 자신의 정보를 열람, 정정, 이용중지, 삭제 등을 요구할 수 있는 권리를 말한다. 헌법재판소는 정보자기결정권을 개인정보자기결정권이라 하면서, 사생활의 비밀과 자유 및 일반적 인격권과 구별되는 독자적 기본권으로 본다.

개념 12 통신의 자유

- 도청
- 감청
  - 일반감청
  - 특별감청
  - 긴급감청

제18조 모든 국민은 통신의 비밀을 침해받지 아니한다.

통신의 자유란 자유로운 통신의 보장과 통신비밀의 불가침을 그 내용으로 한다. 통신의 비밀의 불가침이란 개인이 자신의 의사를 전달하고 교환할 때 그 내용 등이 본인의 의사에 반하여 열람되거나 공개되지 않을 자유를 말한다. 통신의 비밀이 보장되지 않으면 사인간의 자유로운 의견교환은 불가능하게 되어 사생활에 대한 중대한 위협이 된다.

01_ 내용

(1) 통신의 비밀: 통신이란 격지자 간의 의사나 정보의 전달을 의미한다. 통신은 우편물과 전화 · 전자우편 · 전신 · 팩스 등의 전기통신을 말하며, 물품의 수수를 포함한다. 통신의 비밀이란 신서, 전신, 그 밖의 우편물들의 통신의 내용과 통신의 형태, 당사자, 배달방법, 전달자, 배달과 관련된 모든 자료를 말하며, 비밀성 유무를 불문한다.

(2) 통신의 불가침: 통신의 불가침이란 통신에 대한 열람을 금하며 지득한 통신을 누설하지 않음을 말한다. 신서, 전신, 그 밖의 우편물, 이메일 등 통신수단이 당사자의 의사에 반하여 개봉되거나 열람되는 것이 금지된다.

02_ 도청 및 감청

(1) 도청: 도청이란 불법적으로 다른 사람의 전기통신의 내용을 청취하는 것을 말한다. 도청은 위법으로 언제나 불허된다. 도청은 어떤 수단에 의하건 통신의 자유에 대한 중대한 침해이며 사생활의 비밀에 대한 침해가 된다.

(2) 감청: 감청이란 법률에 따라 적법하게 다른 사람의 통신내용을 청취하는 것을 말한다. 감청은 적법한 통신제한조치란 점에서 도청과 구별된다. 일반감청은 범죄를 계획 또는 실행하고 있거나 실행하였다고 의심할만한 충분한 이유가 있고 다른 방법으로는 그 범죄의 실행을 저지하거나 범인의 체포 또는 증거의 수집이 어려운 경우, 검사의 청구에 의해 법원의 통신제한조치의 허가를 얻어 행하여진다(일반감청). 특별감청은 국가안전보장에 대한 상당한 위험이 예상되는 경우 그 위해를 방지하기 위하여 정보수집이 특히 필요한 때, 정보수사기관의 장이 통신의 일방이 내국인인 때에는

고등법원 수석부장판사의 허가를 받아, 외국의 기관 · 단체와 외국인에 대하여는 대통령의 승인을 얻어 행하는 통신제한조치이다(특별감청). 긴급감청은 국가안보를 위협하는 음모행위, 직접적인 사망이나 심각한 상해의 위험을 야기할 수 있는 범죄의 계획이나 실행 등 긴박한 상황에 있고, 법원의 허가절차를 거칠 수 없는 긴급한 사유가 있는 때, 검사 또는 정보수사기관의 장이 법원의 허가를 얻지 않고 행하는 통신제한조치를 말한다(긴급감청).

3-4 정신생활영역의 자유

개념 13 양심의 자유

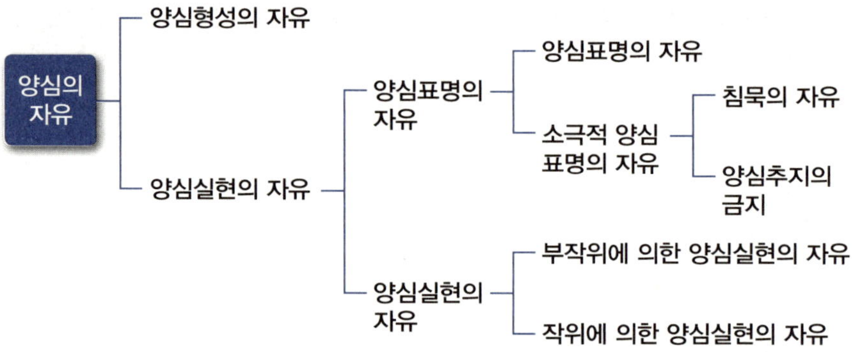

헌법 제19조는 '모든 국민은 양심의 자유를 가진다'고 하여 양심의 자유를 보장하고 있다. 또 국회의원의 양심에 따른 직무수행 및 법관의 양심에 따른 심판을 규정하고 있다.

제19조 모든 국민은 양심의 자유를 가진다.

01_ 의의

양심은 선과 악에 관한 진지한 윤리적 결정을 말한다. 양심의 자유는 선악에 관한 진지한 윤리적 결정에 대한 침해나 위협으로부터 양심을 보호함으로써 개인의 인격의 정체성을 지키고자한다. 양심은 선악에 관한 결정이기에, 미추나 진위에 대한 평가는 양심과 무관하다. 또 진지한 결정이어야 하므로 단순한 회의나 의심은 양심에 속하지 않는다.

02_ 내용

(1) 양심형성의 자유: 양심형성의 자유란 외부로부터 부당한 간섭이나 강제를 받지 않고 양심을 형성하여 양심상의 결정을 내리는 자유를 말한다. 올바른 양심형성이 이루어지기 위해서는 양심의 주체가 자율적인 양심형성을 위협하는 각종의 영향력행사로부터 벗어나 있어야 한다. 양심형성은 외부와의 사상적 교류 없이는 불가능하므로 양심형성의 자유는 양심형성에 관한 일체의 외부적 영향이나 관여를 배제하는 것이 아니다. 국가는 각종 교육을 통해 개인의 사고형성에 영향을 주지만, 양심형성의 자유는 양심형성에 관한 개인의 독자적 결정을 위협할 정도의 국가의 관여나 영향을 배제하고자 한다.

(2) 양심실현의 자유: 양심실현의 자유란 양심표명과 양심실현의 자유를 말한다. 양심표명의 자유는 적극적으로 자신의 양심을 표명할 자유와 소극적으로 형성된 양심을 그 의사에 반하여 표명당하지 않을 자유를 말한다. 양심표명의 자유는 형성된 윤리적 내적 확신을 방해받지 않고 표명할 수 있는 자유를 말한다. 양심표명의 자유가 실효성을 지니기 위해서는 자유로운 토론이 보장되어야 하며, 다수의 생각이 언제나 타당하다는 전제에서 벗어나야 한다. 소극적 양심표명의 자유는 형성된 양심을 언어를 통해 표명하도록 강제당하지 않을 자유(소위 침묵의 자유)와 행동으로 표명하도록 강제당하지 않을 자유(소위 양심추지의 금지)로 구별된다. 즉, 침묵의 자유란 형성된 양심(사상)을 말로 표명하도록 강제당하지 않을 자유를 말하며, 양심추지의 금지란 형성된 양심을 행동을 통해 표명하도록 강제당하지 않을 자유를 말한다. 양심실현의 자유는 양심에 따른 행동을 할 자유와 양심에 반하는 행동을 강요당하지 않을 자유로 구별된다. 부작위에 의한 양심실현의 자유란 양심에 반하는 행동을 강요받지 아니할 자유를 말한다(예: 사죄광고, 집총거부, 준법서약, 공표명령 등의 문제). 예를 들어, 사죄광고란 타인의 명예를 훼손하여 비행을 저질렀다고 믿지 않는 자에게 사과내용이 담긴 글

을 신문에 게재하도록 명하고, 이에 불응할 경우 법원이 그 내용을 만들어 강제로 신문에 게재하는 제도를 말한다. 헌법재판소는 사죄광고의 강제를 양심의 자유에 대한 침해로 보고 있다. 작위에 의한 양심실현의 자유란 양심에 따른 행동을 할 자유를 말한다. 양심의 자유에 있어 양심실현을 제외시킨다면 양심의 자유는 큰 의미가 없게 되므로, 양심의 자유는 양심실현까지 포함하는 것으로 보아야 한다. 양심실현을 인정하더라도 실현에 일정한 한계가 있음은 물론이다.

개념 14 종교의 자유

제20조 ① 모든 국민은 종교의 자유를 가진다. ② 국교는 인정되지 아니하며, 종교와 정치는 분리된다.

01_ 의의

우리나라 건국헌법은 종교의 자유를 양심의 자유와 함께 규정하였으나 제3공화국 헌법에서부터 종교의 자유를 양심의 자유와 분리하여 규정하였고 오늘에 이르고 있다. 종교의 자유에서의 신앙이란 신이나 초자연적인 존재의 힘에 대한 믿음과 숭배를 말한다. 신이나 초자연적 존재에 대한 관련성이 없는 주관적 확신은 사상에 불과하다.

02_ 내용

(1) 신앙형성의 자유(신앙의 자유): 신앙형성의 자유란 누구든지 자율적으로 신앙을 갖거나 신앙을 갖지 않을 자유를 말한다. 신앙을 선택하고 변경할 수 있는 자유(개종)를 포함한다.

(2) 신앙실현의 자유: 신앙실현의 자유란 신앙을 외부에 표명하고 신앙에 따라 행동하며 실천하는 자유를 말한다. 신앙표명의 자유는 자신의 신앙을 외부에 표명할 수 있는 자유(적극적 신앙표명)와 자신의 신앙이 외부에 강제적으로 표명당하지 않을 자유(소극적 신앙표명)를 보장한다(신앙표명의 자유). 신앙실천의 자유는 적극적인 신앙실천의 자유와 자신의 신앙에 반하는 행동을 강제당하지 않을 자유를 보장한다. 적극적 신앙실천의 자유란 자신의 신앙교리에 따라 행동하고 신앙을 실현하는 행위를 말한다. 신앙을 실현하는 각종의 종교의식, 예배, 독경, 기도 등이 보장되며(종교행사의 자유), 자기종교를 선전하고 타종교를 비판하며 개종을 권고하는 것도 보장된다. 자신의 신앙에 반하는 행동을 강제당하지 않을 자유(소극적 신앙실천의 자유)가 보장된다(신앙실천의 자유).

03_ 국교부인과 정교분리의 원칙

국교부인이란 국가가 특정의 종교를 국교로 지정하는 것을 금하는 것으로, 국가는 특정의 종교를 국교로 지정할 수 없으며 특별한 보호나 특권을 부여할 수 없다. 정교분리란 정치와 종교는 하나가 되어서는 안 된다는 것으로 정치와 종교가 국민의 서로 다른 생활영역을 관장하도록 한다. 정교분리는 정치의 종교화를 막고 종교의 정치화를 방지함으로써 종교의 부패를 방지하고 국가권력의 파멸을 막기 위함이다. 동시에 다양하고 상반된 종교집단 간에 평화적 공존을 확보하여 준다는데 헌법적 의의가 있다.

14

헌법 이야기

게리슨검사의 법정 최후 변론 장면에서의 대사 중에서....

게리슨 검사 | "반역은 절대 성공 못한다" "왜냐하면" "성공하면 반역이 아니니까"

제프루더 필름은 공개되지 않았습니다. 왜?

검시결과와 X레이도 못 봤죠. 왜?

이 사건의 많은 자료를 왜 공개 안하고 있으며, 누군가가 요구하면 왜 "국가기밀"이라며 거부합니까? 누구를 위한 비밀이죠?

대체 무슨 비밀이 대체 누구를 위해

국민의 알 권리를 막는 겁니까?

바로 그런 국가기밀이 악취를 풍기며 나타날 때

그 때가 바로 파시즘이 오는 때입니다.

〈영화 'JFK'(1991년) 중에서〉

진실을 외면하고, 진실을 묻어 두고, 진실이 묻히면 어떤 비극이 탄생하는지 너무도 잘 보여 주고 있는 요즘입니다. 국민의 알권리보다 가치 있는 권력(?)의 비밀은 없다고 생각합니다. 그것이 개인의 것이든, 국가의 것이든 말입니다. "숨는 자가 범인"이라는 더불어 민주당 안민석의원님의 명언이 생각납니다. 진실을 위해 불의와 맞서 싸우며 희생하고 있는 "용기 있는 사람들"을 응원합니다.

개념 15 언론 · 출판의 자유

- 언론 출판의 자유
  - 의사의 표명 및 전달의 자유
  - 알권리(정보의 자유)
  - 액세스(Access)권
    - 정정보도청구권
    - 반론보도청구권
    - 해명권(추후보도청구권)

> 제21조 ① 모든 국민은 언론 · 출판의 자유와 집회 · 결사의 자유를 가진다. ② 언론 · 출판에 대한 허가나 검열과 집회 · 결사에 대한 허가는 인정되지 아니한다. ③ 통신 · 방송의 시설기준과 신문의 기능을 보장하기 위하여 필요한 사항은 법률로 정한다. ④ 언론 · 출판은 타인의 명예나 권리 또는 공중도덕이나 사회윤리를 침해하여서는 아니 된다. 언론 · 출판이 타인의 명예나 권리를 침해한 때에는 피해자는 이에 대한 피해의 배상을 청구할 수 있다.

01_ 의의

언론 · 출판의 자유란 자신의 생각이나 의견을 언어나 문자 등을 통해 외부에 표현(표명과 전달)하는 자유를 의미한다. 언론이란 구두에 의한 표현이며, 출판이란 문자나 상형에 의한 표현을 말한다. 의사표현의 매개체는 어떠한 형태이건 가능하며 그 제한이 없다. 언론 · 출판은 불특정다수인을 대상으로 하므로 개인 간의 회화나 편지 등은 언론 · 출판의 개념에 포함될 수 없다. 언론 · 출판의 자유는 의사의 표명 및 전달의 자유(고전적 의사표현의 자유) 외에 알 권리, 액세스권, 언론기관의 자유 등을 모두 포함하는 의미로 사용된다(현대적 의사표현의 자유).

02_ 내용

(1) 의사의 표명 및 전달의 자유: 의사표명 및 전달의 자유란 자기의 생각

이나 의견을 자유롭게 표명하고 전달할 수 있는 자유를 말한다. 의사를 표명하고 전달하는 형식에는 아무런 제한이 없다. 표명이 자신의 입장을 밝히는 것이라면, 전달은 타인의 의사를 알리는 것이다. 자유로운 표명과 전달의 자유에는 자신의 신원을 누구에게도 밝히지 아니한 채 익명 또는 가명으로 자신의 사상이나 견해를 표명하고 전달할 익명표현의 자유도 표현의 자유에 포함된다. 또한 일정한 의사를 언어나 문서에 의하지 않고, 리본 패용 등 비언어적 매체(행동)에 의해 의사의 전달을 의미하는 '상징적 표현'도 표현에 포함된다.

(2) 알 권리(정보의 자유): 알 권리란 의사형성을 위하여 필요한 정보에 접근하고 정보를 수집할 수 있는 권리를 말한다. 의사의 표명 · 전달의 자유가 주는 쪽의 자유라면 알 권리란 주로 받는 쪽의 자유이다. 알 권리는 읽을 권리, 들을 권리, 볼 권리를 그 내용으로 한다. 알 권리는 정보를 받을 권리(정보수령권)와 정보를 구할 권리(정보수집권)를 그 내용으로 한다. 또한 정보공개청구권으로서의 알 권리는 다시 일반적 정보공개청구권과 개별적 정보공개청구권으로 구별된다. 일반적 정보공개청구권이란 국가가 보유하는 모든 정보에 대한 정보공개를 요구하는 권리를 말하며, 개별적 정보공개청구권은 정보에 대한 이해관계를 가지는 사람이 관련정보의 공개를 청구할 수 있는 권리를 말한다. '공공기관의 정보공개에 관한 법률'이 1996년에 제정(1998년 시행)되어 알 권리를 법률적 차원에서 구체화시키고 있다. 알 권리에 의한 정보공개는 개인에 대한 정보보호와 조화를 이루어야 한다. 공공기관이 보유한 정보는 행정의 투명성을 높이고 국민주권의 실현을 위해서, 또 공공기관의 정보는 국민의 것이므로 모든 국민에게 공개되어야 하나(정보공개), 공공기관이 보유한 정보 중 개인에 관한 정보는 이해관련 정보주체를 위해 보호되어야 하기에(정보보호), 양자는 모두 존중되어야 하고 조화가 요구된다.

(3) 액세스권: Access권이란 언론매체에 대한 접근이용권을 말한다. Access권은 정정보도청구권과 반론보도청구권 및 해명권을 그 내용으로

한다. 언론사의 언론보도로 인하여 침해되는 명예나 권리 그 밖의 법익에 관한 다툼이 있는 경우 이를 조정하고 중재하고, 언론의 자유와 공적 책임을 조화시키기 위하여, '언론중재 및 피해구제 등에 관한 법률'이 제정 · 시행되고 있다. 정정보도청구권이란 사실적 주장에 관한 언론보도가 진실하지 않아 피해를 입은 자가 보도의 정정을 언론사에 청구할 수 있는 권리를 말한다. 정정보도의 청구에는 언론사의 고의 · 과실이나 위법을 요하지 않는다. 반론보도청구권이란 사실적 주장에 관한 언론보도로 피해를 입은 자가 보도의 진실 여부를 불문하고 그 보도내용을 반박하는 주장(반론보도)을 언론사에 청구할 수 있는 권리를 말한다. 언론사의 위법성이나 귀책사유가 문제되지 않으며, 내용의 진실성 여부를 불문한다. 해명권(추후보도청구권)이란 언론에 의해 범죄혐의가 있거나 형사상의 조치를 받았다고 보도 또는 공표된 자는 그에 대한 형사절차가 무죄판결 또는 이와 동등한 형태로 종결된 때에는 그 사실을 안 날부터 3월 이내에 언론사에 이 사실에 관한 추후보도의 게재를 청구할 수 있는 권리를 말한다. 추후보도에는 청구인의 명예나 권리회복에 필요한 설명 또는 해명이 포함되어야 한다. 추후보도청구권에 관하여는 정정보도청구권에 관한 규정을 준용한다.

03_ 헌법적 한계

헌법은 언론 · 출판의 자유에 대한 한계를 분명히 밝히고 있다. 헌법 제21조 제4항은 헌법 제21조 제1항의 언론 · 출판의 자유의 헌법적 한계를 규정한 것으로서, 언론출판의 자유의 내재적 한계를 헌법이 확인한 것으로 보아야 한다. 음란표현도 헌법 제21조가 규정하는 언론 · 출판의 자유의 보호영역에는 해당하되, 다만 헌법 제37조 제2항에 따라 국가 안전보장 · 질서유지 또는 공공복리를 위하여 제한할 수 있는 것이라고 해석하여야 할 것이다.

04_ 제한과 그 한계

언론 · 출판에 대한 허가제는 금지된다. 신문법은 신문을 발행하고자 하는 자에게 등록의무를 지우고 있고, '잡지 등 정기간행물의 진흥에 관한 법률'은 잡지를 발행하고자 하는 자에게 등록의무를, 기타 잡지의 간행물(정보간행물, 전자간행물, 기타간행물)의 경우에는 신고의무를 부과하고 있다. '등록제'와 '신고제'는 허가제금지에 위배되지 않는다. 한편 검열이란 허가받지 않은 사상이나 의견의 발표를 금지하는 것으로서, 행정권이 주체가 되어 사상이나 의견이 발표되기 전에 그 내용을 심사 · 선별하여 발표를 사전에 억제하는 제도를 말한다. 헌법 제21조 제2항의 검열금지란 개인이 자신의 의견을 발표하기 전에 국가기관이 미리 그 내용을 심사 · 선별하여 발표를 저지하거나 제한하는, 즉 사전검열을 허락하지 않는다는 것이지 발표된 의견에 대해 사후에 국가가 간섭하는 것을 금한다는 의미는 아니다. 유통단계에서 효과적으로 관리할 수 있도록 등급보류를 목적으로 하는 등급심사는 사전검열에 해당되지 않지만, 등급보류제도는 등급분류를 받지 아니한 영화의 상영을 금지하고 있고, 이를 위반할 경우 형벌까지 부과할 수 있도록 하며, 등급분류보류의 횟수제한이 없어 실질적으로 영상물등급위원회의 허가를 받지 않는 한 영화를 통한 의사표현이 무한정 금지될 수 있으므로 검열에 해당한다.

15

헌법 이야기

공장장 | 외신들이요, 진짜 이 촛불집회를 보도를 많이 합니다. 단순히 보도하는 정도가 아니라 정말 관심이 많아요.

게스트 | 232만명이라 그랬죠? 그 많은 인원이 나왔는데, 정말 그 인원들이 지나간 후에 날이 밝은 후, 무슨 청소차가 지나간 것 같이 도로가 되어 있잖습니까?

공장장 | 자원 봉사하시는 분들이 누가 시킨 것도 아닌데 집어가고 있어요.

게스트 | 맞아요, 제가 그 현장에 나가서 보면, 그 광화문 한가운데 말고, 접하는 그 연결되는 골목들 있잖습니까? 그런 데에 젊은이들이 있어요. 곳곳에 서있는데, 누가 시킨 것이 아니라 자원봉사자들인데....

아주 목소리를 키워가면서 "광화문 광장에 가면 버릴 데 없습니다. 여기다 버리세요" 하며 봉지를 들고 서있어요.

공장장 | 맞아요.

게스트 | 그런거를 외신들이 보기에도 서유럽에서도 찾아 볼 수 없고, 아시아권 다른 국가에서도 찾아 볼 수 없고, 어디도 없는 현상들이거든요.

〈'김어준의 뉴스공장'(2016.12.05.) 중에서〉

노벨 평화상을 받아야 할 만큼 질서 있는 집회가 우리 국민들의 일반의지를 통해 지금 대한민국에서 매주 일어나고 있습니다. 'soul of seoul'이라는 외신기자들의 멘트가 가슴에 와닿는 평화적 집회현장의 울림이, 대한민국의 밝은 미래를 밝혀 줄 촛불이라고 믿어 의심치 않습니다. 결코 쫄지 않고 마음껏 소신있는 방송을 하고 있는 김어준 공장장님과 모든 관계자분들께 "홧팅!"

개념 16 집회 · 결사의 자유

제21조 ① 모든 국민은 언론 · 출판의 자유와 집회 · 결사의 자유를 가진다. ② 언론 · 출판에 대한 허가나 검열과 집회 · 결사에 대한 허가는 인정되지 아니한다.

01_ 집회의 자유

(1) 의의: 집회의 자유란 다수인이 공동의 목적을 가지고 일시적으로 모이는 자유를 말한다. 집회의 자유는 다수의 집단적 의사표명을 보장한다는 점에서 개별적 의사표명을 보호하는 언론 · 출판과 구별되며, 의사표현을 말 또는 글 대신에 모여서 한다는 점에 차이가 있다. 헌법이 보호하는 집회의 개념은, 다수인이, 평화적으로, 의사형성에 기여하며, 공동의 목적을 가질 것이 요구되며, 공동의 목적은 '내적인 유대 관계'로 족하다. 옥외집회의 개념에 대하여 헌법은 침묵하고 있지만 '집회 및 시위에 관한 법률' 제2조 제1호는 '천장이 없거나 사방이 폐쇄되지 않은 장소에서의 집회'라고 정의하고 있다. 시위란 여러 사람이 공동의 목적을 가지고 도로 · 광장 · 공원 등 일반인이 자유로이 통행할 수 있는 장소를 행진하거나 위력 또는 기세를 보여, 불특정한 여러 사람의 의견에 영향을 주거나 제압을 가하는 행위를 말한다. 법이 정한 시위의 개념을 보면, 목적은 '다수인이 공동목적을 가지고 불특정 다수인의 의견에 영향을 주기 위한 것'이며, 방법은 '행진 또는 위력이나 기세를 보이는 방법'으로, 장소는 '일반인이 자유로이 통행할 수 있는 장소'에서 이루어져야 한다.

(2) 내용: 집회의 자유는 집회를 개최하고 진행하는 자유를 보장한다. 집회를 개최하고 진행함에 있어 집회의 목적, 시간, 장소, 방법을 스스로 결정할 수 있다. 집회의 자유는 집회준비행위까지 보호한다. 또한 집회의 자유는 집회의 개최를 강요받지 않을 자유도 보장한다. 집회 · 시위의 자유에는 장소선택의 자유가 포함된다. 집회의 자유는 원칙적으로 집회장소를 항

의의 대상으로부터 분리하는 것을 금지한다. 집회의 자유는 집회에 참가할 자유를 보장한다. 집회참가자는 참가의 형태와 정도 및 참여복장 등을 자유롭게 결정할 수 있다. 집회에서의 의견표명이 집회의 자유에 속하는지 아니면 표현의 자유의 내용으로 볼 것인지에 대해 견해가 대립되나, 헌법재판소는 집회의 규제에 있어 집회에서의 의사표현 자체의 경우와 그러한 의사표현에 수반되는 행동자체의 제한의 두 종류가 있다고 하면서, 전자의 경우에 제한되는 기본권을 표현의 자유로 보고 있다.

02_ 결사의 자유

(1) 의의: 결사의 자유란 다수인이 공동의 목적을 실현하기 위하여 자유롭게 단체를 결성하는 자유를 말한다. 결사란 공동목적을 위하여 다수로 조직된 의사형성이 가능한 단체를 말한다. 다수란 집회의 자유와 마찬가지로 3인 이상이어야 한다. 공동의 목적은 주목적에 대한 동의가 있으면 충분하며 부수적 목적에 대한 동의까지 요구되지 않는다. 공법상 결사나 또는 법이 특별한 공공목적을 위하여 구성원의 자격을 정하고 있는 특수단체는 제21조의 결사개념에 포함되지 않는다.

(2) 내용: 결사의 자유란 단체를 자유롭게 결성할 자유(적극적 결사의 자유)와 결사에 가입하지 않을 자유(소극적 결사의 자유)를 그 내용으로 한다. 결사의 자유는 자유롭게 단체를 결성할 수 있는 자유를 보장한다. 결사의 설립시기, 목적, 법적 형태, 명칭, 정관, 소재지 등을 자유롭게 정할 수 있다. 결사의 자유는 설립된 단체에 가입하고, 활동하며, 잔류할 자유를 보장한다. 결사의 자유는 결사의 창설단계에 대한 국가의 통제를 거부한다. 결사의 자유는 개인의 결사의 자유뿐만 아니라 결사 자체의 성립과 존속을 보장하는 집단적 결사의 자유(단체자체의 자유)의 성격을 지닌다. 결사의 자유는 결사에 가입하지 않을 자유와 탈퇴할 수 있는 자유를 보장한다. 즉 소극적 결사의 자유를 보장한다.

개념 17 **학문과 예술의 자유**

제22조 ① 모든 국민은 학문과 예술의 자유를 가진다. ② 저작자 · 발명가 · 과학기술자와 예술가의 권리는 법률로써 보호한다.

01_ 학문의 자유

(1) 의의: 학문의 자유란 진리를 탐구하는 자유를 말한다. 학문은 인간의 사고 · 탐구 · 행동과 관련된, 객관적이고 합리적으로 검증할 수 있는 진리에 대한 탐구이다. 진리탐구의 모든 행동이 학문이 될 수는 없다. 학문이 되기 위해서는 진리탐구나 지식획득을 목적으로 하며(목적성), 일정한 법칙에 기초하여 계획적이고 합리적인 방법(방법의 체계성)으로 이루어지는 것이어야 한다. 학문의 자유는 사물의 바른 이치, 즉 진리를 찾아내고자 하는 진지하고 계획적인 활동을 보호하고자 하는 기본권이다.

(2) 내용: 학문연구의 자유란 진리를 추구하는 자유로서, 사물의 바른 이치를 찾아내려는 모든 인간의 노력과 행위를 포함한다. 학문연구의 자유는 연구과정의 자유를 포함한다. 학문연구발표의 자유란 연구결과를 교수 이외의 형태로 외부에 자유롭게 발표하는 자유를 말한다. 연구발표는 학회에서 또는 학술지나 저서 등으로 발표하는 것을 말한다. 교수(講學)의 자유란 대학이나 고등교육기관의 교육자가 자신의 학문적 인식을 방해받지 않고 자유로이 전수할 수 있는 자유를 말한다.

(3) 대학의 자치: 대학자치란 연구 · 교육에 대한 실질적 권한과 책임이 대학에 있다는 원칙을 말한다. 따라서 대학은 인사, 시설, 재정, 학사관리 등에 대한 자주성이 인정된다. 대학의 자치가 학문의 자유 그 자체는 아니지만 학문의 자유의 중요한 내용을 이룬다. 대학의 자치는 학문의 자유의 보장수단으로 대학에 부여된 헌법상 기본권이다. 대학의 자치의 주체는 대학이지만, 교수나 교수회도 주체가 된다.

02_ 예술의 자유

(1) 의의: 예술은 '주관적 · 미적 체험'을 '형태언어'를 통하여 창조적 · 개성적으로 외부에 표현하는 자율적 활동을 말한다. 표현의 자유와 구별되는 독자적 기본권으로서의 예술의 자유의 특성은, 예술은 자기목적적 성질이 강하다는 것과 예술작품은 전달보다는 표현에 중점이 두어진다는 것이다.

(2) 내용: 예술의 자유는 예술창작의 자유, 예술표현의 자유, 예술적 집회 · 결사의 자유를 그 내용으로 한다. 예술창작의 자유란 다양한 예술작품을 자유롭게 창작할 수 있는 자유를 말한다. 예술표현의 자유란 예술작품을 예술가의 의사에 따라 다른 사람에게 표명하고 전파할 수 있는 자유를 말한다. 표현형식에는 제한이 없다. 전시, 연주, 공연 등의 방법으로 대중에게 전달된다.

03_ 지적 재산권의 보호

헌법은 학문과 예술의 자유를 제도적 보장하기 위해 저작자, 발명가, 과학기술자, 예술가의 권리를 보장하고 있다. 저작자, 발명가, 과학기술자, 예술가의 권리는 지적 재산권으로 분류되는데, 저작권, 산업소유권, 예술공연권 등으로 구성된다. 이들은 각각 저작권법, 특허법, 상표법, 실용신안법, 디자인보호법, '영화 및 비디오물의 진흥에 관한 법률', 공연법 등에 의해 보호되고 있다. 또한 저작자, 발명가, 과학기술자, 예술가의 법적 지위 향상을 위해 각종의 진흥법이 제정되어 있다.

04 | 생존권적 기본권

생존권이란 인간다운 생존(삶)을 확보하기 위해 국가의 적극적 급부와 배려를 요구할 수 있는 권리를 말한다. 국가마다 인간다운 생존을 실현하는 방법에 차이가 있다. 기본권의 형태로 규율하는 방법과 국가목표조항으로 실현하는 방법이 있으나 우리 헌법은 독일과 달리 기본권(생존권)의 형태를 취하고 있다. 어느 방법이 더 나은가를 한마디로 결론내릴 수는 없다. 우리 헌법이 권리의 형태를 취한 것은 생존권의 실질적 행사의 조건이나 가능성을 입법자의 호의에만 맡겨두지 않겠다는 의지의 표현으로 보아야 한다. 우리 헌법은 사회국가원리를 실현하기 위해 국가에 부과된 과제 실현을 국가목표조항을 넘어, 포괄적 급부요구를 그 내용으로 하는 생존권을 통해 보장하고 있다.

[생존권적 기본권 체계도]

- 개별적 생존권
  - 인간다운 생활을 할 권리
  - 교육을 받을 권리
  - 근로의 권리 및 근로3권
  - 환경권
  - 혼인 및 가족제도
  - 모성, 보건에 관한 권리

16

헌법 이야기

목수라는 직업으로 평생을 성실하게 살아가던 다니엘은 심장질환이 악화되어 일을 계속 해나갈 수 없는 상황이 되자, 실업급여를 받기 위해 관공서에 가지만, 복잡하고 행정편의적인 절차 때문에 매번 좌절과 실망만 하게 된다. 컴맹인 다니엘이 인터넷 서류 한 장 작성 못하고 힘겹게 여러 날을 보내다가 드디어.....

청년 | 됐어요. 국민보험 번호 맞아요?

다니엘 | 그래 맞아.

청년 | 여기 눌러요, 빌 게이츠

다니엘 | 이거?

청년 | 네, 그럼 전송돼요

다니엘 | 이걸 해결하느라 며칠 잡아먹었군. 고마워~

청년 | 구직 수당 신청됐어요. 근데 심장병 환자가 이게 왜 필요해요? 질병 수당 항고 신청서도 지금 인쇄 중이에요. 하지만 재심사 전에는 항고할 수가 없다네요.

다니엘 | 인쇄된다고? 그놈들도 뽑아 줄 수 있었단 얘기잖아?

청년 | 앞으로도 아저씨를 물 먹일걸요. 바닥 치게 하는 게 놈들 작전이죠. 우연이라는 건 없어요. 수당 포기자도 많아요.

다니엘 | 놈들이 잘못 짚었어. 난 포기 안해. 개처럼 물고 늘어져 주지.

(영화는 다니엘이 항고 때 읽으려고 작성했지만, 죽기 전에 끝내 스스로 읽지 못한 글을 이웃이 대신 낭독하며 끝나는데.....)

"나는 의뢰인도 고객도 사용자도 아닙니다. 나는 게으름뱅이도 사기꾼도 거지도 도둑도 아닙니다. 나는 보험 숫자도, 화면 속 점도 아닙니다. 나는 묵묵히 책임을 다해 떳떳하게 살았습니다. 난 굽실대지 않았고, 이웃이 어려우면 그들을 도왔습니다. 자선을 구걸하거나 기대지도 않았습니다. 나는 다니엘 블레이크, 개가 아니라 인간입니다. 이에 나는 내 권리를 요구합니다. 인간적인 존중을 요구합니다. 나, 다니엘 블레이크는 한 사람의 시민 그 이상도 이하도 아닙니다."

〈영화, "나, 다니엘 블레이크"(2016년) 중에서〉

"하면 된다"가 아니라 "입금 되면 한다"는 작가의 어느 슬픈 드라마 대사처럼, 이 영화가 주는 일상은 또 한번 사람들을 울리고 있다. 헌법 제34조 제1항은 모든 국민에게 "인간다운 생활을 할 권리"를 부여하고 있다. 그렇게 헌법은 권리를 주고 있지만, 현실은 영화 속의 주인공이 되어 눈물 겹다. 잔잔하게 흐르는 오케스트라의 "sailing by"가 아주 오래도록 귓가에 맴돈다. "우리는 희망의 메시지를 사람들에게 보여줘야 한다. 다른 세상이 가능하다고 말해야 한다"라는 칸영화제에 13번째 초청 중 2번째 황금종려상을 수상한 거장 켄 로치 감독의 수상소감과 영화 속 음악과 장면이 오버랩되는 명작이다.

개념 18 인간다운 생활을 할 권리

제34조 ① 모든 국민은 인간다운 생활을 할 권리를 가진다. ② 국가는 사회보장 · 사회복지의 증진에 노력할 의무를 진다. ③ 국가는 여자의 복지와 권익의 향상을 위하여 노력하여야 한다. ④ 국가는 노인과 청소년의 복지향상을 위한 정책을 실시할 의무를 진다. ⑤ 신체장애자 및 질병 · 노령 기타의 사유로 생활능력이 없는 국민은 법률이 정하는 바에 의하여 국가의 보호를 받는다. ⑥ 국가는 재해를 예방하고 그 위험으로부터 국민을 보호하기 위하여 노력하여야 한다.

01_ 의의

인간다운 생활을 할 권리란 인간 생존에 필요한 최소한의 최저 물질적 생활을 청구할 수 있는 권리를 말한다. 물질적 최저생활의 수준을 어느 정도로 볼 것인가는 소득수준, 생활수준, 국가의 재정규모와 정책 등 다양한 요소를 고려하여 정할 수밖에 없다. 인간다운 생활을 할 권리는 국민이 인간적 생존의 최소한을 확보하는 데 있어서 필요한 '최소한의 물질적 생존'의 보장에 필요한 급부에의 요구권으로 한정될 뿐, 그것으로부터 그 이상의 급부를 내용으로 하는 구체적 권리가 직접 도출되어 나오는 것은 아니다.

02_ 내용

(1) 최소한의 최저 물질적인 생존보장의 청구: 인간다운 생활을 할 권리는 최소한의 최저 물질적인 생존보장을 청구할 수 있는 권리를 말한다. 국가가 인간다운 생활을 보장하기 위한 객관적 내용의 최소한을 보장하고 있는지의 여부는 생활보호법에 의한 생계보호급여만을 가지고 판단할 것이 아니라 다른 법령에 의한 급여나 부담의 감면을 모두 감안하여 판단하여야 한다. 최소한의 최저 물질적 생존보장수준을 일률적으로 정하기 어렵지만 최저생계비 수준은 되어야 한다.

(2) 사회보장 및 사회복지의 증진의무: 헌법은 사회보장 및 사회복지를 증

진할 의무를 포괄적인 사회보장정책의 강령으로 보장하고 있다. 제2항의 사회보장 및 사회복지 증진의무에 따른 확정적 권리의 수준은 제1항의 인간다운 생활의 물질적 수준을 넘는 그 이상의 것이어야 한다. 사회보장이란 질병, 장애, 노령, 실업 등 일상생활에서 닥칠 수 있는 사회적 위험으로부터 국민을 보호하기 위한 제도를 말한다. 사회보장은 사회보험과 공공(공적)부조를 그 내용으로 한다. 사회복지란 상담, 재활, 직업의 소개 및 지도, 사회복지시설의 이용 등을 제공하여 보건, 주거, 교육, 고용 등의 분야에서 인간다운 생활이 보장될 수 있도록 지원하는 각종 복지제도를 말한다. 사회복지는 직접적인 생존실현을 목적으로 하는 것이 아니라는 점에서 사회보장과 구별된다.

더 알아보기

• **사회보장:** 출산, 양육, 실업, 노령, 장애, 질병, 빈곤 및 사망 등의 사회적 위험으로부터 모든 국민을 보호하고 국민 삶의 질을 향상시키는 데 필요한 소득 · 서비스를 보장하는 사회보험, 공공부조, 사회서비스

• **사회보험:** 국민에게 발생하는 사회적 위험을 보험의 방식으로 대처함으로써 국민의 건강과 소득을 보장하는 제도

• **공공부조(公共扶助):** 국가와 지방자치단체의 책임 하에 생활 유지 능력이 없거나 생활이 어려운 국민의 최저생활을 보장하고 자립을 지원하는 제도

• **사회서비스:** 국가 · 지방자치단체 및 민간부문의 도움이 필요한 모든 국민에게 복지, 보건의료, 교육, 고용, 주거, 문화, 환경 등의 분야에서 인간다운 생활을 보장하고 상담, 재활, 돌봄, 정보의 제공, 관련 시설의 이용, 역량 개발, 사회참여 지원 등을 통하여 국민의 삶의 질이 향상되도록 지원하는 제도

• **평생사회안전망:** 생애주기에 걸쳐 보편적으로 충족되어야 하는 기본욕구와 특정한 사회위험에 의하여 발생하는 특수욕구를 동시에 고려하여 소득 · 서비스를 보장하는 맞춤형 사회보장제도

〈사회보장기본법 제3조〉

(3) 여자, 노인, 청소년의 복지향상실현의무: 헌법은 여자, 노인, 청소년의 권익 내지 복지향상을 국가의 목표로 명시하고 있다. 이 역시 잠정적 의무의

성격을 지닌다. 국가는 남녀평등을 실현하고 여성의 사회참여를 확대하며 여성복지를 증진할 장치를 마련하고 재원을 조달해야 할 의무를 부담한다.

(4) 생활무능력자에 대한 국가보호: 헌법은 신체장애, 질병, 노령 등 본인이 책임질 수 없는 사유로 생활무능력자가 된 일정 계층에게 적극적인 국가보호를 명하고 있다. 제5항은 제1항의 보장 그 이상이어야 한다. 이는 특별한 보호가 요구되는 사람이기 때문이다. 동시에 제2항보다 더 구체적 보장이어야 한다.

(5) 재해예방의무: 국가는 재난을 예방하고 그 위협으로 국민을 보호하여야 한다. 자연재해 및 산업재해로부터 국민의 생명이나 신체를 보호하는 것은 사회국가의 중요한 과제이다.

4-2 교육을 받을 권리

개념 19 교육을 받을 권리

> 제31조 ① 모든 국민은 능력에 따라 균등하게 교육을 받을 권리를 가진다. ② 모든 국민은 그 보호하는 자녀에게 적어도 초등교육과 법률이 정하는 교육을 받게 할 의무를 진다. ③ 의무교육은 무상으로 한다. ④ 교육의 자주성 · 전문성 · 정치적 중립성 및 대학의 자율성은 법률이 정하는 바에 의하여 보장된다. ⑤ 국가는 평생교육을 진흥하여야 한다. ⑥ 학교교육 및 평생교육을 포함한 교육제도와 그 운영, 교육재정 및 교원의 지위에 관한 기본적인 사항은 법률로 정한다.

01_ 의의

교육을 받을 권리란 개인의 능력에 따라 균등한 교육을 받을 권리(수학권, 학습권)를 말한다. 즉 국가에 대하여 능력과 적성에 맞는 교육을 받을 수 있도록 교육에 필요한 제 조건을 마련해 줄 것을 요구할 수 있는 권리이다. 교육을 받을 권리는 부모가 미성년자인 자녀에게 교육을 시킬 권한, 즉 부모의 교육권을 포함한다. 부모의 교육권은 자녀에게 적절한 교육의 기회를 제공해 줄 것을 요구할 수 있는 교육기회제공청구권을 보장한다. 반면 교육을 받을 권리는 교사의 교육권(수업권)을 보장하지는 않는다. 이를 종합하면, 교육을 받을 권리는 능력에 따라 균등한 교육을 받을 권리를 포함하여 부모의 교육권 및 균등한 교육기회를 제공해 줄 것을 요구할 수 있는 권리를 말한다.

02_ 내용

(1) 능력에 따라 균등하게 교육을 받을 권리: 능력에 따른 교육이란 정신적 · 육체적 능력과 같이 개인의 '일신전속적' 능력에 따른 교육을 말하는 것으로, 재산 · 가정 · 성별 등과 같은 비전속적 능력에 따른 교육차별은 금

지된다. 균등하게 교육을 받을 권리란 사회경제적 약자가 실질적으로 평등한 교육을 받을 수 있도록 국가에게 이에 필요한 교육여건을 마련하고 정책의 실현을 요구할 수 있는 권리를 말한다. 교육이란 학교교육 · 가정교육 · 사회교육 등 다양한 형태로 존재하는데, 교육을 받을 권리의 교육은 주로 학교교육. 학교교육에 관한 한, 국가는 헌법 제31조에 의하여 부모의 교육권으로부터 원칙적으로 독립된 독자적인 교육권한을 부여받았고, 따라서 학교교육에 관한 광범위한 형성권을 가진다. 권리란 능력에 따른 균등한 교육을 실현시켜줄 것을 요구하는 권리를 말한다.

(2) 교육을 시킬 권리: 교육을 받을 권리는 부모가 미성년자인 자녀를 교육시킬 권한, 즉 '부모의 자녀에 대한 교육권'을 포함한다. 부모의 교육권은 자녀에 대한 학교선택권과 국가가 주도하는 교육과정에 대한 교육참여권을 보장한다. 학교가 학생에 대해 불이익 조치를 할 경우 해당 학생의 학부모가 의견을 제시할 권리는 자녀교육권의 일환으로 보호된다. 교사의 교육의 자유는 교사의 수업권 또는 교육권으로 불린다. 교육권은 학생의 기본권(수학권)을 존중해야 하는 의무의 성격을 지닌 것으로, 교사의 직분에서 도출되는 법적 권리일 뿐 교사의 기본권으로 볼 수 없다. 따라서 수업권을 내세워 학생들의 기본권인 수학권을 침해할 수 없다.

(3) 무상의 의무교육제도: 모든 국민은 그 보호하는 자녀에게 적어도 초등교육과 법률이 정하는 교육을 받게 할 의무를 진다. 의무교육제도는 국민의 교육을 받을 권리를 뒷받침하기 위한 헌법상의 교육기본권에 부수되는 제도보장이다. 교육을 받게 할 의무는 학령아동의 친권자 또는 후견인이 부담한다. 현재는 중학교까지 의무교육이 시행되고 있다(교육기본법 §8). 헌법은 의무교육의 실효성 증대를 위해 의무교육을 무상으로 하도록 규정하고 있다. 무상의 범위에 관하여 무상범위법정설, 취학필요비무상설, 수업료면제설이 대립하나, 국가는 재정이 허용하는 한 학용품을 포함하여 급식의 무상까지 실시해야 한다는 취학필요비무상설이 타당하다(다수설).

03_ 교육제도의 보장

(1) 교육의 자주성 · 전문성 · 정치적 중립성의 보장: 교육의 자주성이란 교육기관이 교육운영에 관하여 자주적 결정권을 갖는 것을 말한다. 교육의 자주성을 확보하기 위해서는 교육기관에게 국가권력과 설립자로부터 '교육의 자유'가 보장되어야 하고, '교사의 신분보장'이 이루어져야 하며, '교육행정'이 일반 행정으로부터 독립되어야 한다. 교육의 전문성이란 교육의 전문가인 교사가 교육내용이나 방법 등을 자주적으로 결정하거나 할 수 있는 것을 말한다(교육내용의 자유). 따라서 교육내용에 대한 교육행정기관의 권력적 개입은 배제되어야 한다. 교육효과의 증대를 위해서는 교육의 전문성 확보가 필수적으로 요구된다. 교육의 정치적 중립성이란 교육이 특정한 정당이나 종교에 의해 영향을 받지 말아야 함을 말한다. 교육의 정치적 중립성요청은 교육이 정치적으로 중립적이어야 함은 물론 종교적, 가치관적, 세계관적 측면에서도 중립일 것을 요청한다.

(2) 대학의 자율성 보장: 대학의 자율성이란 대학의 문제를 외부의 영향을 받음이 없이 대학 스스로가 결정하고 집행하며 그 결과에 대하여 책임을 지는 것을 말한다. 대학의 자율은 학문의 자유의 확실한 보장수단으로 꼭 필요한 것으로서, 대학에게 부여된 헌법상 기본권이다.

(3) 평생교육의 진흥: 평생교육 역시 교육의 범위에 포함되지만 헌법은 평생교육의 진흥을 따로 규정하고 있다. 이는 부단히 발전하는 현대 문명사회에 적응하기 위해서는 학교교육 이외에 사회 · 직업교육 등의 제 교육이 평생에 걸쳐 요망되기 때문이지만, 체계적이고 조직적인 평생교육의 실시는 국가에 의해서만 가능하기 때문이다.

(4) 교육제도 등의 법률주의: 헌법은 교육제도와 그 운영, 교육재정 및 교원의 지위에 관한 기본적인 사항은 법률로 정하도록 하여 교육제도 등의 법률주의를 규정하고 있다. 이는 교육의 물적 기반인 교육제도와 인적 기반인 교원의 지위를 법률로 정하도록 함으로써 교육의 실효성을 확보하고자 함이다.

4-3 근로의 권리 및 근로3권

개념 20 근로의 권리

제32조 ① 모든 국민은 근로의 권리를 가진다. 국가는 사회적 · 경제적 방법으로 근로자의 고용의 증진과 적정임금의 보장에 노력하여야 하며, 법률이 정하는 바에 의하여 최저임금제를 시행하여야 한다. ② 모든 국민은 근로의 의무를 진다. 국가는 근로의 의무의 내용과 조건을 민주주의원칙에 따라 법률로 정한다. ③ 근로조건의 기준은 인간의 존엄성을 보장하도록 법률로 정한다. ④ 여자의 근로는 특별한 보호를 받으며, 고용 · 임금 및 근로조건에 있어서 부당한 차별을 받지 아니한다. ⑤ 연소자의 근로는 특별한 보호를 받는다. ⑥ 국가유공자 · 상이군경 및 전몰군경의 유가족은 법률이 정하는 바에 의하여 우선적으로 근로의 기회를 부여받는다.

01_ 의의

근로의 권리란 국가에 대하여 근로의 기회를 얻을 수 있도록 요구할 수 있는 권리를 말한다. 근로란 일정한 질적 내용을 담보하는 일정 수준 이상의 고용이어야 한다. 근로의 권리는 생활의 기본적인 수요를 스스로 충족할 수 있도록 하며, 자신이 원하는 근로에 종사함으로써 자신의 인격을 발현할 수 있게 하여 준다.

02_ 근로의 권리의 내용

(1) 근로기회청구권: 근로의 권리가 근로의 기회를 얻을 수 있도록 요구할 수 있는 권리(근로기회제공청구권)라는데 이견이 없다. 헌법재판소는 근로의 권리는 사회적 기본권으로서, 국가에 대하여 직접 일자리(직장)를 청구하거나 일자리에 갈음하는 생계비의 지급청구권을 의미하는 것이 아니라, 고용증진을 위한 사회적 · 경제적 정책을 요구할 수 있는 권리에 그친다고 하였다.

(2) 해고의 제한: 근로의 권리에 대한 헌법적 보장은 근로자의 해고를 제한하는 법적 근거가 될 수 있다. 헌법재판소는 직업의 자유와 근로의 권리 모두를 해고제한의 헌법적 근거로 삼고 있다. 사용자가 근로자를 해고할 경우에는 정당한 이유가 있어야 하므로 부당한 해고는 금지된다.

03_ 근로의 권리에 관한 국가의 객관적 의무

(1) 국가의 고용증진의무: 국가는 사회적 · 경제적 방법으로 근로자의 고용증진에 노력하여야 한다. 국가는 고용확대를 위해, 또 실업방지대책의 수립 및 시행을 통해 고용증진에 노력하여야 한다.

(2) 적정임금과 최저임금제의 보장: 국가는 근로자의 적정임금과 최저임금을 보장할 의무가 있다. 적정임금이란 근로자가 받는 임금수준이 근로자와 그 가족에게 인간다운 생활을 가능하게 하는 정도의 임금을 말하며, 최저임금제란 임금의 최저한을 정함으로써 사용자의 횡포로부터 근로자를 보호하기 위한 제도이다.

(3) 근로의 의무: 헌법은 근로의 의무를 규정한다. 근로의 의무의 내용과 조건은 민주주의 원칙에 따라 법률로 정한다. 근로의 의무가 인정된다고 하여 개인에게 근로의 강제를 부과할 수 없다. 근로의 강제는 직업의 자유에 대한 침해가 되므로 헌법상 허락될 수 없다.

(4) 근로조건 법정주의: 근로조건의 기준은 인간의 존엄성을 보장하도록 법률로 정한다. 근로조건 역시 임금과 마찬가지로 노사간에 자치적으로 규율되어야 한다. 근로의 권리를 보호하기 위해 근로기준법은 각종의 장치를 두고 있다. 근로조건의 중요사항은 외국인에게도 보장되어야 한다.

(5) 여성 및 연소자 근로의 특별보호: 여자와 연소자의 근로는 특별한 보호가 요구된다. 근로기준법은 15세 미만인 자를 근로자로 사용하지 못하도록 하며, 사용자는 임신 중이거나 산후 1년이 지나지 아니한 여성과 18세 미만자를 도덕상 또는 보건상 유해 · 위험한 사업에 사용하지 못하도록 하고

있다. 또 15세 이상 18세 미만인 자의 근로시간은 1일에 7시간, 1주일에 40시간을 초과하지 못하도록 근로시간을 제한하여 연소자의 근로를 보호하고 있다.

(6) 국가유공자 등에 대한 우선적 근로기회보장: 헌법은 국가유공자 · 상이군경 및 전몰군경의 유가족에게 국가와 민족에 대한 헌신에 대한 보상으로 우선적 근로기회를 보장하고 있다. 우선적 근로기회의 대상자는 국가유공자, 상이군경, 그리고 전몰군경의 유가족이다. "국가유공자 등 예우 및 지원에 관한 법률"이 제정되어 있다.

개념 20-1 근로3권

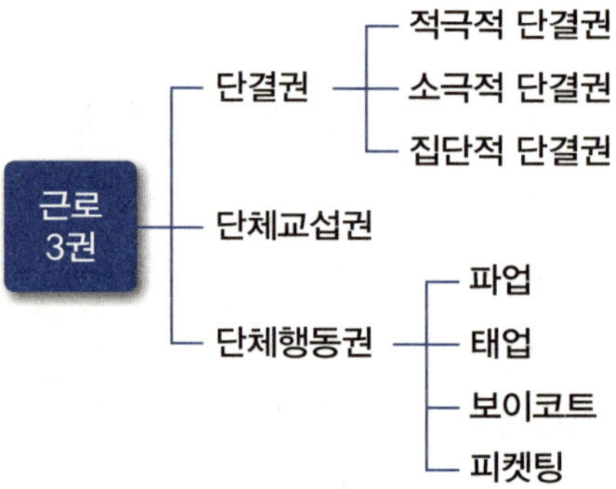

제33조 ① 근로자는 근로조건의 향상을 위하여 자주적인 단결권 · 단체교섭권 및 단체행동권을 가진다. ② 공무원인 근로자는 법률이 정하는 자에 한하여 단결권 · 단체교섭권 및 단체행동권을 가진다. ③ 법률이 정하는 주요방위산업체에 종사하는 근로자의 단체행동권은 법률이 정하는 바에 의하여 이를 제한하거나 인정하지 아니할 수 있다.

01_ 의의

근로3권이란 근로조건의 향상을 위하여 근로자가 갖는 기본권, 즉 단결권, 단체교섭권, 단체행동권을 말한다. 근로조건의 보장과 향상을 위해서는 근로자가 조직화되고 조직화된 단체를 통해 사용자와 근로조건을 교섭할 수 있어야 한다. 또한 사용자의 부당한 횡포에 대하여 근로자의 뜻을 관철할 수 있는 행동이 보장되어야 한다.

02_ 내용

(1) 단결권: 단결권이란 근로조건을 향상시킬 목적으로 근로자단체(노동조합)를 자주적으로 구성할 수 있는 권리를 말한다. 근로자는 단체(노조)를 자유롭게 설립할 수 있다. 복수노조는 당연히 허락된다. 단결권은 노조의 자유로운 설립 외에, 기존 노조를 선택하여 노조에 가입, 잔류, 활동할 수 있는 자유를 보장한다(적극적 단결권). 단결권에 단체에 가입하지 않을 소극적 단결권이 포함되는가가 문제되며, 견해가 대립되나, 헌법상 보장된 근로자의 단결권은 단결할 자유만을 가리킬 뿐이고, 단결하지 아니할 자유 이른바 소극적 단결권은 이에 포함되지 않는다. 단결권에는 개별 근로자가 노동조합 등 근로자단체를 조직하거나 그에 가입하여 활동할 수 있는 개별적 단결권 뿐만 아니라 근로자단체가 존립하고 활동할 수 있는 집단적 단결권도 포함된다.

(2) 단체교섭권: 단체교섭권이란 노동조합이 근로조건의 향상을 위하여 사용자와 협상할 수 있는 권리를 말한다. 단체교섭권에는 단체협약체결권이 포함된다. 만일 단체협약체결권을 부정하게 되면 교섭대표는 교섭결과에 대하여 매번 노조총회의 의사를 물어야 하는데 이는 대표성에 어긋나며 원활한 교섭을 불가능하게 한다. 단체교섭권은 근로자 개인이 아니라 단결체가 주체가 된다. 단체교섭은 근로조건의 유지 · 개선을 목적으로 하여야 한다. 근로조건개선과 무관한 사용자의 경영이나 인사 또는 이윤취득에 관

한 사항은 단체교섭의 대상에서 제외된다. 다만 노사합의로 단체협약에서 그것을 내용으로 정한 경우에는 그 절차에 따라야 한다.

(3) 단체행동권: 단체행동권이란 노동쟁의가 발생한 경우 더 좋은 근로조건의 확보를 위해 실력행사를 할 수 있는 권리를 말한다. 단체행동권은 단체협약의 유리한 체결결과를 얻어내기 위해 근로자에게 주어진 최후의 강제수단의 성격을 지닌다. 단체행동권은 근로자 개인이 주체가 되나 일반적으로 근로자단체(노조)에 의해 이루어진다. 한편 모든 근로자는 단체행동권을 행사할 수 있으나, 주요방위산업체에 종사하는 근로자의 단체행동권은 제한될 수 있다. 사용자에게도 근로자의 단체행동에 대응되는 권리가 인정되어야 한다. 사용자는 노동조합이 쟁의행위를 개시한 이후에만 직장폐쇄를 할 수 있다. 단체행동은 파업 · 태업 · 보이코트 · 피켓팅 등으로 유형화할 수 있다. 파업(Strike)이란 근로제공을 거부하는 것이며, 태업(slow-down Strike)은 작업능률을 고의로 저하시키는 것이다. 보이코트(Boycott)란 사용자 및 그와 거래관계에 있는 자의 상품구입이나 시설이용을 거절할 것을 호소하는 것이며, 피켓팅(Picketing)이란 파업에 동참하지 않고 조업을 계속하려는 자에게 구두나 문서에 의하여 동참을 설득하는 것을 말한다.

4-4 환경권

개념 21 환경권

제35조 ① 모든 국민은 건강하고 쾌적한 환경에서 생활할 권리를 가지며, 국가와 국민은 환경보전을 위하여 노력하여야 한다. ② 환경권의 내용과 행사에 관하여는 법률로 정한다. ③ 국가는 주택개발정책 등을 통하여 모든 국민이 쾌적한 주거생활을 할 수 있도록 노력하여야 한다.

01_ 의의

환경권이란 쾌적한 환경에서 건강하게 살 권리를 말한다. 환경권은 건강하고 쾌적한 생활을 유지하는 조건으로서 양호한 환경을 향유할 권리이고, 생명 · 신체의 자유를 보호하는 토대를 이루며, 궁극적으로 '삶의 질' 확보를 목표로 하는 권리이다. 환경권의 대상인 환경은 물, 대기, 공기와 같은 자연환경과 일조, 소음, 경관, 조망 등 생활이익으로서 가치를 지닌 생활환경으로 보아야 한다. 헌법재판소도 환경권의 보호대상이 되는 환경에는 자연환경뿐만 아니라 인공적 환경과 같은 생활환경을 포함한다고 한다.

02_ 내용

(1) 침해배제청구권: 침해배제청구권은 침해가 우려되는 경우 이에 대한 예방을 구할 수 있는 침해예방청구와 환경침해가 이루어진 경우 침해의 회복을 청구할 수 있는 침해회복청구를 그 내용으로 한다. 먼저 침해예방청구란 일종의 환경보전청구인데 이는 국가나 사인의 각종 개발행위로부터 환경이 침해될 우려가 있는 경우 이에 대한 예방을 요구하거나 환경파괴행위의 중단을 요구할 수 있는 권리를 말한다. 또한 침해회복청구란 국가나 사인의 행위로 환경오염이나 환경파괴가 발생한 경우 이에 대해 원상회복을

청구할 수 있는 권리를 말한다. 사인의 환경파괴행위를 국가가 묵인하거나 방관하는 경우, 이에 대해 중지시켜 줄 것을 국가에게 요구할 수 있다.

(2) 생활환경의 조성청구권: 생활환경의 조성청구권이란 국가에게 좋은 환경을 조성하고 유지하며 보전해 줄 것을 요구할 수 있는 권리를 말한다. 도시를 새로이 조성하거나 또는 도심을 재개발할 경우 일정거리 내에 공원조성을 의무화하거나 차도와 분리된 안전한 인도의 확보를 요청할 수 있다.

(3) 쾌적한 주거생활권: 헌법 제35조 제3항은 쾌적한 주거생활권을 보장하고 있다. 쾌적한 주거생활권의 보장은 먼저 주거생활을 보장하는데 중점을 두어야 한다. 국가는 능력이 닿는 대로 가능한 범위 안에서 국민의 기본적 주거의 보장을 실현하도록 노력하여야 한다. 임대주택의 건설, 주택매입을 위한 금융지원, 전월세보조금, 공공임대주택보급 등 국민의 주거수요를 충족할 수 있도록 노력하여야 한다.

4-5 혼인 및 가족제도

개념 22 혼인 및 가족제도

제36조 ① 혼인과 가족생활은 개인의 존엄과 양성의 평등을 기초로 성립되고 유지되어야 하며, 국가는 이를 보장한다.

01_ 의의

헌법은 혼인과 가족생활이 존엄과 평등을 기초로 성립되고 유지되어야 한다는 대원칙을 규정하고 있다. 혼인이란 포괄적인 생활공동체를 구성하고 평생 지속하겠다는 남녀의 합의를 말하며, 가족은 부모와 자녀의 생활공동체이다.

02_ 내용

(1) 혼인 및 가족제도의 보장: 헌법이 보장하는 혼인제도는 개인의 존엄이 보장되고 양성평등을 기초로 성립되는 민주적 혼인제도를 말한다. 민주적 혼인제도는 일부일처제, 자유로운 의사에 기한 혼인 등을 그 내용으로 한다. 일부일처제의 혼인형태, 합의에 의한 혼인성립, 원칙적 평생의 혼인기간은 국가가 개입할 수 있는 대상이 될 수 없다. 따라서 정혼, 조혼, 강제혼은 부정된다. 또한 혼인을 했다는 또는 하지 않았다는 이유로 차별을 받지 않는다.

(2) 혼인의 자유보장: 혼인의 보호영역은 혼인행위, 혼인공동생활, 이혼을 포함한다. 혼인의 자유를 보장하므로 혼인의 여부, 상대방의 선택, 시기 모두 자유롭게 결정할 수 있다. 또한 혼인공동생활을 보장한다. 따라서 공동거주지를 결정하고 소득활동을 주로 누가 담당하며, 자녀 양육과 가사분담을 어떻게 할 것인가는 부부의 결정에 맡겨진다.

4-6 모성 및 보건에 관한 권리

개념 23 모성 및 보건에 관한 권리

제36조 ② 국가는 모성의 보호를 위하여 노력하여야 한다. ③ 모든 국민은 보건에 관하여 국가의 보호를 받는다.

01_ 모성을 보호받을 권리

모성, 즉 자녀를 가진 여성은 국가에 대하여 모성의 건강 및 출산과 양육에 관한 제 여건을 조성해 줄 것을 국가에 요구할 수 있는 권리를 가진다. 모성의 보호란 모성의 건강에 대한 보호 뿐 아니라 임신, 출산, 수유, 양육에 관한 모든 사회경제적 여건에 대한 국가보호를 말한다. 모성은 모성보호를 위한 각종의 시책과 제도의 시행을 국가에 청구할 수 있다. 모자보건법은 모성의 생명과 건강을 보호하고 있다. 모성이라는 이유로 불이익을 받지 않아야 한다. 모자가정의 복지, 자립, 생활보호를 위해 '한부모가족지원법'이 제정되어 있다.

02_ 보건에 관한 권리

물질, 명예, 권력을 추구해보지만 결국은 건강과 장수이다. 건강은 가족과 국가의 존립과 발전에 기본이 되는 요소이다. 보건권이란 자신과 가족의 건강을 유지하는데 필요한 급부를 요구할 수 있는 권리를 말한다. 보건권은 국민의 건강을 유지하는데 필요한 시설이나 제도나 장치 등을 국가에 대하여 요구할 수 있다(생존권). 보건권은 헌법규정에 의해 잠정적인 권리로 인정되나, 다른 원칙들과의 형량을 통해 확정적 권리의 성격을 지니게 된다. 국가나 자치단체는 국민에게 담배의 직접흡연 또는 간접흡연과 과다

한 음주가 국민건강에 해롭다는 것을 교육 · 홍보하여야 한다. 특히 금연의 실효성을 높이기 위해 경고문구의 삽입, 담배광고의 금지와 제한, 담배판매의 장소 및 흡연장소의 제한을 명하고 있다.

05 청구권적 기본권

청구권은 다른 기본권을 전제로 그 기본권이 침해되거나 실현되지 않을 경우 이에 대한 구제를 요구할 수 있는 기본권이다. 청구권적 기본권이란 국가에 대하여 일정한 행위를 요구할 수 있는 권리를 말한다. 청구권은 첫째 절차적 기본권이다. 다른 기본권을 전제로 관련 기본권이 침해된 경우 이에 대한 구제를 실현하여 주는 기본권이다. 둘째, 국가에 대한 주관적 공권으로 구체적 권리이다. 청구권은 국가에 대한 권리로 헌법에서 직접 구체적 효력이 부여되는 기본권이다. 다만 구체적 내용과 행사절차 및 방법은 법률로 형성되고 구체화된다(구체화적 법률유보). 셋째, 청구권은 국가내적인 권리이다. 자유권과 같은 자연권의 성격을 지니고 있지 않다. 넷째, 청구권은 적극적 권리이다. 적극적으로 국가에게 일정한 행위를 요구하는 것이기에 정치적 의사형성에 직접 참여하거나 공무를 담당하는 능동적인 참정권과 구별된다.

[청구권적 기본권 체계도]

- 청구권적 기본권
  - 청원권
  - 재판청구권
  - 형사보상청구권
  - 국가배상청구권
  - 범죄피해자의 구조청구권

개념 24 청원권

제26조 ① 모든 국민은 법률이 정하는 바에 의하여 국가기관에 문서로 청원할 권리를 가진다. ② 국가는 청원에 대하여 심사할 의무를 진다.

제89조 다음 사항은 국무회의의 심의를 거쳐야 한다.
15. 정부에 제출 또는 회부된 정부의 정책에 관계되는 청원의 심사

01_ 의의

청원권이란 국가기관에 대하여 자신의 희망이나 고통을 진술하고 그 시정을 요구하는 권리를 말한다. 청원권은 절차적 기본권이므로 실체적 권리의 내용을 보장하는 것은 아니다. 청원의 처리를 요구할 수 있는 권리일 뿐이다. 청원은 내용과 형식에 구애받지 않으나 적어도 무엇을 요청한다는 것이 포함되어야 한다. 요청의 의미가 없는 통지나 비난은 청원에 속하지 않는다.

02_ 청원권의 내용

⑴ 국가기관에 자유로이 접근할 수 있는 권리: 모든 국민은 국가기관에게 자신의 희망이나 고통을 자유롭게 청원할 수 있다. 청원은 조건 없이 보장되어야 한다. 청원의 내용을 심사하거나 허가를 요건으로 또는 비용을 부담하게 하는 것은 청원권에 대한 침해가 된다. 또 국가에 청원하였다는 이유로, 특히 국가를 비난하고 불만을 표출하였다는 이유로 불이익이나 처벌을 받아서는 안 된다.

⑵ 국가기관의 심사 및 통지를 받을 권리: 청원은 청원의 내용이 국가기관에 의해 실질적으로 심사될 수 있어야 한다. 이를 보장하기 위해 헌법은 청원을 수리하고 심사할 의무를 규정하고 있고, 청원법은 한 걸음 더 나아가 처리결과를 청원인에게 통지할 의무까지 규정하고 있으나, 통지에는 법률에 특별한 규정이 없는 한 재결서에 준하는 처리이유를 명시할 필요는 없다.

03_ 청원사항, 청원기관, 청원효과

(1) 청원사항: 청원은 절차나 형식에 구애받지 않고 자신의 희망이나 고통을 국가에 진술하고 이에 대한 시정을 요구하는 권리이므로 청원사항에 대한 제한은 있을 수 없다. 청원법이 규정한 청원사항은 예시에 불과하다. 그러나 청원이 국민의 고충을 국가에 알리는 행위라 하더라도 무제한적일 수 없다. 따라서 동일한 사항에 대하여 정식의 법적 구제절차가 진행 중인 경우, 법적 · 사실적으로 이행이 불가능한 경우, 허위의 사항이거나 개인의 사생활을 침해할 우려가 있는 행위까지 청원대상으로 삼게 할 수는 없다.

(2) 청원기관: 청원서는 청원사항을 관장하는 기관(소관기관)에 제출하여야 한다. 소관기관은 처분관서를 원칙으로 한다. 청원서를 접수한 기관은 청원사항이 그 기관이 관장하는 사항이 아닌 때에는 청원사항을 관장하는 기관에 청원서를 이송하고 이를 청원인에게 통지하여야 한다. 동일인이 동일한 내용의 청원서를 동일한 기관에 2건 이상 제출하거나 2이상의 기관에 제출한 때에는 나중에 접수된 청원서는 이를 반려할 수 있다. 국회나 지방의회에 대한 청원은 의원의 소개를 얻어 청원을 제출한다. 지방의회에 청원을 할 때에 지방의회 의원의 소개를 얻도록 한 것은 청원권침해가 아니다.

(3) 청원효과: 청원을 했다는 이유로 불이익을 받지 않는다. 청원의 처리내용이 기대에 미치지 않는다 하여도 헌법소원의 심판대상이 되는 공권력의 행사가 될 수 없다. 청원권은 국가의 수리, 심사, 통지의무를 부과하는 것이므로 국가가 수리, 심사, 통지하였다면 청원권에 대한 침해는 발생하지 않기 때문이다. 다만 청원의 내용이 구체적인 권리행사로서의 성질을 갖는 경우에는 그에 대한 거부행위는 헌법소원의 대상이 되는 공권력의 행사가 된다.

5-2 재판청구권

개념 25 재판청구권

재판청구권
- 재판을 받을 권리
- 헌법과 법률이 정한 법관에 의한 재판을 받을 권리
- 법률에 의한 재판을 받을 권리
- 공정하고 신속한 공개재판을 받을 권리
- 형사피해자의 재판절차 진술권

제27조 ① 모든 국민은 헌법과 법률이 정한 법관에 의하여 법률에 의한 재판을 받을 권리를 가진다. ② 군인 또는 군무원이 아닌 국민은 대한민국의 영역 안에서는 중대한 군사상 기밀 · 초병 · 초소 · 유독음식물공급 · 포로 · 군용물에 관한 죄 중 법률이 정한 경우와 비상계엄이 선포된 경우를 제외하고는 군사법원의 재판을 받지 아니한다. ③ 모든 국민은 신속한 재판을 받을 권리를 가진다. 형사피고인은 상당한 이유가 없는 한 지체없이 공개재판을 받을 권리를 가진다. ⑤ 형사피해자는 법률이 정하는 바에 의하여 당해 사건의 재판절차에서 진술할 수 있다.

01_ 의의

재판청구권이란 국가에 대하여 재판을 청구할 권리를 말한다. 모든 국민은 법적분쟁이 발생한 경우 독립된 법원에 의한 공정하고 신속한 재판을 받을 권리를 가진다. 재판청구권은 청구권으로서 다른 기본권을 보장해 주기 위한 절차적 기본권이다.

02_ 내용

(1) 재판을 받을 권리: 재판이란 구체적 다툼을 해결하기 위한 법원의 분쟁해결과정을 말한다. 재판이란 사실확정과 법률의 해석적용을 본질로 함

에 비추어 법관에 의하여 사실적 측면과 법률적 측면의 한 차례의 심리검토의 기회는 적어도 보장되어야 한다. 모든 국민은 각종 재판을 청구할 권리를 가지는 바, 각종 재판에는 민사재판 · 형사재판 · 행정재판 · 헌법재판이 있다. 민간인은 원칙적으로 군사재판을 받지 않으나 대한민국 영역 안에서 헌법 제27조 제2항에 열거된 범죄를 범하였거나(영역 밖에서 행해진 경우는 제외됨), 중대한 군사상 기밀 · 초병 · 초소 · 유독음식물공급 · 포로 · 군용물에 관한 죄 중 법률이 정한 경우에 한하여 군사법원의 재판을 받는다. 다만 비상계엄이 선포된 경우에는 범죄의 종류나 범죄를 행한 지역과 관계없이 군사법원의 재판을 받는다.

(2) 헌법과 법률이 정한 법관에 의한 재판을 받을 권리: 헌법과 법률이 정한 법관이란 헌법과 법률이 정한 자격을 구비하고, 적법절차에 의하여 임명되며, 물적독립과 인적독립이 보장된 법관을 말한다. 동시에 법원 내에서 사건분배 및 재판부구성이 객관적인 규범에 의해 이루어진 법관을 말한다. 된다. 배심원이 사실인정에만 참여하고 법률판단에는 참여하지 않는 한 배심재판을 위헌이라 할 수 없다. 반면 사실심에 대한 판단뿐만 아니라 법률심까지 참여하는 참심제 재판은 헌법개정에 의하지 않는 한 현행 헌법하에서는 허용될 수 없다(다수설). 한편 '국민의 형사재판 참여에 관한 법률'은 사법의 민주적 정당성과 신뢰를 높이기 위하여 국민에게 형사재판에 참여를 허락하고 있다. 헌법재판소는 재판청구권의 보호범위에는 배심재판을 받을 권리가 포함되지 않는다고 한다.

(3) 법률에 의한 재판을 받을 권리: 법률에 의한 재판이란 절차법이 정한 절차에 따라 실체법이 정한 내용대로의 재판, 즉 법에 정한대로의 재판을 말한다. 법률의 의미는 재판의 종류에 따라 서로 상이하다. 법률은 실체법에 관하여, 형사재판에서는 죄형법정주의원칙 때문에 형식적 의미의 법률이어야 하나, 민사재판과 행정재판에 있어서는 형식적 의미의 법률 이외의 모든 성문법과 관습법과 같은 불문법도 포함된다. 그러나 절차법에 관한 한 모두 형식적 의미의 법률이어야 한다. 헌법이 직접 소송에 관한 절차를

규율할 수 있도록 한 대법원규칙이나 헌법재판소규칙은 예외이다.

(4) 공정하고 신속한 공개재판을 받을 권리: 공정한 재판을 받을 권리는 헌법에 명시되어 있지 않으나 모든 국민이 당연히 갖는 권리이다. 공정한 재판이 되려면 당사자의 무기가 대등하고, 절차가 대등하며 공정하고 객관적인 재판절차가 마련되어야 한다. '공정한 재판을 받을 권리'에는 공정한 '헌법재판'을 받을 권리도 포함된다. 모든 국민은 신속한 재판을 받을 권리를 가진다. 신속한 재판은 재판의 생명이다. 올바른 결정도 중요하지만 신속하지 않으면 진정한 권리보호가 되기 어렵기 때문이다. 신속한 재판은 피고인의 이익과 실체적 진실발견 및 소송경제의 공익과의 조화를 요구한다. 형사피고인은 공개재판을 받을 권리를 가진다. 공개재판이란 재판의 심리와 판결이 공개된 법정에서 이루어지는 재판을 말한다. 이는 모든 사람에게 방청의 기회를 제공함으로써 국민으로 하여금 재판의 공정을 감시 · 담보하기 위함이다. 재판의 심리는 일정한 경우 비공개가 허용된다.

(5) 형사피해자의 재판절차진술권: 헌법은 형사피해자는 법률이 정하는 바에 의하여 당해사건의 재판절차에서 진술할 수 있다고 규정하여 형사피해자의 재판절차진술권을 재판청구권의 하나로서 인정하고 있다. 형사피해자 재판절차진술권이란 형사피해자가 법원에 대하여 증인신문절차에 의한 진술을 요구할 수 있는 권리를 말한다. 형사피해자의 개념은 반드시 형사실체법상의 보호법익을 기준으로 한 피해자개념에 한정하여 결정할 것이 아니라 형사실체법상으로는 직접적인 보호법익의 향유주체로 해석되지 않는 자라 하더라도 문제된 범죄행위로 말미암아 법률상 불이익을 받게 되는 자를 말한다. 법원은 피해자 등을 신문하는 경우 피해의 정도 및 결과, 피고인의 처벌에 관한 의견, 그 밖에 당해 사건에 관한 의견을 진술할 기회를 주어야 한다.

5-3 형사보상청구권

개념 26 형사보상청구권

제28조 형사피의자 또는 형사피고인으로서 구금되었던 자가 법률이 정하는 불기소처분을 받거나 무죄판결을 받은 때에는 법률이 정하는 바에 의하여 국가에 정당한 보상을 청구할 수 있다.

01_ 의의

형사보상청구권이란 형사피의자 또는 형사피고인으로 구금되었던 자가 불기소처분이나 무죄판결을 받은 경우에 그가 입은 정신적 · 물질적 피해에 대한 정당한 보상을 청구할 수 있는 권리를 말한다. 헌법은 피고인보상을 무죄'판결'로 규정하고 있으나 "형사보상 및 명예회복에 관한 법률"은 무죄 '재판'으로 그 범위를 확대하고 있다.

02_ 내용

형사보상청구권은 구금된 형사피의자가 법률이 정하는 불기소처분을 받거나(피의자보상), 구금된 형사피고인이 무죄재판을 받은 때(피고인보상)에 발생한다. 피의자보상은 피의자가 법률이 정하는 불기소처분을 받은 경우에 허용된다. 그러나 구금된 이후 공소를 제기하지 아니하는 처분을 할 사유가 있는 경우, 공소를 제기하지 아니하는 처분이 종국적인 것이 아닌 경우(기소중지), 또는 형사소송법 제247조 제1항의 규정에 의한 것일 경우(기소유예)에는 형사보상을 청구할 수 없다. 피고인보상은 피고인이 무죄재판을 받은 경우에 허용된다. 무죄재판은 형사소송법에 따른 일반절차 또는 상소권회복에 의한 상소, 재심이나 비상상고와 같은 절차에서 무죄재판을 받을 경우를 포함한다.

더 알아보기

- **구금**: 피고인 또는 피의자를 교도소 또는 구치소에 감금하는 강제처분을 말한다.
- **미결구금(未決拘禁)**: 도망이나 증거인멸을 방지하여 수사, 재판 또는 형의 집행을 원활하게 진행하기 위하여 무죄추정의 원칙에도 불구하고 불가피하게 피의자 또는 피고인을 일정기간 일정시설에 구금하여 그 자유를 박탈하게 하는 재판확정 전의 강제적 처분이며, 형의 집행은 아니다.

03_ 형사보상청구의 절차

형사보상청구권은, 피의자보상의 경우 검사로부터 공소를 제기하지 아니하는 처분의 고지 또는 통지를 받은 날로부터 3년 이내에, 피고인보상은 무죄재판이 확정된 사실을 안 날부터 3년, 무죄재판이 확정된 때부터 5년 이내에 하여야 한다. 피의자보상은 공소를 제기하지 아니하는 처분을 한 검사가 소속하는 지방검찰청의 심의회에 보상을 청구하여야 하며, 피고인보상은 무죄재판을 한 법원에 청구하여야 한다. 헌법재판소의 헌법불합치 결정으로 1년이었던 청구기간을 대폭 연장하였다.

04_ 형사보상청구에 대한 결정과 재판

피의자보상은 지방검찰청의 심의회가 결정하며, 피고인보상은 법원의 합의부에서 재판한다. 피의자보상에 있어 심의회의 결정에 대하여는 행정심판이나 행정소송을 제기할 수 있고, 피고인보상의 경우에는 법원의 보상결정에 대하여는 1주일 이내에 즉시항고를 할 수 있으며, 청구기각한 결정에 대하여는 즉시항고를 할 수 있다. 헌법재판소의 위헌결정 이후 불복금지조항을 폐지하고 1주일 이내에 즉시항고할 수 있도록 하였다.

5-4 국가배상청구권

개념 27 국가배상청구권

> 제29조 ① 공무원의 직무상 불법행위로 손해를 받은 국민은 법률이 정하는 바에 의하여 국가 또는 공공단체에 정당한 배상을 청구할 수 있다. 이 경우 공무원 자신의 책임은 면제되지 아니한다. ② 군인 · 군무원 · 경찰공무원 기타 법률이 정하는 자가 전투 · 훈련등 직무집행과 관련하여 받은 손해에 대하여는 법률이 정하는 보상외에 국가 또는 공공단체에 공무원의 직무상 불법행위로 인한 배상은 청구할 수 없다.

01_ 의의

국가배상청구권이란 공무원의 직무상 불법행위로 손해를 입은 국민이 국가나 공공단체에 손해배상을 청구할 수 있는 권리를 말한다. 국가배상청구는 국가무책임원칙을 포기할 때 가능하게 되며, 위법한 국가작용으로 인한 피해를 국가가 책임짐으로써 법치국가실현에 기여한다. 국가배상청구는 적법한 공권력행사로 인한 피해를 국가가 보상해주는 손실보상과 구별된다.

02_ 내용

(1) 배상책임의 요건: "공무원의 직무상 불법행위로 인한 손해배상청구권"에서 공무원이란 국가(지방)공무원법이 정한 공무원뿐만 아니라 널리 공무를 위탁받아 실질적으로 공무에 종사하는 자를 포함한다. 직무의 범위에 관하여 견해가 대립하나, 관리작용까지 포함한다는 견해(광의설)가 타당하며, 판례의 입장이기도 하다. 국가의 사경제 작용으로 인한 책임은 민사책임을 지면되기 때문이다. 직무행위는 행정, 입법, 사법작용을 포함한다. '직무를 집행함에 당하여'란 공무원의 직무집행행위와 그와 밀접한 관련이

있는 행위를 집행함에 있어서를 말하고, 직무집행인가 여부는 외형주의로 판단한다. 공공시설의 설치나 관리의 하자로 인하여 손해가 발생된 경우에 손해배상을 청구할 수 있다. 이는 일종의 무과실책임으로 공무원의 직무상 불법행위로 인한 손해배상책임과 구별된다. 대법원은 도로, 하천, 건널목 경보기, 가로수 등에 대한 설치 및 관리하자에 대한 손해배상책임을 긍정하고 있다.

(2) 배상절차: 피해국민은 배상심의회에 배상을 신청하거나 또는 배상심의회의 절차를 거치지 않고 바로 손해배상소송을 제기할 수 있다(임의적 결정전치주의). 헌법재판소는 배상결정전치주의를 합헌이라고 하였는데, 2000.12.29. 국가배상법은 임의적 결정전치주의로 개정하였다.

(3) 배상책임의 내용: 배상액은 가해행위와 상당인과관계에 있는 모든 손해액이다. 국가배상법은 민법과 별도의 배상기준을 두고 있는데 일정한 배상의 기준을 정하고 있다. 배상의 기준은 배상심의회의 전심절차에 적용되는 하나의 기준일 뿐 한정액으로 볼 수 없다. 생명 · 신체의 침해에 대한 배상청구권은 이를 양도하거나 압류하지 못한다. 이는 사회보장적 측면에서 피해자를 보호하기 위함이다.

03_ 이중배상금지

헌법 제29조 제2항은 군인 · 군무원 · 경찰공무원 등이 전투 · 훈련 등 직무집행과 관련하여 받은 손해에 대하여는 법률이 인정한 보상 외에 동법 제1항의 국가배상청구를 금지하고 있다(소위 이중배상금지). 이중배상금지조항은 1967년 국가배상법개정을 통해 도입되었는데, 보상금이란 사회보장적 성격을 지니므로 배상금과 양립될 수 있으며 다른 공무원에 비해 형평에 어긋난다고 하여 1971년 대법원으로부터 위헌판결을 받았다. 제4공화국 헌법은 위헌판결을 받은 이중배상금지규정을 헌법에 편입시켰고, 현행 헌법도 이를 그대로 존치시키고 있다.

04_ 군인과 민간인의 공동불법행위

군인과 민간인이 공동으로 불법행위를 하여 다른 군인에게 손해를 입힌 경우, 민간인이 손해를 모두 배상한 경우 공동불법행위자인 군인의 부담부분에 관하여 국가에 구상권을 행사하는 것이 허용되는가가 문제된다. 구상권을 긍정하는 입장(헌법재판소)과 부정하는 입장(대법원)으로 나뉜다.

5-5 범죄피해자의 구조청구권

개념 28 범죄피해자의 구조청구권

제30조 타인의 범죄행위로 인하여 생명 · 신체에 대한 피해를 받은 국민은 법률이 정하는 바에 의하여 국가로부터 구조를 받을 수 있다.

01_ 의의

범죄피해자의 구조청구권이란 타인의 범죄행위로 생명을 잃거나 신체에 대한 피해를 입은 국민이나 유가족이 가해자로부터 충분한 배상을 받지 못한 경우에 국가에 대하여 구조를 청구할 수 있는 권리를 말한다(피해자구조청구권). 본인의 귀책사유 없이 범죄로 생명을 잃거나 신체에 중대한 손상을 입게 되면 본인 또는 유가족은 예상치 못한 어려움에 직면하게 된다. 이러한 경우 만일 가해자가 배상능력이 없거나 누구인지 모르거나 또는 도주한 경우에는 기존의 손해배상청구로는 구제받을 수 있는 방법이 없으므로 피해자는 결정적인 곤궁에 처해질 수 있다. 따라서 범죄피해자에 대한 보호는 국가가 범죄를 사전에 예방하지 못한 것에 대하여 책임지는 것이며 범죄로 인한 피해를 사회구성원에게 분담시키는 사회보장의 성격을 지닌다. 범죄피해자 구조를 위해 1987년 범죄피해자구조법이 제정되었고 범죄피해자를 지원보호하기 위해 2005년 범죄피해자보호법이 제정되었는데, 범죄피해자구조법은 2010년 범죄피해자보호법으로 흡수 통일되었다.

02_ 피해자구조청구권의 성립요건

(1) 적극적 요건: 피해자구조청구는 타인의 범죄행위로 피해가 발생하여야 한다. 범죄행위로 인한 것이어야 하므로 정당행위나 정당방위 또는 과

실에 의한 행위는 제외된다. 그러나 형사미성년자의 행위, 심신상실자의 행위, 강요된 행위, 긴급피난으로 피해를 받은 경우에는 구조피해청구가 허용된다. 또한 생명이나 신체에 대한 피해로서, 사망하거나 장해 또는 중상해를 입은 경우로 국한된다.

(2) 소극적 요건: 가해자와 피해자 사이가 부부(사실상의 혼인관계를 포함한다), 직계혈족, 4촌 이내의 친족, 동거친족인 경우 피해구조를 청구할 수 없다. 또한 유족이 구조피해자를 고의로 사망하게 한 경우에도 청구할 수 없다. 그리고 구조피해자가 일정한 행위를 한 경우 지급이 불허되거나 제한된다.

03_ 피해자구조청구권의 종류와 행사(보충성)

구조피해자가 사망한 때에는 유족에게 유족구조금이, 장해 또는 중상해의 경우에는 해당 구조피해자에게 장해구조금 또는 중상해구조금이 지급된다. 범죄피해구조금은 구조피해자가 피해의 전부 또는 일부를 배상받지 못하거나 또는 자기 또는 타인의 형사사건의 수사 또는 재판에서 고소 · 고발 등 수사단서를 제공하거나 진술, 증언 또는 자료제출을 하다가 구조피해자가 된 경우에 지급된다. 구조피해자나 유족이 해당 구조대상 범죄피해를 원인으로 하여 국가배상법이나 그 밖의 법령에 따른 급여 등을 받을 수 있는 경우에는 구조금을 지급하지 않는다.

06 참정권적 기본권

민주주의는 국가를 구성함에 모든 국민의 참여가 보장되고 모든 국민은 각자의 능력에 따라 국가기관의 구성원이 될 수 있으며, 정기적이고 수시적으로 국가의사결정에 관여할 수 있을 때 완성된다. 정치적 기본권이라 할 수 있는 참정권이 민주주의 원리실현과 불가분의 관계를 맺게 되는 이유이다. 민주주의의 성공여부는 참정권에 의해 좌우된다고 할 수 있을 정도로 참정권은 기본권체계에서 중요한 지위를 점하고 있다.

참정권적 기본권이란 국가의 정치의사결정에 직접 참여할 수 있는 권리를 말한다.

참정권은 국민이 국가의 의사형성에 직접 참여하는 직접적인 참정권과 국민이 국가기관의 형성에 간접적으로 참여하거나 국가기관의 구성원으로 선임될 수 있는 권리인 간접적인 참정권으로 나눌 수 있다. 이에 따라 우리 헌법은 참정권에 관하여 간접적인 참정권으로 공무원선거권(헌법 제24조), 공무담임권(헌법 제25조)을, 직접적인 참정권으로 국민투표권(헌법 제72조, 제130조)을 규정하고 있다.

[참정권적 기본권 체계도]

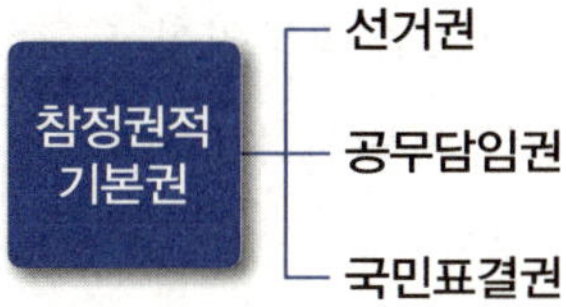

개념 29 **참정권적 기본권**

01_ 선거권

제24조 모든 국민은 법률이 정하는 바에 의하여 선거권을 가진다.

(1) 의의: 선거권이란 선거인단의 구성원으로서 국민이 각종 공무원을 선출하는 권리를 말한다. 선거는 국가권력을 창설하고, 국가권력행사를 통제하며, 국가권력에 정당성을 부여하는 기능을 한다. 또한 국민의 의사를 체계적으로 결집하고 수렴하며 구체화시켜준다.

(2) 내용: 선거권에는 대통령선거권, 국회의원선거권, 지방자치단체의 장 또는 지방의회의원선거권이 있다.

02_ 공무담임권

제25조 모든 국민은 법률이 정하는 바에 의하여 공무담임권을 가진다.

(1) 의의: 공무담임권이란 공무를 담당할 수 있는 자격을 말한다. 공무는 선출된 공직자가 담당하는 공무와 기타 공직자의 공무로 나눌 수 있다. 공무담임권은 선거로 선출되는 공직에 입후보할 수 있는 자격(피선거권)과 기타 공직에 취임할 수 있는 공직취임권을 말한다.

(2) 내용: 피선거권은 선거에 입후보하여 당선을 기초로 공무원이 될 수 있는 권리를 말한다. 선거에 후보자로 출마할 수 있는 자격이다. 피선거권은 보통 연령이나 거주요건과 연결되어 있다. 대통령의 피선요건은 만 40세, 국회의원은 만 25세, 지방의회의원 및 지방자치단체의 장은 만 25세이다. 모든 국민은 선거직 이외의 공직에 취임할 수 있는 협의의 공무담임권, 즉 공직취임권을 가진다. 공직취임권은 모든 국민은 누구나 그 능력과 적성에 따라 공직에 취임할 수 있는 균등한 기회를 보장한다는 의미이다.

03_ 국민표결권(국민투표권)

(1) 의의: 국민표결권이란 국민이 국가의사형성에 직접 참가할 수 있는 권리를 말한다. 국민표결권은 모든 형태의 국민의 직접적인 의사형성, 예를 들어 국민투표, 신임투표, 국민발안, 국민거부, 국민소환 등을 모두 포괄한다. 통상 국민표결권은 국민의 직접 입법인 국민발안, 대표자에 대한 해직인 국민소환, 중요정책(법안 포함)에 대한 국민투표로 대별된다.

(2) 내용: 대통령은 필요하다고 인정할 때에는 외교 · 국방 · 통일 기타 국가안위에 관한 중요정책을 국민투표에 붙일 수 있다. 헌법 제72조의 국민투표는 대통령의 재량적 판단에 따른 임의적 성격의 국민투표란 점에서 상의적 국민투표에 해당하며, 필수적 성격의 헌법개정안에 대한 국민투표와 구별된다. 헌법개정안은 국회가 의결한 후 30일 이내에 국민투표에 붙여 국회의원 선거권자 과반수의 투표와 투표자 과반수의 찬성을 얻어야 한다. 헌법개정안은 국민투표로 확정되는데 헌법개정안에 대한 국민투표는 국회를 통과한 헌법개정안에 대한 인준을 성격을 지닌다.

07 | 국민의 기본의무

17

헌법 이야기

서인국 | 세금 적게 걷히는 동네라고 시에서 보호 안 해주면,
우리라도 해주자구요.
국민의 의무 다하려고 열심히 산 분이잖아, 우상철씨
국민의 의무를 지킨 사람은 권리도 지켜 드려야죠.
그거, 그게 공평한거잖아요.

〈드라마 '38사기동대'(2016년) 중에서〉

저자에게 적지 않은 영향을 끼친 이 드라마는 헌법을 공부하는데 있어서 새로운 시각을 가지게 함으로써, 헌법이 생활 속에서 살아 움직이는 듯한 경험을 하게 만들어 준 점에서 의미가 크다. 헌법 제37조 제1항은 "국민의 자유와 권리는 헌법에 열거되지 아니한 이유로 경시되지 아니한다"고 규정하고 있는 바, 사람들이란 크게 다르지 않으므로 모두 고귀한 존재여서 권력이나 지위 또는 경제력의 차이에 관계 없이 존중 받아야 한다. 자신의 의무를 다하기 위해 노력하는 선량한 국민들이 존경 받고, 인간의 존엄과 가치 및 행복을 보다 많이 추구하는 사회가 되어야 함은 자명하다.

개념 30 국민의 기본의무

제38조 모든 국민은 법률이 정하는 바에 의하여 납세의 의무를 진다.

제39조 ① 모든 국민은 법률이 정하는 바에 의하여 국방의 의무를 진다. ② 누구든지 병역의무의 이행으로 인하여 불이익한 처우를 받지 아니한다.

01_ 의의

국민의 기본의무란 국민이 국가구성원의 지위에서 부담하는 기본적 의무를 말한다. 기본의무는 국민이 국가의 구성원으로서 부담하는 여러 의무 중 헌법이 직접 국민에게 부여한 의무를 말한다. 개별 법률상의 의무는 기본의무가 아니다. 국민의 기본의무는 헌법에 근거가 필요하며 구체적 내용이 법률로 정해진다.

02_ 내용

(1) 고전적 의무: 모든 국민은 법률이 정하는 바에 의하여 국방의 의무를 진다. 국방의 의무란 외국의 침략으로부터 국가의 독립을 유지하고 영토를 보전하기 위한 국토방위의 의무를 말한다. 국방의 의무는 직접적인 병력제공 뿐 아니라 방공 · 방첩 · 전시근무 등 국방에 관한 모든 의무를 포함한다. 헌법재판소도 국방의 의무란 병역법에 의한 직접적인 병력형성의무 뿐만 아니라, 향토예비군설치법, 민방위기본법, 비상대비자원관리법에 의한 간접적인 병력형성의무 및 병력형성 이후 군작전명령에 복종하고 협력하여야 할 의무도 포함하는 넓은 의미로 보고 있다. 누구든지 병역의무의 이행으로 인하여 불이익한 처우를 받지 아니한다. 불이익한 처우란 단순한 사실상 · 경제상의 불이익을 모두 포함하는 것이 아니라 법적인 불이익을 말한다(국방의 의무). 모든 국민은 법률이 정하는 바에 의하여 납세의 의무를

진다. 납세의 의무란 국가의 존립과 국가의 과제를 수행하는데 필요한 경비를 충당하기 위하여 조세를 납부할 의무를 말한다. 국민, 외국인, 법인 모두 납세의 의무를 부담한다. 조세란 국가나 지방자치단체가 아무런 보상 없이 일방적으로 그리고 강제적으로 부과하는 모든 경제적 부담을 말한다. 납세의무는 조세법률주의와 조세평등주의에 따라 부과된다(납세의 의무).

(2) 현대적 의무: 모든 국민은 그 보호하는 자녀에게 적어도 초등교육과 법률이 정하는 교육을 받게 할 의무를 진다. 모든 국민은 근로의 의무를 진다. 국민은 환경보전을 위하여 노력하여야 한다. 재산권의 행사는 공공복리에 적합하도록 하여야 한다.

PART 04

국가구조론

18

헌법 이야기

"어둠은 빛을 이길 수 없다.
거짓은 참을 이길 수 없다.
진실은 침몰하지 않는다.
우리는 포기하지 않는다."

김상중 | 우리는 묻고 또 물었습니다.
진심을 다해 수많은 이들을 만났고,
최선을 다해 방대한 자료를 분석했습니다.
하지만,
끝끝내 마지막 퍼즐을 맞출 수는 없었습니다.
그 과정을 통해 우리는 깨달았습니다.
세월호 7시간의 비밀은
앞으로 또다시 닥칠지 모르는 국가재난 시,
국민의 생명과 안전을 지킬 열쇠가 될 것이며,
따라서 그 비밀은
대통령 스스로가 밝혀야 한다는 사실을 말입니다.

〈'대통령의 시크릿', 그것이 알고 싶다(2016년 11월 19일) 중에서〉

대한민국 헌법 전문은 "우리들과 우리들의 자손의 안전과 자유와 행복을 영원히 확보할 것을 다짐"하고 있습니다. 오늘의 역사는 부끄러울지 모르지만, 그보다 더 중요한 것은 우리들과 우리들의 자손은 이런 자랑스런 나라에서 앞으로도 열심히 살아가야 한다는 현실입니다. 역사는 기억할 것입니다. 바람이 불어도 촛불은 꺼지지 않는다는 사실을 말입니다.

CHAPTER 01

국가구조의 원리와 형태

국가구조란 정치적 공동체를 유지해야 하는 헌법적 과제를 수행하고 담당하는 국가조직일반을 말한다. 국가조직은 국가가 처해있는 시대적 배경이나 역사적 환경에 따라 서로 다른 구조를 취하게 마련이다. 국가구조는 나라마다 시대에 따라 다른 형태를 취하게 되나 국가구조를 만들어냄에 있어 준수하고 유념해야 할 일반적 원칙이 존재한다. 즉 국가구조의 기본원리와 조직원리이다.

[국가구조의 원리와 형태 체계도]

- 국가구조의 기본원리
  - 국가구조의 민주적 정당성
  - 국가구조의 절차적 정당성
- 국가구조의 조직원리
  - 대의제
  - 권력분립원리
- 정부형태의 유형
  - 대통령제
  - 의원내각제
  - 이원정부제
  - 회의제

01 | 국가구조의 기본원리

개념 01 국가구조의 기본원리

국가구조는 국가기관을 포함한 국가조직 및 국가조직 상호간의 유기적 관계를 총칭한다. 먼저 이러한 국가구조가 왜 필요한지, 무엇을 위해 필요한지, 국가기관을 만들고 권한을 부여함에 있어 유념해야 할 과제가 무엇인지가 규명되어야 한다.

01_ 국가구조의 존재이유

국가는 구성원의 다양한 이해관계의 대립과 갈등을 해결하여야 한다. 이러한 과제는 국가의 존립조건이 되며 동시에 국가의 책무가 된다. 국가구조가 존재해야 할 궁극적 목적은 국민의 '생명과 재산 그리고 안전'에 대한 국가의 보호이겠지만, 제1차적 이유는 정치적 공동체의 유지에 있다. 정치적 공동체는 구성원 모두가 지켜야 할 원칙을 요구한다. 또 구성원의 합의에 의해 만들어진 원칙에 따라 집행이 이루어지며 집행과정에서 나타난 갈등과 구성원간의 다툼이 있을 경우 무엇이 옳은가를 판단해 줄 수 있어야 한다. 이러할 때 구성원의 다양한 이해관계의 대립과 갈등은 해소되며, 공동체는 유지 존속될 수 있다. 이러한 과제를 감당하기 위해서 국가기관이 요구되며 국가조직 상호간의 관계 정서가 요구된다. 즉 국가구조가 필요하게 된다.

02_ 국가구조 궁극적 목표

정치적 공동체가 유지되기 위해서는 국가구조가 필요하다. 국가구조는 구성원의 다양한 이해관계의 대립을 완화시키고 갈등을 해소함으로써 정치적 공동체를 유지 존속시켜 준다. 정치적 공동체의 유지 존속은 공동체 그 자체의 유지 존속에도 의미가 부여되지만 궁극적 목표는 국민의 생명이나 재산 및 안전을 보호하는데 있다. 국가구조는 그 자체에 목적이 주어진 존재가 아니다. 국가구조는 국민의 생명과 재산을 보호하고 안전을 보장하는 것을 목표로 하는 존재이다. 그렇다면 국가구조는 국민의 기본권을 보호하기 위한 수단이 되며, 여기에 국가구조의 궁극적 목표가 주어진다.

03_ 국가구조 형성의 기본원리

'국가구조의 존재이유와 목표'가 확인되었다면 이들을 실현할 수 있는 국가구조가 만들어져야 하는데, 국가구조의 형성에 유념해야할 원칙이 요구된다. 먼저 국가구조는 국민의 기본권실현에 봉사하는 구조가 되어야 한다. 또 모든 국가구조는 국민의 정당한 위임에 의해 만들어져야 하며 이를 기초로 만들어진 국가구조라 하더라도 국가권력의 행사절차, 형식, 방법을 일정한 원칙에 따르게 함으로써, 국가구조의 존재이유와 목표달성으로부터 이탈하지 못하게 하여야 한다.

(1) 국가구조의 기본권기속 실현: 국가권력은 자기목적적일 수 없다. 국가구조는 기본권실현의 수단에 지나지 않으므로 모든 국가구조는 기본권 실현에 봉사할 수 있도록 형성되어야 한다. 국가구조의 기본권기속은 국가구조형성에 가장 중요한 원리이며 과제가 된다. 국가구조의 민주적 정당성이나 절차적 정당성의 확보도 궁극적으로는 기본권기속을 실현하기 위한 하위개념이기 때문이다.

(2) 국가구조의 민주적 정당성 확보: 국가구조는 힘에 의해 만들어지는 것이 아니라 국민의 자유로운 동의에 의해 성립되어야 한다. 모든 국가구조는 민주적 정당성이 확보될 수 있도록 조직되어야 한다. 이러한 민주적 정당성의 확보는 국가권력의 '성립 단계'에서만 요구되는 것이 아니라, 국가

권력의 '존속'에도 요구되며 국가기관의 '권한'을 정함에 있어서도 적용된다. 헌법은 국가구조가 민주적 정당성을 확보할 수 있도록 의사표현의 자유, 청원, 정당활동의 자유, 선거, 국민투표, 국가기관의 임기제 등 각종의 장치를 마련해 놓고 있다. 또한 국무총리나 감사원장, 대법원장, 헌법재판소장, 대법관 등 중요한 헌법기관구성에 국회의 동의를 얻게 함으로써 간접적이지만 민주적 정당성을 확보하고자 하였다. 헌법재판소나 중앙선거관리위원회 일부 구성원을 국회가 선출하도록 함으로써 헌법재판소나 중앙선거관리위원회의 민주적 정당성을 제고시키고 있다.

(3) 국가구조의 절차적 정당성 확보: 국가권력이 민주적 정당성을 확보하였다 하여도 국가권력은 그 자체가 힘의 행사를 본질로 하기에 권력의 폭력화를 방지할 수 있는 제도적 장치가 확보되어야 한다. 국가구조의 기본권기속의 실현은 민주적 정당성의 확보만으로는 부족하고 국가권력행사의 '방법과 과정에 대한 정당성', 즉 절차적 정당성까지 확보되어야 한다. 이러한 절차적 정당성은 국가권력의 분리, 권력 간의 견제와 균형, 견제수단의 형평성 및 효율성 등으로 구체화된다. 헌법은 수평적 권력분립과 수직적 권력분립을 통해 절차적 정당성을 확보하고 있다. 동시에 기관 간의 견제와 균형을 통해, 헌법기관의 임기 차등을 통해, 소수보호(예: 임시회소집요구나 탄핵소추발의 또는 해임건의를 일정 수 의원으로 가능하게 하고 있는데, 이는 일종의 소수보호에 해당)를 통해 절차적 정당성을 확보하고 있다. 또한 기관간 권력통제 외에도 기관 내부의 통제를 통해 절차적 정당성 확보에 노력하고 있다. 대통령의 국법상 행위를 문서로 하게 하거나, 부서(副署)를 요하게 한 것, 행정각부의 장관의 임명에 국무총리의 제청을 요구한 것은 비록 실효성에 의문이 있으나 기관내부의 절차적 정당성을 확보하기 위함이다.

02 | 국가구조의 조직원리

개념 02 대의제(국민대표주의)

국가구조를 형성함에 있어, 국가구조의 목표이자 이념인 국가구조의 기본원리 외에 조직원리가 필요하게 된다. 대의제와 권력분립원리이다.

01_ 의의

주권자인 국민이 자신의 의사를 실현하는 방법에는 국민이 직접 국가의사를 결정하는 직접민주제도와 선출된 대표자를 통해 국가의사를 결정하는 간접민주제도(대표민주제도)의 두 종류가 있다. 대의제란 국민이 정치적 의사를 직접 결정하지 않고 그 대표를 통해 정치적 결정을 내리며 그 효과를 국민에게 귀속시키는 국가의사결정구조를 말한다. 이렇듯 대의제는 '국가의사의 결정원리'로서의 성격을 지님과 동시에 대의기관을 구성하는 '국가구조의 조직원리'의 성격을 지닌다. 의회주의 초기시절 대의제가 국가의 조직원리로서 기능하였는데, 지금도 대의제는 세계 대다수의 국가에서 국가의 조직원리로서 중추적 역할을 담당하고 있다.

02_ 대의제도의 현대적 상황

(1) 대의제도에 대한 외부적 위협: 오늘날 민주주의가 뿌리내리고 있는 국가적 환경은 대의제가 성립되었던 19세기의 그것과 매우 다르다. 고전적 대의이론으로 설명하기 어려운 문제가 나타났으며 또 방어하기 어려운 상황에 놓여져 있다. 특히 정당제 민주주의 영향으로 대의제의 근간이 근본적으로 흔들리고 있다. 정당의 이익을 위해 대의를 버렸고 정당에 예속됨

으로 국민 대표성은 상실되었다. 대의제의 기본정신에 대한 훼손으로 국민의 의사는 물론 선거구민의 의사조차도 대변하지 못하고 있다. 보통선거의 확대, 정당의 발달, 행정국가화 경향, 위헌법률심판의 보편화 등은 고전적 대의이론에 대한 중대한 위협이 되고 있다.

(2) 위협에 대한 대처방법: 무엇보다 대의제는 정당의 발달로 위협받고 있다. 그렇다면 정당 자체의 민주화를 통해 정당국가화로 나타난 대의제의 문제점을 완화할 수 있어야 한다. 직접 민주주의 이상을 완전히 실천하기는 불가능하지만 국민이 현실적으로 국정에 참여할 수 있는 소위 참여민주주의의 확대가 요구된다. 참여민주주의란 고전적 대의제에 좌절과 환멸을 느껴 국민의 적극적인 정치과정에의 참여를 강조하는 것으로, 참여와 자치를 추구한다. 특히 정당제 민주주의 문제점을 치유하고 보완하기 위해서는 국민의 직접적인 정치참여가 필요하다.

03_ 대한민국 헌법의 대의제

(1) 대의제 원칙: 헌법은 국민주권의 원리와 함께 "모든 권력은 국민으로부터 나온다"고 규정하여 국민에 의하여 선출된 대표가 국가권력을 대신하여 행사하는 대의제를 채택하고 있음을 명백히 하고 있다. 대의제 민주주의는 민주주의 구현방법으로 헌법의 기본원리에 속한다. 또한 헌법은 입법권, 대통령 및 국회의원선거, 국가이익우선의무를 통해 대의제가 국가구조의 중요한 조직원리임을 나타내고 있다.

(2) 직접민주제의 보완: 헌법은 부분적으로 직접민주제를 채택하고 있다. 국가중요정책에 대한 국민투표제, 헌법개정에 대한 국민투표제가 그것이며, 국민발안이나 국민소환은 채택하고 있지 않다. 다만 지방자치 차원에서 다양한 직접민주제도가 도입되었는데, 주민발안, 주민투표, 주민소환제가 채택되었다.

개념 03 권력분립원리

01_ 의의

권력분립이란 국가기능을 행정 · 입법 · 사법으로 분리하고 각각을 독립된 기관에 분립시킴으로써 국가권력의 남용을 방지하고 국민의 기본권을 보장하기 위한 국가구조의 조직원리를 말한다. 권력분립원리는 절대권력은 절대적으로 부패한다는 진리에 가까운 공리에 그 이념적 기초를 두며, 국가권력이나 국가기능의 분리 · 분립을 직접적 내용으로 하지만, 궁극적 목적은 기본권보장에 있다.

02_ 권력분립이론의 발전

권력분립원리의 역사는 인류의 역사와 그 기간면에서 동일하다. Platon, Aristoteles 등 고대 그리스 국가철학에서 이미 등장하였고, 중세 암흑기 속에서의 일시 중단을 제외하고는 지금까지 불변의 진리로 계승되고 있다. 권력분립원리가 국가구조의 확고한 구성원리로 자리 잡은 것은 1688년 영국의 명예혁명 전후이다. 고전적 권력분립이론은 영국의 정치상황을 배경으로 하여 Locke와 Montesquieu에 의해 체계화 되었다.

03_ 고전적 권력분립이론에 대한 도전과 대응

(1) 고전적 권력분립이론의 위기현상: 오늘날 국민주권국가가 처한 상황은 고전적 권력분립이론이 전제로 하는 그런 상황이 아니기에 고전적 권력분립이론이 그대로 적용되기에 어려움이 많다. 한편 새로운 문제를 해결하기 위해 등장한 사회국가는 국민의 생존배려를 실현해야 하며 계획하고 형성하고 분배하는 국가일 것이 요구되기에 필연적으로 행정국가(급부국가)로 이어진다. 또한 권력분립이론은 국가권력이나 기능의 구별이 가능하다

는 것을 전제로 하는데, 입법과 집행은 그 기능에 있어서나 권력담당자에 있어 실질적 구별이 점차로 희박해지고 있다. 국가권력을 입법과 행정으로 분리하더라도 '정당을 통한 권력통합 현상' 때문에 국가작용의 실질적 결정권이 집권당의 수뇌부에 귀속되게 된다. 사법국가는 필연적으로 입법부나 행정부에 대한 강력한 통제권한을 갖게 되며 이와 같은 사법국가화 경향은 고전적 권력분립이론이 예상치 못한 것으로, 권력분립에 대한 위협이 될 수 있다.

(2) 권력분립이론의 현대적 대응: 고전적 권력분립이론이 현대의 제 상황에 비추어 볼 때 상당한 위기를 맞고 있음을 부인할 수 없다. 그러나 권력분립은 현대의 국가질서에서도 반드시 존중되어야 할 원칙임에 틀림없다. 따라서 권력분립에 대한 헌법학의 과제는 권력의 집중과 통합이 불가피하다는 것을 인정하면서 이로 인해 나타나는 제 문제를 적극적으로 대처하는 데 있다. 즉 권력분립의 포기나 폐지가 아니라 권력분립의 합리적 재구성이다. 많은 학자들에 의해 새로운 권력분립이론이 제시된 것도 결코 우연한 일이 아니다. 뢰벤슈타인(Löwenstein)의 동태적 권력분립이론(국가기능을 '정책결정, 정책집행, 정책통제'의 셋으로 나누고 이 세 가지 기능이 여러 권력주체에 의하여 협동적으로 행하여질 경우 효과적인 권력통제가 이루어진다고 함)이나 케기(Kägi)의 포괄적 권력분립이론(권력분립은 3권분립보다 더 포괄적이라고 한 그는, 고전적 권력분립의 기본요소인 입법, 행정, 사법의 구별을 긍정하면서도 다른 요소를 주장)은 모두 이러한 노력의 대표적인 예에 속한다.

04_ 대한민국 헌법에 있어서의 권력분립제도

대한민국 헌법은 건국헌법 이래 권력분립원리를 국가의 조직원리로 채택하고 있다. 수평적으로는 국가기능을 입법, 행정, 사법으로 나누고 이를 서로 다른 국가기관에게 맡김으로써, 수직적으로는 국가와 자치단체 간, 자치단체 상호간의 권력통제를 통해 권력분립이 제도화되어 있다. 현행 헌법은 권력의 분리 및 견제와 균형의 고전적 권력분립과 현대의 기능적 · 포괄적 권력분립을 모두 반영하고 있다. 헌법은 국가기능을 입법, 행정, 사법으로 나누고, 구별된 국가기능을 서로 다른 국가기관에게 부여하며, 해당 국가기관으로 하여금 주어진 과제를 담당할 수 있도록 권한을 주고 있다. 헌법은 입법기능은 국회에, 행정기능은 대통령을 수반으로 하는 정부에, 사법기능은 법관으로 구성된 법원에 부여하고 있다. Kägi의 포괄적 권력분립원리가 헌법에 반영되어 있다. 헌법개정권(제10장)과 일반 입법권을 구별하여 이원화시키고 있다. 또 공직자의 임기와 그 임기의 차등을 통한 권력분립을 채택하고 있다. 대통령 5년, 국회의원 4년, 감사원장 및 감사위원 4년, 대법관 6년, 헌법재판관 6년으로 한 임기제를 두고, 임기를 차등하여 시간적 측면에서의 권력분립을 실현하고 있다. 또한 중앙정부와 지방사이의 권한분배를 통하여 수직적 권력분립을 실현하고 있다.

03 국가구조의 형태

지금의 대통령을 제왕적 대통령제라고 하면서 2원정부제 내지는 내각제로 바꾸자는 주장이 넘치는데, 적절치 않다. 2원정부제는 직선의 대통령에게 외치를 맡기고 총리에게 내치를 맡기자는 것인데, 매우 불완전하다. 머리 둘 달린 독수리이거나 두 마리 말이 끄는 마차에 불과한 기형적 정부형태에 불과하다. 가뜩이나 합의를 이루지 못하는 우리 정치풍토에서, 집행부 이원화는 위험천만이다. 또 내각제 운운하고 있는데 내각제도 그 형태가 너무 다양하다. 지금도 생각이 아닌 사람중심의 패거리 정당을 보는 것이 안쓰러운데, 그런 정당들이 주도하는 의회민주주의는 상상조차 하기 싫다.

우리는 약 60년간 대통령 중심제를 해왔기에 대통령제는 그래도 매우 익숙한 제도이다. 미국을 떠난 대통령제가 모두 독재로 전락했지만, 대통령제를 유지한 채 민주화를 달성한 대한민국이기에 현재의 대통령제를 잘 고쳐 쓰기만 하면 세계정치사에 한 획을 그을 수도 있다. 지금의 대통령제를 고쳐 쓰는 것이 옳다고 본다. 또한 우리는 그 동안 대통령을 국민이 직접 뽑는 것을 원했고 지금도 원하고 있다는 것에 주목해야 한다. 일단 하고 보자는 것은 무책임하며, 무조건 잘될 거라는 근거 없는 낙관은 매우 위험하다. 우리에겐 위험한 실험을 할 여유도 능력도 없다.

〈헌법은 바꾸는 게 아니라 고치는 것이다(상), 김학성 칼럼, 일간투데이 인용〉

개념 04 정부형태의 유형

국가형태와 정부형태는 헌법학에서 상호불가분의 관계에 있다. 국가형태란 한 국가의 헌정체제 전반을 의미하는 것으로 국가 그 자체에 대한 구조를 의미한다. 반면 정부형태는 국가형태보다 좁은 개념으로서 헌정체제하에서 국가기관 상호간, 특히 집행부와 입법부 간의 권력분립원리의 실천형태를 말한다. 따라서 양자는 개념적으로 구별된다. 정부형태는 권력분립원리가 국가권력구성에 적용된 형태라 할 수 있는데, 권력분립원리가 어떻게 적용되고 실현되는가에 따라 정부형태의 조직이나 기능면에서 많은 차이를 보이게 된다. 정부형태로는 집행부 우위의 대통령제, 입법부 우위의 의원내각제, 행정부와 입법부의 공화적 균형을 취하는 이원정부제, 입법부 절대 우위의 회의제로 대별된다.

현행 헌법은 대통령을 직선으로 선출하며, 대통령의 국회해산권을 삭제하였고, 대통령은 국회에 대해 책임을 지지 않는 구조이다. 다만 역대 헌법에서와 마찬가지로 정부의 법률안제출권을 인정하며 의원의 각료겸임을 허용하고 있다. 축소되었던 국회의 권한이 원상으로 회복되었으며 사법권의 독립을 강화하고 헌법재판소를 통해 권력 간의 견제 · 균형을 확보할 수 있는 합리적 권력구조를 실현하고 있다. 대통령제를 원칙으로 하면서 의원내각제의 요소를 가미한 '변형된 대통령제'의 형태를 취하고 있다.

〈3-1〉 대통령제

01_ 의의

대통령제란 엄격한 권력분립을 기초로 국가기관 상호간의 독립을 보장하며 대통령이 임기 중 독립하여 행정권을 행사하는 정부형태를 말한다. 대통령제는 의원내각제와 더불어 민주주의의 전형적인 정부형태의 하나로 자리매김하고 있다.

02_ 내용

(1) 대통령의 직선: 대통령제는 국민이 대통령을 직접 선출한다. 대통령제를 표방하면서 대통령을 간선으로 선출한다면 고전적 대통령제로 보기 어렵다. 미국의 경우 대통령을 간선으로 선출하나 실질적으로 직선의 효과를 지니고 있으므로 대통령제의 특징과 모순되지 않는다. 대통령을 국민이 직접 선출하기에 대통령제는 이원적 민주적 정당성 또는 이중적 대표의 성격을 지니게 된다.

(2) 행정부의 일원적 구조: 국민에 의해 선출된 대통령은 국가원수이자 행정부의 수반이 된다. 대통령은 내각의 결정에 구속되지 않으며, 국무총리 대신 직선의 부통령을 둔다. 대통령이 국가원수이자 행정부 수반이란 점에서 국왕(또는 간선의 대통령)과 수상의 이원적 구성을 그 내용으로 하는 의원내각제와 구별된다.

(3) 입법부와 행정부의 엄격한 분리와 독립: 입법부와 행정부는 구성면에서 독립되어 있으므로 장관은 의원을 겸할 수 없다. 동시에 행정부의 입법부에 대한 간섭도 금지되므로 정부가 의회를 해산하거나 법률안을 제출하지 못하고, 의회에 출석하여 발언할 수 없다. 한편 의회와 정부가 병렬적으로 독립되어 있어 서로 견제함으로써 균형을 이루고 있다. 대통령은 법률안거부권과 법률공포권을 가지며, 의회는 정부의 고급공무원 임명 및 조약비준에 대한 동의권을 가진다.

〈3-2〉 의원내각제

01_ 의의

의원내각제란 완화된 권력분립을 기초로 의회에서 선출되고 의회에 대하여 책임을 지는 내각을 중심으로 국정이 운영되는 정부형태를 말한다. 의원내각제는 대통령제와 더불어 입헌민주주의 정부형태로 많은 국가에서 받아들이고 있는 정부형태이다.

02_ 내용

(1) 국가원수의 의회선출(행정부의 이원적 구조): 의원내각제는 행정부를 구성함에 있어 국가를 대표하는 명목적 존재로서의 국가원수와 행정에 대한 실질적 권한을 행사하는 내각으로 이원화시키고 있다. 이를 행정부의 이원적 구조라 한다. 국가원수이면서 동시에 행정부의 수반의 지위를 지니는 대통령제의 국가원수와 구별된다. 국가원수는 명목적 국가대표이며 의회에서 선출된다.

(2) 의회에 대한 내각의 책임불신임: 의회에 대한 내각의 정치적 책임은 의원내각제의 본질적 요소이다. 내각이 지는 정치적 책임은 연대책임을 원칙으로 한다. 따라서 의회의 불신임이 있을 때 내각은 총사퇴하여야 한다. 내각의 수상과 각료의 상호관계가 어떠한가에 따라 의원내각제의 형태가 달라질 수 있다.

(3) 입법부와 행정부의 공화와 협력: 내각은 의회의 다수당으로 구성되므로 장관과 의원의 겸직이 가능하다. 의원내각제의 장관은 보통 의회에서 나오나, 국방, 외무, 기타 기술 장관의 경우는 정당과 무관한 전문인사가 임명되기도 한다. 내각은 법률안제출권을 가지며, 장관은 의회에 출석하여 발언할 수 있다. 또한 의회는 내각을 불신임함으로써, 또 내각은 의회를 해산함으로써 상호 권력적 균형을 이루고 있다. 동시에 국가의 기본정책의 수립과 집행에 공동으로 참여한다.

〈3-3〉 이원정부제

01_ 의의

이원정부제란 행정권이 국가원수와 내각에 분산되어 있는 정부형태를 말한다. 의원내각제 역시 행정부가 이원적 구조의 형태를 지니지만 의원내각제의 국가원수는 형식적 지위를 지니는데 반해 이원정부제는 실질적 국가원수의 지위를 지니고 있다는 점에서 구별된다.

02_ 내용

대통령은 국민에 의하여 직접 선출된다. 대통령은 의회에 대하여 독립적 지위를 가지며 의회에 대하여 책임을 지지 않는다. 이원정부제하의 대통령의 임기는 의회의 임기보다 좀 더 장기로 함을 원칙으로 한다. 행정부는 대통령과 내각으로 구성된 이원적 구조를 가지며, 대통령과 내각이 각각 실질적 권한을 갖는다. 대통령은 수상임명권, 외교에 관한 권한, 국가긴급권, 군통수권, 의회해산권을 가진다. 한편 내각의 수상은 일반 행정에 관한 권한과 법령집행권을 가지며, 의회에 대하여 책임을 진다. 대통령은 의회해산권을 가진다. 반면 의회는 대통령에 대해서 책임을 물을 수 없고 내각에 대해서만 불신임결의를 할 수 있다.

더 알아보기

• **회의제:** 회의제란 모든 국가권력이 의회와 같은 회의체에 집중된 직접민주제적 정부형태를 말한다. 회의제는 집단에 의한 지배를 그 내용으로 하기에 민주주의, 특히 직접 민주주의의 원시적 정부형태로 볼 수 있다.

CHAPTER 02

국가기관

19

헌법 이야기

게리슨 검사(케빈 코스트너 분) | back and to the left...back and to the left...
뒤로...또 왼쪽으로...뒤로...또 왼쪽으로...

게리슨 검사 | 우린 햄릿입니다. 아버지를 죽인 자가 왕위를 빼앗고, 케네디의 유령은 우리에게 묻죠. 법이란 무엇인가? 인간의 가치는? 민주주의는? 대통령이 살해됐는데 법은 무엇을 한 거죠?

게리슨 검사 | 테니슨이 말했죠. "권위란 죽은 왕을 잊게 한다"
케네디 암살은 우리 역사상 가장 추악한 범죄입니다.
그 범죄를 심판하고, 권력과 맞서 정의를 되찾읍시다.
"조국이 내게 뭘 해줄건지가 아니라, 내가 조국을 위해 무엇을 할건지" 케네디의 말을 기억하시고, 국민의, 국민에 의한, 국민을 위한 정부를 찾읍시다.

〈영화 'JFK'(1991년) 중에서〉

미국대통령 케네디의 암살사건을 다룬 영화에서 실존 인물인 짐 게리슨 검사는 1978년 루이지애나 상고심 판사로 선출됐으며, 1988년에도 재선되었다. JFK 암살 사건에 관하여 용의자를 기소한 이는 현재까지 게리슨 검사 뿐이다. 베트남 전의 결과 미군 5만8천명 사망, 월남, 월맹인 2백만 명 사망, 소모된 비용 2천2백억 불, 투하된 폭탄은 6백5십만 톤, 손실된 헬리콥터는 5천대 이상, 참가한 미국인은 연인원 1천만 명.......1976년부터 3년간 JFK암살사건을 조사한 국회조사위원회는 공모살인의 가능성을 시인하고 법원에 확대수사를 요청했으나, 법원에서는 1991년 현재까지 아무런 수사를 한 적이 없으며, 국회조사위원회가 수집한 자료는 2029년 까지 공개되지 못한다.

나라 전체를 뒤흔든 '국정농단사건'을 파헤치고 단죄하고자, 휴일도 반납한 채 일하고 있는 '박영수 특별검사팀'의 어깨가 무겁다. 영화속의 게리슨 검사나 현실속의 특별검사 모두 그들과 그들의 자손들이 똑같은 비극적인 세상에서 살아가길 희망하지 않는다. 지난 일은 모두 서곡에 불과하다. 진실을 찾으려는 특별검사와 이 땅의 국민들께 이 영화를 추천드린다.

01 입법부

의회제도는 고대 그리스나 로마의 민회에서 시작하여 영국의 현인회의(Assembly of the Wise)를 거쳐 12, 13세기경부터 등족회의로 발전하였다. 의회주의(Parlarmentarismus)란 국민의 대표인 의회가 국가의사결정의 원동력이 되어야 하는 정치원리를 말한다. 19세기 유럽 국가들에 있어 선출된 국민대표는 군주정에 대해 정치적 영향력을 확대하고자 하였고, 입법기관으로서의 의회는 입법의 영역을 넘어 정부에 대한 영향력확대를 추구하였다.

[입법부 체계도]

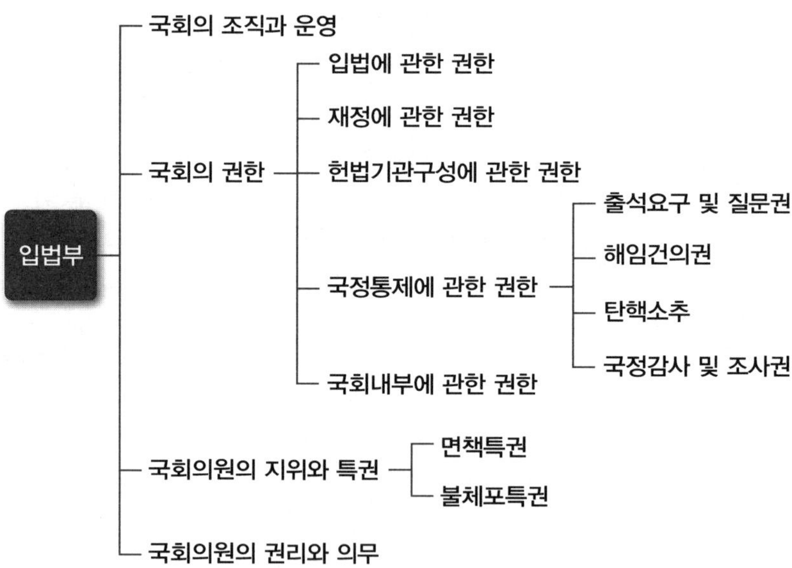

1-1 국회의 조직과 운영

개념 01 국회의 조직

제41조 ① 국회는 국민의 보통 · 평등 · 직접 · 비밀선거에 의하여 선출된 국회의원으로 구성한다. ② 국회의원의 수는 법률로 정하되, 200인 이상으로 한다. ③ 국회의원의 선거구와 비례대표제 기타 선거에 관한 사항은 법률로 정한다.

제42조 국회의원의 임기는 4년으로 한다.

국회의 헌법상 지위는 정부형태가 대통령제인가 의원내각제인가에 따라 근본적으로 다르나 일반적으로 국민의 대표기관, 입법기관, 국정의 통제기관으로서의 지위를 지닌다. 헌법은 국회의 구성을 단원제로 하고 있다. 국회는 국민의 보통 · 평등 · 직접 · 비밀선거에 의하여 선출된 253명의 지역구의원들과 47명의 비례대표의원으로 구성된다. 헌법은 국회의원의 정수를 법률에 맡기고 있으면서 하한선(200명)을 정하고 있다. 국회의원의 정수의 하한만 규정하고 상한을 법률에 위임한 것은 바람직하지 않다. 그 반대가 되어야 한다. 지역구의원은 253개 선거구에서 1인씩 다수대표제에 의하여 선출되고, 전국구의원은 비례대표제에 의하여 선출된다. 현재 국회의원의 정수는 300명이며, 임기는 4년이다.

더 알아보기

- **양원제:** 양원제란 의회가 두 개의 합의체로 구성된 것으로, 권력분립원리에 의한 입법권의 분할의 성격을 지닌다. 자유주의를 그 정신적 기초로 하는 양원제는 근대적 의회의 필수적 조건이었다. 양원제의 기원은 영국이며, 이론적 작품이라기보다는 역사적 발전과정에서 필요에 의해 만들어진 결과이다. 양원제는 Montesquieu적 권력분립원리와 조화를 이루며, 19세기 유럽 의회에 결정적인 영향을 주었다. 영국, 미국, 독일, 프랑스, 일본 등이 채용하고 있다.

• **단원제:** 단원제란 의회가 하나의 합의체로 구성되는 의회제도를 말한다. 이는 민주주의 원리에 충실한 것으로 군주제를 무너뜨리고 새로운 공화국을 출범시킨 1791년 프랑스 헌법에서 처음으로 채택되었다. 단원제는 Rousseau의 민주주의 이론에 충실한 것으로, 국민의 합의는 하나밖에 없으므로 '대표기관도 하나'이어야 한다는 데 이론적 근거를 두고 있다. 신생국가의 경우나 인구수가 적고 정치적 안정을 유지하고 있는 국가에서 채택된다. 덴마크, 스웨덴, 노르웨이, 핀란드, 뉴질랜드, 대한민국 등이 채용하고 있다.

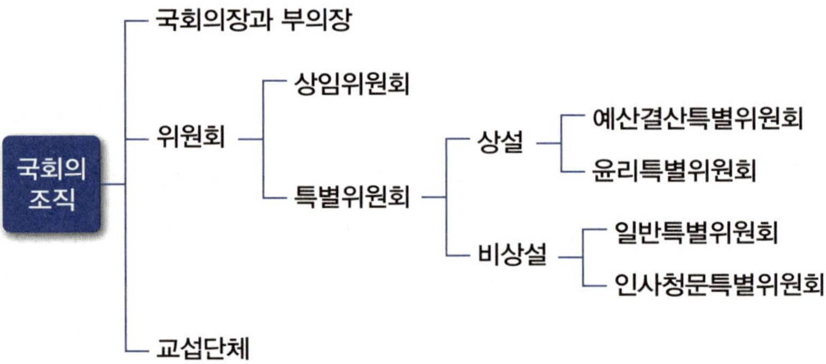

01_ 국회의장과 부의장

제48조 국회는 의장 1인과 부의장 2인을 선출한다.

국회에는 의장과 부의장(2인)을 두며, 의장과 부의장의 임기는 2년으로 한다. 의장과 부의장은 국회에서 무기명투표로 선출하되, 재적의원 과반수의 득표로 당선된다. 최초의 임시회에서 의장과 부의장을 선출할 때 사회는 출석의원 중 최다선의원이 본다. 의장 · 부의장의 사임에는 국회의 동의가 필요하다. 국회의 동의는 토론하지 않고 무기명투표로 결정한다. 의장이나 부의장이 궐위되면 즉시 후임자를 선출하여야 하며, 그 임기는 잔여기간으로 한다. 의장과 부의장의 임기는 언제나 동시에 종료하게 된다. 국회의장의 사고 시에는 의장이 지명하는 부의장이 그 직무를 대리한다. 의장이 심신상실 등 부득이한 사유로 의사표시를 할 수 없게 되어 직무대리

자를 지정할 수 없는 때에는 소속의원수가 많은 교섭단체소속인 부의장의 순으로 의장의 직무를 대행한다. 의장 · 부의장 모두 사고 시에는 임시의장을 선출하여 의장의 직무를 대행하게 한다. 임시의장은 무기명투표로 선거하되 재적의원 과반수의 출석과 출석의원 다수득표자를 당선자로 하며, 임시의장선거에 있어서의 의장직무대행은 출석의원 중 최다선의원이 한다.

02_ 위원회

위원회란 본회의의 의사심의를 원활하게 할 목적으로 전문적 지식을 가진 소수의원들로 하여금 의안을 예비적으로 심사케 하는 의회기구를 말한다. 위원회는 상임위원회와 특별위원회의 두 종류가 있다. 특별위원회는 다시 상설특별위원회와 비상설특별위원회로 구분된다.

(1) 상임위원회: 상임위원회란 상설로 설치된 분야별 위원회를 말한다. 안건심사를 위해 그때마다 설치되는 것이 아니라 상설되어 있는 위원회이다. 효율성과 전문성 을 제고하기 위해서 전문지식과 경력을 가진 의원들로 소관 분야별 상임위원회를 구성하여 안건을 심사하게 한다. 현재 16개의 상임위원회가 있다. 국회운영, 법제사법, 정무, 기획재정, 미래창조과학방송통신, 교육문화체육관광, 외교통일, 국방, 안전행정, 농림축산식품해양수산, 산업통상자원, 보건복지, 환경노동, 국토교통, 정보, 여성가족위원회가 그것이다.

더 알아보기

• **공청회:** 위원회는 위원회의 의결 또는 재적위원 1/3 이상의 요구로, 중요한 안건 또는 전문지식을 요하는 안건을 심사하기 위하여 공청회를 열 수 있고, 이해관계자 또는 학식 · 경험이 있는 자등으로부터 의견을 들을 수 있다.

• **청문회:** 위원회는 중요한 안건의 심사와 국정감사 및 국정조사에 필요한 경우 증인 · 감정인 · 참고인으로부터 증언 · 진술의 청취와 증거의 채택을 위하여 그 의결로 청문회를 열 수 있다. 법률안의 심사를 위한 청문회의 경우에는 재적위원 1/3 이상의 요구로 개최할 수 있다.

• **인사청문회:** 일반 청문회와 구별되는 것으로 인사청문회가 있다. 상임위원회는 국회법 제65의2 제2항 각 호에 나열된 공무원 후보자에 대한 인사청문을 실시하기 위하여 인사청문회를 연다. 단 헌법재판소 재판관 후보자가 헌법재판소장 후보자를 겸하는 경우에는 인사청문특별위원회의 인사청문회를 연다.

(2) **특별위원회: 특별위원회란 특정한 안건을 심사대상으로 하며 존속기간이 정해진 위원회**를 말한다. 특정한 안건이란 수개의 상임위원회 소관사항과 관련된 안건이거나 특히 필요하다고 인정한 안건을 말한다. 특별위원회는 상설특별위원회와 비상설특별위원회로 구별되며, 전자에는 예산결산특별위원회와 윤리특별위원회가, 후자에는 일반 특별위원회, 인사청문특별위원회, 국정조사특별위원회가 있다. **예산결산특별위원회**는 임기 1년의 50인의 위원으로 구성된 상설위원회로 예산안, 결산, 기금운용계획안 및 기금결산에 대한 심사를 목적으로 한다. **윤리특별위원회**는 의원의 자격심사와 징계에 관한 사항을 심사할 목적으로 만들어진 상설위원회로, 임기 2년의 15명으로 구성된 상설위원회이다. **일반 특별위원회**는 수 개의 상임위원회소관에 관련되거나 특히 필요하다고 인정한 안건을 효율적으로 심사하기 위하여 본회의 의결로 설치된 위원회를 말한다. 국회는 헌법에 의하여 그 임명에 국회의 동의를 요하는 대법원장 · 헌법재판소장 · 국무총리 · 감사원장 및 대법관과 국회에서 선출하는 헌법재판소 재판관 및 중앙선거관리위원회 위원에 대한 임명동의안을 심사하기 위하여, 또 대통령당선인이 국무총리후보자에 대한 인사청문의 실시를 요청하는 경우에 그 인사청문을 실시하기 위해 **인사청문특별위원회**를 둔다.

더 알아보기

• **전원위원회:** 전원위원회는 의원 전원으로 구성되는 위원회로 본회의의 예비적 심사를 담당하는 회의체이다. 특정의안을 심도 있게 심사할 수 있어 본회의 심의를 강화시켜주며, 모든 의원이 참여하므로 상임위원회보다는 보다 객관적으로 심사할 수 있고, 자유로운 탄력적 심사가 가능하다는데 그 의의가 주어진다. 다만

위원회나 본회의 심의와 중복되어 운영이 지연되는 문제가 있어 제도가 폐지되었던 것인데(1960), 2000년에 재도입되었다.

• **소위원회:** 위원회는 특정한 안건의 심사를 위하여 소위원회를 둘 수 있다. 소위원회란 위원회의 심사능률을 향상시키기 위하여 둔 위원회의 내부적 기관이다. 소위원회는 1960년 국회법에서 처음으로 도입되었는데, 1991년 국회법은 상설소위원회제도를 도입하였고 상임위원회별로 상설소위원회를 3개까지 둘 수 있도록 하였다. 이후 상설소위원회를 의무적으로 두게 하다가 다시 2005년 국회법은 상설소위원회의 설치를 임의적인 것으로 변경하면서 3개 제한을 폐지하였다.

• **연석회의:** 연석회의란 둘 이상의 위원회(상임위원회와 특별위원회간에도 가능)의 소관사항과 관련이 있는 경우 안건을 회부받은 소관위원회가 심사에 참고하기 위하여 관련위원회와 연석하여 개최하는 회의를 말한다. 이는 독립된 위원회가 아니므로, 즉 독립된 의결능력이 없기에 의견교환은 할 수 있으나 표결은 할 수 없다.

03_ 교섭단체

교섭단체란 일정 수 이상의 의석을 가진 정당에 소속된 의원들이 국회의사를 능률적으로 수행하기 위해 구성된 원내정당 또는 정치단체를 말한다. 교섭단체는 정당에 소속된 조직이 아니며, 국회 안에 있는 정당으로 국회를 구성하는 조직의 일부이다. 20인 이상의 소속의원을 가진 정당은 하나의 교섭단체가 된다. 하나의 정당이 2개 이상의 교섭단체를 구성할 수 없다. 다른 교섭단체에 속하지 아니하는 20인 이상의 의원으로 교섭단체를 구성할 수 있다. 무소속의원끼리 구성하던가, 소속의원 20인 미만인 2개 이상의 정당으로 구성하던가, 아니면 20인 미만의 정당과 무소속의원으로 구성할 수 있다. 교섭단체에는 의원총회와 대표의원을 둔다. 의원총회에서 대표의원을 선출하고 선출된 원내대표가 교섭단체대표의원이 된다. 교섭단체대표의원은 정당의 대표와 구별된다.

개념 02 국회의 운영

- 국회의 운영
  - 회기
    - 입법기
    - 회기
      - 정기회
      - 임시회
  - 정족수
    - 의사정족수
    - 의결정족수
      - 일반 의결정족수
      - 특별 의결정족수
  - 의사원칙
    - 의사공개의 원칙
    - 회기계속의 원칙
    - 일사부재의 원칙
  - 회의
    - 본회의
    - 위원회

01_ 회기

> 제47조 ① 국회의 정기회는 법률이 정하는 바에 의하여 매년 1회 집회되며, 국회의 임시회는 대통령 또는 국회재적의원 4분의 1 이상의 요구에 의하여 집회된다. ② 정기회의 회기는 100일을, 임시회의 회기는 30일을 초과할 수 없다. ③ 대통령이 임시회의 집회를 요구할 때에는 기간과 집회요구의 이유를 명시하여야 한다.

(1) 입법기와 회기: 회기란 국회가 의사와 관련된 활동을 할 수 있는 기간으로 집회일부터 폐회일까지의 활동기간을 말하며, 국회는 의결로 회기를 정한다. 입법기란 의원들의 임기개시일부터 임기만료일까지의 기간이며, 이 입법기 내에서 의회가 실제로 활동할 수 있는 기간이 회기에 해당된다. 회기에는 정기회와 임시회가 있다.

(2) 정기회: 정기회란 해마다 정기적으로 모이는 회의를 말한다. 정기회는 매년 1회, 9월 1일에 집회한다. 회기는 100일을 초과할 수 없다. 정기회 기

간 동안 국정감사를 하며, 예산안을 심의 확정하고, 법률안 및 기타 안건을 처리한다.

(3) 임시회: 임시회란 국회의 필요에 따라 수시로 모이는 회의를 말한다. 임시회는 대통령 또는 국회 재적의원 4분의 1 이상의 요구에 의하여 집회한다. 국회법은 국회의 효율적 운영과 국회의원의 계획적인 의정활동을 위해, 매년 2월 · 4월 및 6월 1일과 8월 16일에 임시회를 열도록 하였다. 대통령이 요구한 때에는 기간과 집회요구의 이유를 명시하여야 한다.

02_ 정족수

정족수란 합의체기관에서 회의를 열거나 의결을 하는데 필요한 출석자 수를 말한다. 정족수는 일정 수 이상이 출석하여야 회의를 열 수 있고, 일정 수 이상의 찬성이 있을 때 회의체의 의사결정으로 인정될 수 있다는데 의의가 있다. 국회의 정족수는 의사결정에 절차적 정당성을 부여한다. 정족수에는 의사정족수(개의정족수)와 의결정족수가 있다.

> 제49조 국회는 헌법 또는 법률에 특별한 규정이 없는 한 재적의원 과반수의 출석과 출석의원 과반수의 찬성으로 의결한다. 가부동수인 때에는 부결된 것으로 본다.

(1) 의사정족수: 의사정족수(개의정족수)는 회의가 성립되기에 필요한 수이며, 본회의의 의사정족수는 재적의원(법정의 의원정수와 구별되며, 의원정수에서 사직, 사망, 퇴직, 자격상실, 제명 등에 의하여 궐원된 수를 제외한 실제의원 수를 말함) 5분의 1 이상이다.

(2) 의결정족수: 의결정족수는 유효한 의결에 요구되는 수이다. 헌법은 의결에 관한 일반정족수만 규정하고 있다. 재적의원 과반수의 출석과 출석의원 과반수의 찬성으로 의결한다. 위원회의 의결정족수와 동일하다. 가부동수인 때에는 부결된 것으로 본다. 헌법은 의결에 관한 특별정족수를 규정하고 있는데, 특히 ㉠ 법률안의 재의결은 재적의원 과반수의 출석과 출

석의원 3분의 2 이상의 찬성으로, ㉡ 헌법개정안의 의결, 국회의원의 제명, 국회의원에 대한 자격심사, 대통령에 대한 탄핵소추 의결은 재적의원 3분의 2 이상의 찬성으로 하는 가중적 요건을 규정한다.

03_ 의사의 원칙

> **제50조** ① 국회의 회의는 공개한다. 다만, 출석의원 과반수의 찬성이 있거나 의장이 국가의 안전보장을 위하여 필요하다고 인정할 때에는 공개하지 아니할 수 있다. ② 공개하지 아니한 회의내용의 공표에 관하여는 법률이 정하는 바에 의한다.
>
> **제51조** 국회에 제출된 법률안 기타의 의안은 회기 중에 의결되지 못한 이유로 폐기되지 아니한다. 다만, 국회의원의 임기가 만료된 때에는 그러하지 아니하다.

(1) 의사공개의 원칙: 헌법은 국회의 회의를 공개하도록 하는 의사공개원칙을 규정하고 있다. 의사공개원칙이란 국회의 모든 회의과정, 즉 의사(議事)는 일반 국민에게 공개되어야 한다는 원칙이다. 의사공개의 원칙은 방청의 자유, 보도의 자유, 국회의사록의 공표를 그 내용으로 한다. 위원회에서 의원이 아닌 자는 위원장의 허가를 받아 방청할 수 있도록 한 것은 의사공개원칙에 위배되지 않는다. 본회의는 공개하나, 의장의 제의 또는 의원 10인 이상의 연서에 의한 동의로 본회의의 의결이 있거나 의장이 각 교섭단체대표의원과 협의하여 국가의 안전보장을 위하여 필요하다고 인정할 때에는 공개하지 아니할 수 있다.

(2) 회기계속의 원칙: 회기계속의 원칙이란 회기 중에 의결되지 못한 의안도 폐기되지 아니하고 다음 회기에서 계속 심의할 수 있다는 원칙으로, 회기불계속의 원칙에 반대된다. 회기계속의 원칙도 하나의 입법기 내에서만 효력이 있으므로 국회의원의 임기가 만료된 경우에는 회기가 계속되지 않는다(입법기불계속원칙).

(3) 일사부재의 원칙: 일사부재의 원칙이란 국회에서 부결된 안건은 동일 회기 중에는 다시 발의하거나 제출하지 못하는 원칙을 말한다. 안건처리의 효율적 처리를 가능하게 하는 국회법에 규정된 의사진행원칙이

다. 특히 원내소수파에 의해 이루어질 수 있는 의사진행방해행위, 소위 filibustering를 방지할 수 있는 장치가 요구된다. 이를 위해 국회법은 일사부재의 원칙의 확립과 별도로 본회의에서 발언횟수와 발언시간을 제한하며 교섭단체별 발언자수를 제한하고 있다. 일사부재의는 동일회기에 한하여 적용된다. 일사(一事)에 해당하더라도 회기를 달리하거나, 의결 전에 철회된 것을 다시 발의하거나, 위원회에서 처리된 것을 다시 본회의에서 심의하는 것은, 재의(再議)에 해당하지 않는다.

04_ 회의

(1) 본회의: 개회란 국회가 집회되어 정기회 또는 임시회를 여는 것을 말하며, 개의는 회기 중 당일의 본회를 시작하는 것을 말하는 것으로 양자는 개념상 구별된다. 의사일정이란 개의일시와 부의안건 및 그 순서를 기재한 것으로서 의사를 진행하기 위한 예정서라 할 수 있다. 의장은 의사일정을 작성하여 지체 없이 의원에게 통지하고 전산망을 통해 공표한다. 본회의는 재적의원 5분의 1 이상의 출석이 있어야 개의할 수 있다.

(2) 위원회: 위원회는 본회의의 의결이 있거나, 의장 또는 위원장이 필요하다고 인정한 때 또는 재적위원 4분의 1 이상의 요구가 있을 때에 개회한다. 위원회는 재적위원 5분의 1 이상의 출석으로 개회하고, 재적위원 과반수의 출석과 출석위원 과반수의 찬성으로 의결한다. 위원회는 의장이 회부한 안건을 심사한다. 위원회는 회부된 안건심의에 있어 제안자의 취지설명, 전문위원의 검토보고, 대체토론, 축조심사, 찬반토론을 거쳐 표결한다. 대체토론이란 안건에 대한 전반적인 문제점과 당부에 관한 일반적 의견을 제시하는 것을 말한다. 안건에 대해 찬성 반대를 표시하는 찬반토론과 구별된다. 또한 축조심사란 의안을 한 조항씩 낭독하면서 심사하는 것을 말한다. 제정법률안이나 전부개정법률안에 대하여는 반드시 축조심사를 하여야 하나, 그 외의 경우는 위원회의 의결로 생략할 수 있다.

1-2 국회의 권한

1-2-a 입법에 관한 권한

개념 03 입법에 관한 권한

입법에 관한 권한은 국회가 법(규범)을 제정하는 권한을 말한다. 헌법개정안을 발의 · 의결함으로써, 법률을 제정함으로써, 조약에 대한 동의를 통해, 국회규칙의 제정을 통해 국회는 법을 만든다. 법률의 제정 등에 관한 권한은 별도의 목차로 살펴보기로 하겠다.

> **제60조** ① 국회는 상호원조 또는 안전보장에 관한 조약, 중요한 국제조직에 관한 조약, 우호통상항해조약, 주권의 제약에 관한 조약, 강화조약, 국가나 국민에게 중대한 재정적 부담을 지우는 조약 또는 입법사항에 관한 조약의 체결 · 비준에 대한 동의권을 가진다.

입법에 관한 권한
- **헌법개정에 관한 권한**
- **법률의 제정 등에 관한 권한**
- **조약의 체결 · 비준에 대한 동의권**
- **국회규칙의 제정권**

01_ 헌법개정에 관한 권한

국회는 헌법개정에 관하여 발의권과 의결권을 가진다. 헌법개정안의 발의는 국회의원 재적 과반수 또는 대통령이 할 수 있다. 헌법개정안은 공고된 날로부터 60일 이내에 국회의 의결을 얻어야 하며, 국회의 의결에는 재적의원 3분의 2 이상의 찬성을 얻어야 한다. 국회의 의결을 거친 헌법개정안은 국민투표에 붙여 확정한다.

02_ 조약의 체결·비준에 대한 동의권

헌법 제60조 제1항은 대통령이 일정한 조약을 체결 · 비준하려면 국회의 동의를 얻도록 요구하고 있다. 조약체결권은 대통령의 권한이나, 헌법은 대통령의 자의적인 조약체결을 방지하고, 민주적 정당성을 확보하기 위해서 국회의 동의를 얻도록 명하고 있다. 헌법에 의해 조약이 체결 · 공포되면 국내법과 동일한 효력을 지니므로 국민의 대표기관인 국회의 통제 하에 두는 것이 바람직하기 때문이다. 헌법은 상호원조 또는 안전보장에 관한 조약, 중요한 국제조직에 관한 조약, 우호통상항해조약, 주권의 제약에 관한 조약, 강화조약, 국가나 국민에게 중대한 재정적 부담을 지우는 조약 또는 입법사항에 관한 조약의 체결 · 비준에 대하여 동의권을 가진다고 규정하고 있다.

03_ 국회규칙의 제정권

제64조 ① 국회는 법률에 저촉되지 아니하는 범위 안에서 의사와 내부규율에 관한 규칙을 제정할 수 있다.

국회규칙이란 국회의 의사와 내부규율에 관한 사항을 정한 것으로, 법률보다 하위에 있는 규범을 말한다. 국회규칙은 의사와 내부규율을 그 내용으로 한다. 우리나라는 국회법이 의사절차와 내부규율을 자세히 언급하고 있으므로 규칙으로 정할 사항이 매우 협소하며, 주로 기술적이고 절차적인 사항을 담고 있다. 국회규칙은 국회 안에서 효력을 지니며 국회의원을 포함하여 원내에 있는 모든 사람에게 효력을 미친다. 규칙은 개폐될 때까지 계속하여 효력을 지닌다. 국회규칙은 법률에 저촉되지 않는 범위 내에서 제정되므로 법률의 저촉여부에 관한 통제가 가능하다. 법원이나 헌법재판소가 위헌 및 위법여부에 대한 심사권을 가진다.

개념 04 **법률의 제정 등에 관한 권한**

제40조 입법권은 국회에 속한다.

제52조 국회의원과 정부는 법률안을 제출할 수 있다.

제53조 ① 국회에서 의결된 법률안은 정부에 이송되어 15일 이내에 대통령이 공포한다. ② 법률안에 이의가 있을 때에는 대통령은 제1항의 기간 내에 이의서를 붙여 국회로 환부하고, 그 재의를 요구할 수 있다. 국회의 폐회 중에도 또한 같다. ③ 대통령은 법률안의 일부에 대하여 또는 법률안을 수정하여 재의를 요구할 수 없다. ④ 재의의 요구가 있을 때에는 국회는 재의에 붙이고, 재적의원과반수의 출석과 출석의원 3분의 2 이상의 찬성으로 전과 같은 의결을 하면 그 법률안은 법률로서 확정된다. ⑤ 대통령이 제1항의 기간 내에 공포나 재의의 요구를 하지 아니한 때에도 그 법률안은 법률로서 확정된다. ⑥ 대통령은 제4항과 제5항의 규정에 의하여 확정된 법률을 지체 없이 공포하여야 한다. 제5항에 의하여 법률이 확정된 후 또는 제4항에 의한 확정법률이 정부에 이송된 후 5일 이내에 대통령이 공포하지 아니할 때에는 국회의장이 이를 공포한다. ⑦ 법률은 특별한 규정이 없는 한 공포한 날로부터 20일을 경과함으로써 효력을 발생한다.

01_ 입법권의 의의 및 한계

(1) 입법권의 의의: 입법이란 글자 그대로 법(규범)을 정립하는, 즉 법을 만드는 행위를 말하고, 입법권은 법규범을 만드는 권한이다. 법의 내용을 불문하고(법규이건 아니건), 동시에 형식을 불문하여(헌법, 법률, 규칙이건 간에) 일반적 법규범을 만드는 것은 모두 입법에 해당된다. 헌법 제40조는 국회입법권의 의의와 한계를 정한 원칙규정으로, 법규범정립의 심의 · 의결과정에서 국회가 중심기관이어야 한다는 국회중심입법과 법률이라는 법규범은 국회만이 제정할 수 있다는 국회단독입법을 말한다. 그러나 국회가 입법권을 가진다 하여 모든 입법권을 독점하라는 것은 아니다.

(2) 입법권의 한계: 입법자는 광범위한 입법형성권을 가진다. 헌법이 직접 특정영역에 관해 규율하는 경우를 제외하고는 정치적 공동체의 모든 영역에 대한 구체적 형성은 입법자에게 맡겨져 있다. 입법은 헌법을 집행한다기보다 헌법의 내용을 실현하고 구체화하는 성격을 지닌다. 이러한 점에서

법률을 집행하는 행정과 구별된다. 입법이 자유롭게 입법형성을 한다고 하여도 헌법의 테두리를 벗어나지 않은 범위 내에서 가능하다.

더 알아보기

• **체계정당성:** 체계정당성은 규범의 구조나 내용 또는 규범의 근거가 되는 원칙이 서로 모순되지 않아야 한다는 것으로, 체계적합성으로도 불리운다. 체계정당성은 입법자의 자의를 금지하여 규범의 명확성, 예측가능성 및 규범에 대한 신뢰와 법적 안정성의 확보를 요구한다. 예를 들어 통일된 언어를 사용하지 않거나 조화될 수 없는 개념을 사용하는 경우, 추구되는 목적이 다른 규범에 의해 좌절되는 경우, 동일한 구성요건에 해당되는 규범의 효과가 다른 경우 등은 체계정당성에 어긋난다. 체계정당성원리에 대한 위반이 바로 위헌이 되는 것은 아니다. 비례의 원칙이나 평등원칙 등에 위배될 때 비로소 위헌이 된다.

• **처분적 법률(= 개별적 법률):** 개별적 법률이란 개별적이고 구체적 사항을 규율하는 법률로, 처분적 법률이라고 하며, 구체적인 사안과 관련하여 특정의 구체적 목적을 실현시키기 위한 법률로, 일반적 법률에 반대된다. 국가보위입법회의법 부칙 제4항 후단이 규정하고 있는 "…… 그 소속 공무원은 이 법에 의한 후임자가 임명될 때까지 그 직을 가진다"라는 내용은 행정집행이나 사법재판을 매개로 하지 아니하고 직접 국민에게 권리나 의무를 발생하게 하는 법률, 즉 법률이 직접 자동집행력을 갖는 처분적법률의 예에 해당된다.

02_ 법률의 제정절차

제안(제출)
- 국회의원 10인 이상
- 정부

↓

회부
- 국회의장

↓

위원회 심사
- 위원회 상정 → 제안자 취지설명 → 전문위원 검토 보고 → 대체토론 → 소위원회 심사보고 → 축조심사 → 찬반토론 → 의결(표결) 순서로 심사

↓

법사위 체계 자구심사

↓

본회의 심의 · 의결
- 심사보고 → 질의 · 토론 → 표결

↓

정부이송
- 대통령의 거부권 행사

↓

공포

(1) **법률안의 제출**: 국회의원과 정부는 법률안을 제출할 수 있다. 법률안은 의원 10인 이상의 찬성으로 발의할 수 있고, 위원회 또는 정부 역시 의안을 제안 또는 제출할 수 있다.

(2) **법률안의 심의**: 위원회의 회부란 의장이 의안을 심사권한이 있는 소관위원회에 송부하는 행위를 말한다. 의장은 발의된 법률안을 의원에게 배부하고 본회의에 보고하며, 소관 상임위원회에 회부하여 심사하게 한다. 이때 일정한 경우 소관 상임위원회가 아닌 다른 위원회에 회부하여 심사하게 할 수 있다(위원회의 회부). 국회의장의 직권상정이란 의장은 심사기간을 정하여 안건을 위원회에 회부할 수 있고, 해당 위원회가 기간 내에 심사를 마치지 못한 경우 다른 위원회에 회부하거나 본회의에 부의할 수 있는 의장의 권한을 말한다. 위원회는 안건을 심사함에 있어서 먼저 그 취지의 설명과 전문위원의 검토보고를 듣고, 안건 전체에 대한 문제점과 당부에 관한 일반적 토론(소위 대체토론)과 의안의 조항을 한 조항씩 낭독하면서 의결하는 축조심사, 그리고 찬반토론을 거쳐 표결한다(심사기간 및 직권상정). 소관상임위원회에서 심사를 마치거나 입안한 법률안은 법제사법위원회에 회부하여 체계와 자구에 대한 심사를 거쳐야 한다. 체계심사란 법률안 내용의 위헌여부, 관련법률과의 저촉여부, 자체조항 간의 충돌 여부를 심사하고 법률형식을 정비하는 것을 말하고, 자구심사란 법규의 정확성, 용어의 적합성과 통일성 등의 법률용어의 통일을 통해 법률용어를 정비하는 것을 말한다(체계 및 자구심사).

(3) **본회의 심의 · 의결**: 본회의는 안건을 심의함에 있어서 그 안건을 심사한 위원장의 심사보고를 듣고 질의 · 토론을 거쳐 표결한다. 다만, 위원회의 심사를 거치지 아니한 안건에 대하여는 제안자가 그 취지를 설명하여야 하고, 위원회의 심사를 거친 안건에 대하여는 의결로 질의와 토론 또는 그 중의 하나를 생략할 수 있다. 본회의에서 법률안의 의결은 재적의원 과반수의 출석과 출석의원 과반수의 찬성을 요한다.

더 알아보기

• **위원회의 폐기(보류함):** 위원회의 의안심사결과 본회의에 부의할 필요가 없다고 판단된 경우, 즉 본회의에 부의하지 아니하기로 결정된 때에는 이를 본회의에 보고하고 본회의에 부의하지 아니 한다. 이를 위원회의 폐기 또는 보류함(pigeon hole)이라 한다.

• **위원회의 해임:** 위원회의 의안폐기권한의 남용을 막을 장치가 필요하게 되는데, 위원회의 폐기결정이 본회의에 보고된 날로부터 7일 이내에 의원 30인 이상의 요구가 있을 때에는 본회의에 부의하도록 하였다. 이를 위원회의 해임(discharge of committee)이라고 한다. 일반의안 발의요건보다 엄격하게 30인의 찬성을 요하도록 한 것은 상임위원회의 의사를 존중하기 위해서이다.

(4) 정부에의 이송 및 대통령의 공포: 국회에서 의결된 법률안은 의장이 이를 정부에 이송한다. 정부는 이송된 법률안에 대하여 공포할 것인가 거부할 것인가를 결정한다. 정부에 이송된 법률안에 대한 이의가 없는 때에는 대통령이 서명하고 국무총리와 관계 국무위원이 부서하며, 대통령은 법률안이 정부에 이송된 날로부터 15일 이내에 공포하여야 한다.

더 알아보기

• **대통령의 거부권 행사:** 정부에 이송된 법률안에 대하여 이의가 있을 때에는 대통령은 거부권을 행사할 수 있다. 즉 대통령은 법률안이 정부로 이송된 날로부터 15일 이내에 이의서를 붙여 국회에 환부하고 재의를 요구할 수 있으며, 국회가 폐회 중인 때에도 같다. 이 기간 중에 대통령이 공포하지 않거나 재의를 요구하지 아니한 때에는 법률안은 법률로 확정된다. 대통령이 거부권을 행사한 때에는 국회에서 재의되며, 재적의원 과반수의 출석과 출석의원 3분의 2이상의 찬성으로 전과 같은 의결을 하면 그 법률안은 법률로 확정된다.

• **국회의장의 공포:** 정부에 이송된 법률안이 15일 이내에 공포나 재의를 요구하지 않음으로써 법률로 확정된 후 대통령이 '지체 없이' 공포하지 않거나 또는 국회에서 재의결되어 정부에 이송된 후 5일 이내에 대통령이 공포하지 아니할 때에는 국회의장이 이를 공포한다.

1-2-b 재정에 관한 권한

개념 05 재정에 관한 권한

제54조 ① 국회는 국가의 예산안을 심의 · 확정한다. ② 정부는 회계연도마다 예산안을 편성하여 회계연도 개시 90일전까지 국회에 제출하고, 국회는 회계연도 개시 30일전까지 이를 의결하여야 한다. ③ 새로운 회계연도가 개시될 때까지 예산안이 의결되지 못한 때에는 정부는 국회에서 예산안이 의결될 때까지 다음의 목적을 위한 경비는 전년도 예산에 준하여 집행할 수 있다.
1. 헌법이나 법률에 의하여 설치된 기관 또는 시설의 유지 · 운영 2. 법률상 지출의무의 이행 3. 이미 예산으로 승인된 사업의 계속

제55조 ① 한 회계연도를 넘어 계속하여 지출할 필요가 있을 때에는 정부는 연한을 정하여 계속비로서 국회의 의결을 얻어야 한다. ② 예비비는 총액으로 국회의 의결을 얻어야 한다. 예비비의 지출은 차기국회의 승인을 얻어야 한다.

제56조 정부는 예산에 변경을 가할 필요가 있을 때에는 추가경정예산안을 편성하여 국회에 제출할 수 있다.

제57조 국회는 정부의 동의 없이 정부가 제출한 지출예산 각항의 금액을 증가하거나 새 비목을 설치할 수 없다.

국회의 재정에 관한 권한은 재원을 조달하는 재정권력작용, 조달된 재원을 관리 · 운영하는 재정관리작용, 집행된 재정(세출, 세입)을 심사 · 감독하는 재정심사 · 감독작용으로 분류할 수 있다. 대표적 재정권력작용으로는 조세가 있고, 재정관리작용으로는 예산이 있으며, 재정심사 · 감독작용으로는 결산이 있다. 조세법률주의는 별도의 항목으로 살펴보기로 하겠다.

01_ 예산의결권

(1) 예산의 의의: 예산이란 1회계연도에 있어서 국가의 세입 · 세출의 예산준칙을 정한 것으로 국회의 의결로 성립되는 법규범의 일종을 말한다. 현행 헌법은 국회의 입법권과는 별도로 국회의 예산의결권을 규정함으로써 법률과 예산의 형식을 구별하고 있다. 예산에 관하여는 1년 예산주의,

총계예산주의, 단일예산주의를 채택하고 있다. 총계예산주의원칙이란 '모든' 수입과 지출이 예산안에 계상되어야 함을 말하며, 단일예산주의원칙이란 국가의 모든 수입과 지출이 '하나의' 예산안에 편성되어야 한다는 원칙을 말한다.

(2) 예산의 성립절차: 정부는 예산안을 편성하여 국무회의 심의를 거쳐 국회에 제출한다. 정부는 예산안을 편성하여 회계연도 개시 90일 전까지 국회에 제출하여야 한다. 국가재정법은 예산안 제출을 회개연도 개시 120일 전까지 국회에 제출하도록 그 시기를 앞당기고 있다(예산안의 편성 및 제출). 국회는 예산안에 대하여 폐지나 삭감과 같은 소극적 수정은 가능하나, 증액 또는 새 비목을 설치하는 적극적 수정은 할 수 없다. 적극적 수정이 필요할 경우 정부의 동의가 요구된다. 국회는 정부가 제출한 예산안을 회계연도개시 30일 전까지 의결하여야 한다. 예산안의 심의절차는 정부의 시정연설, 소관 상임위원회의 예비심사, 예산결산특별위원회의 종합심사, 국회본회의의 의결 · 확정의 4단계를 거치게 된다(예산안의 심의 및 확정). 예산안은 국회의 의결로써 예산으로 성립되며, 국회가 의결한 예산은 정부에 이송되어 대통령이 서명하고, 국무총리 및 관계 국무위원의 부서와 함께 공고한다. 예산의 공고는 전문을 붙여 관보에 게재함으로써 한다. 예산의 공고는 효력발생요건이 아니다(예산의 공고).

(3) 예산의 내용: 예산은 총칙, 세입 · 세출예산, 계속비, 명시이월비, 국고채무부담행위로 구성되어 있다. 헌법은 예산 중 계속비와 예비비만 규율하고 있다. 계속비란 수년도에 걸치는 대규모 사업에 대한 경비총액 및 연부액(年賦額)을 미리 일괄하여 국회의 의결을 얻고 그 범위 안에서 수년도에 걸쳐 지출할 수 있는 경비를 말한다. 계속비는 '예산일년주의원칙에 대한 예외'로서 사업목적, 경비총액, 각 연도에 지출할 금액을 미리 정하여 국회의 의결을 얻어야 한다. 지출연한은 5년 이내로 하며 필요한 경우 국회의 의결을 거쳐 그 연한을 연장할 수 있다. 예비비란 예측하기 어려운 예산외의 지출이나 예산초과의 지출에 충당하기 위하여 예산에 계상되는 경비

를 말한다. 예비비는 일반회계 예산총액의 100분의 1 이내의 금액으로 한다. 예비비는 총액으로 국회의 의결을 얻어야 하며 예비비의 구체적 지출에 대하여는 차기 국회의 승인을 얻어야 한다.

(4) 예산의 종류: 예산은 본예산과 보정예산(추가경정예산), 확정예산과 임시예산(준예산, 잠정예산), 일반회계예산과 특별회계예산 등으로 구별된다. 특별회계는 국가에서 특정한 사업을 운영하고자 할 때, 특정한 자금을 보유하여 운용하고자 할 때, 특정한 세입으로 특정한 세출에 충당함으로써 일반회계와 구분하여 계리할 필요가 있을 때에 법률로써 설치한다. 추가경정예산이란 대규모 자연재해가 발생하거나 또는 경기침체 등 대내 · 외 여건에 중대한 변화가 발생하였거나 발생할 우려가 있어 본예산의 예비비로 해결할 수 없는 때에 이를 해결하기 위해 만들어진 예산을 말한다. 정부는 예산을 변경할 필요가 있는 때에는 추가경정예산안을 편성하여 제출할 수 있다. 임시예산(준예산)이란 예산이 법정기일 내에 의결되지 못한 때 전년도 예산에 준하여 집행되는 예산을 말한다. 예산안이 법정기간 안에 의결되지 못했다고 하여 국가시설의 유지 및 관리 그리고 인적 구성원에 대한 보수지급 등의 기본적 운영체계에 장애를 주어서는 안 된다. 헌법은 예정대로 예산이 의결되지 못해 예산이 존재하지 않는 상태에 대처하기 위해 정부에게 일정한 지출권한을 부여하고 있다.

02_ 정부의 재정행위에 대한 권한

> **제58조** 국채를 모집하거나 예산외에 국가의 부담이 될 계약을 체결하려 할 때에는 정부는 미리 국회의 의결을 얻어야 한다.

(1) 예비비 지출에 대한 승인권: 예비비의 지출에 대하여는 차기 국회의 승인을 얻어야 한다. 예비비는 총액으로 국회의 의결을 얻기 때문에 이에 관한 구체적 지출에 대해서 국회의 통제를 받게 하고 있다.

(2) 기채동의권: 국채란 정부가 재정적자를 보전 또는 일시적인 국고부족

자금의 조달을 위하여 발행하는 유가증권을 말한다. 국채발행은 국민에게 또 다른 부담을 주는 것이기에 헌법은 정부가 국채를 모집하고자할 때 국회의 의결을 얻도록 하고 있다.

(3) 예산 외에 국가의 부담이 될 계약체결에 대한 동의권: 정부가 예산 외에 국가의 부담이 될 계약을 체결하고자 할 때에는 국회의 의결을 얻어야 한다.

(4) 재정적 부담을 지우는 조약의 체결 · 비준에 대한 동의권: 대통령이 국가나 국민에게 중대한 재정적 부담을 지우는 조약을 체결 · 비준하고자 할 때에는 국회의 동의를 얻어야 한다.

(5) 긴급재경처분 및 명령에 대한 승인권: 대통령은 중대한 재정경제상 위기에 있어서 재정경제상의 처분을 발하고, 이에 관하여 법률의 효력을 가지는 명령을 발했을 때에는, 지체 없이 국회에 보고하여 그 승인을 얻어야 한다.

03_ 결산심사권

(1) 의의: 결산이란 예산의 집행실적을 표시한 확정된 계수를 말한다. 결산심사란 국회가 예산집행내용의 당부를 검토하는 것을 말한다. 국가기관이 예산을 적법 · 적정하게 사용하였는가의 여부는 반드시 조사되어야할 중요한 사항이며, 그것도 국민의 대표에 의해 심사되어져야 한다. 헌법은 국회의 결산심사권을 실효성 있게 보장하기 위해 감사원으로 하여금 먼저 결산을 검사하게 하고 그 결과를 대통령과 차년도 국회에 보고하도록 하였다.

(2) 결산심사의 절차: 중앙관서의 장(국회, 대법원, 헌법재판소, 중앙선관위 포함)은 '국가회계법'에 따라 '중앙관서결산보고서'를 작성하여 다음 연도 2월 말일까지 기획재정부장관에게 제출하여야 한다. 기획재정부장관은 대통령의 승인을 받은 국가결산보고서를 다음 연도 4월 10일까지 감사원에 제

출하여야 한다. 감사원은 이를 검사한 후 그 보고서를 다음 연도 5월 20일까지 기획재정부장관에게 송부하여야 한다. 정부는 감사원의 검사를 거친 국가결산보고서를 다음 연도 5월 31일까지 국회에 제출하여야 한다(정부의 결산보고서 제출). 결산이 국회에 제출되면 의장은 소관 상임위원회에 회부하고, 결산에 대한 위원회의 예비심사보고서를 첨부하여 예산결산특별위원회에 회부하며 그 심사가 끝난 후 본회의에 부의하여 의결한다(국회의 결산심사).

개념 06 조세법률주의

조세법률주의란 조세는 국민의 대표인 의회가 만든 법률에 의해서만 부과되고 징수될 수 있음을 말한다. 이는 절대군주의 자의적인 과세에 대항하여 납세자인 국민의 조세부담에 관한 자기결정권을 획득하는 과정에서 생성된 원칙이다.

제59조 조세의 종목과 세율은 법률로 정한다.

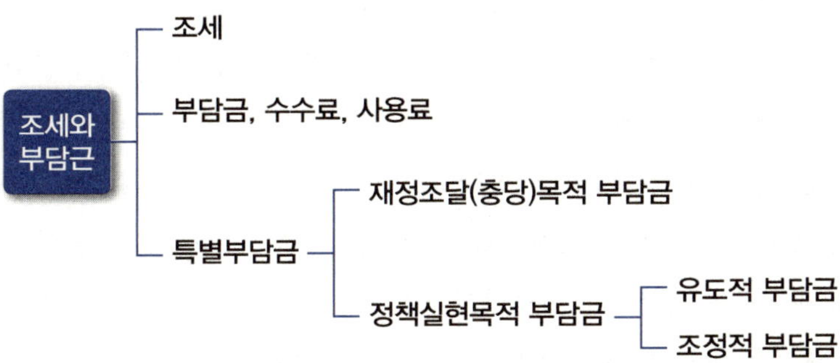

01_ 조세법률주의와 조세

(1) 조세의 개념: 조세란 국가나 지방자치단체가 자신의 재정수요를 충족시키기 위해 특별한 반대급부 없이 강제적으로 부과하는 과징금을 말한다. 국가의 일반적 과제는 일반재정으로 충당되어야 하며 조세외의 다른 공과금으로 충당될 수 없다. 국가재정의 조달은 조세로 해야 하는데, 조세는 재정조달의 목적 외에도 조세의 부담과 감면을 통해 각종의 국가정책을 수행하는 수단으로 사용될 수 있다.

(2) 구별개념: 특정한 공익사업에 이해관계를 가진 자에게 그 경비의 일부를 부담케 하는 부담금(수익자, 원인자 부담금), 공적역무의 이용대가로 지급하는 수수료(소송비용, 운전면허나 여권발급비용), 공공시설의 이용이나 공공재산의 사용에 대한 사용료는 그 성질이 조세와 구별되나 부과와 징수는 법률로 한다.

02_ 조세법률주의의 내용

(1) 과세요건 법정주의: 과세요건 법정주의란 과세의 모든 요건은 법률로 정해져야 한다는 것을 말한다. 법정주의는 과세의 내용과 함께 과세의 부과와 징수도 법률로 정해질 것을 요구한다. 또 조세를 감면하는 것도 법률로 정해져야 한다. 헌법 제59조는 조세의 종목과 세율에 대해 법정주의를 요구하지만 조세의 종목과 세율 외에도 납세의무자, 과세물건, 과세표준, 과세절차까지 법률로 정해져야 한다. 법정주의는 법률의 집행에 있어서 행정편의적인 확장해석이나 유추해석을 허용하지 않는다.

(2) 과세요건 명확주의: 과세요건 명확주의란 과세요건, 절차, 효과를 법률로 정함에 있어 명확하게 일의적으로 규정함을 말한다. 과세요건 명확주의라 함은 과세요건을 법률로 정하였다고 하더라도 그 규정내용이 지나치게 추상적이고 불명확하다면 과세관청의 자의적인 해석과 집행을 초래할 염려가 있으므로 그 규정내용이 명확하고 일의적이어야 한다는 원칙을 말한다.

(3) 과세요건 형평(평등)주의: 과세요건 형평주의란 조세부담이 대상자에 따라 상대적으로 공평해야 함을 말한다. 평등원칙의 조세영역에 대한 표현으로 합형평성의 원칙이라고도 한다. 납세자의 조세부담은 납세자의 담세능력에 따라 정해져야 한다(응능과세원칙). 담세능력을 무시한 획일적인 세율은 형평주의의 한계를 일탈한 것이다. 형평주의는 동일한 소득은 원칙적으로 동일하게 과세되고(수평적 조세정의), 소득이 다른 사람들 간에는 공평한 조세부담의 부과(수직적 조세정의)를 요청한다. 실질과세원칙이란 조세는 그 실질에 맞게 부과되어야 한다는 것으로, 법률적 형식과 경제적 실질이 서로 부합하지 않을 경우 경제적 실질에 과세함으로써 조세정의를 실현하려는 원칙을 말한다.

(4) 과세요건 소급금지(소급과세금지): 과세요건은 소급하여 적용되지 않는다. 새로운 입법으로 과거에 소급하여 과세하거나 이미 납세의무가 존재하는 경우에도 소급하여 중과세하는 것은 헌법에 위반된다. 법령의 효력발생 전에 완성된 과세요건사실에 대하여 법령을 소급하여 적용할 수 없다.

1-2-c 헌법기관구성에 관한 사항

개념 07 헌법기관구성에 관한 권한

01_ 대통령 선출권

헌법은 대통령을 직선으로 선출하도록 하면서, 선거결과 최고득표자가 2인 이상인 때에는 국회에서 간선으로 선출하도록 규정하고 있다. 국회의 재적의원 과반수가 출석한 공개회의에서 다수표를 얻은 자를 당선자로 한다.

02_ 헌법기관 선출권

국회는 3인의 헌법재판소재판관과 3인의 중앙선거관리위원회 위원을 선출한다. 국회가 선출하여 임명된 헌법재판관 중 공석이 발생한 경우, 국회가 공석인 재판관의 후임자를 선출하여야 할 구체적 작위의무가 도출된다.

03_ 헌법기관구성에 대한 동의권

국회는 국무총리, 대법원장과 대법관, 헌법재판소장, 감사원장 임명에 대한 동의권을 가진다.

1-2-d 국정통제에 관한 권한

개념 08 국정통제에 관한 권한

국정통제에 관한 권한으로는 국무총리와 국무위원 등의 출석요구 및 질문권, 국무총리와 국무위원에 대한 해임건의권, 탄핵소추권, 국정감사 및 조사권, 기타 국회의 국정통제에 관한 권한 등이 있는 바, 탄핵소추권 및 국정감사 · 조사권에 대해서는 항목을 달리하여 기술하겠다.

> 제62조 ① 국무총리 · 국무위원 또는 정부위원은 국회나 그 위원회에 출석하여 국정처리상황을 보고하거나 의견을 진술하고 질문에 응답할 수 있다. ② 국회나 그 위원회의 요구가 있을 때에는 국무총리 · 국무위원 또는 정부위원은 출석 · 답변하여야 하며, 국무총리 또는 국무위원이 출석요구를 받은 때에는 국무위원 또는 정부위원으로 하여금 출석 · 답변하게 할 수 있다.
>
> 제63조 ① 국회는 국무총리 또는 국무위원의 해임을 대통령에게 건의할 수 있다. ② 제1항의 해임건의는 국회재적의원 3분의 1 이상의 발의에 의하여 국회재적의원 과반수의 찬성이 있어야 한다.

01_ 국무총리와 국무위원 등의 출석요구 및 질문권

(1) 의의: 국회나 그 위원회는 국무총리와 국무위원 및 정부위원에 대하여 국정전반에 걸쳐 질문할 수 있고, 현안이 되고 있는 중요한 사항에 대하여 질문할 수 있다. 국회는 국민의 대표로서 국가기관에 대하여 국정전반에 관한 처리상황과 장래의 방침에 대하여 설명을 요구하거나 소견을 물을 수 있기 때문이다. 동시에 대법원과 헌법재판소 등 다른 헌법기관의 장에 대한 질문과 출석요구를 통해, 헌법기관에 대한 감시와 견제의 기능을 한다.

(2) 출석요구: 질문을 하거나 안건심의를 위하여 필요한 때에는 국무총리나 국무위원 및 정부위원의 출석을 요구할 수 있다. 출석요구는 20인 이상의 의원이 발의하여 본회의의 의결을 얻거나 위원회의 의결로 한다. 국무

총리 또는 국무위원이 출석요구를 받은 때에는 국회에 출석 · 답변하여야 하나, 의장이나 위원장의 승인을 얻어 국무위원 또는 정부위원으로 하여금 출석 · 답변하게 할 수 있다. 또한 본회의나 위원회는 대법원장, 헌법재판소장, 중앙선거관리위원회위원장, 감사원장 또는 그 대리인의 출석을 요구하고 질문할 수 있다.

(3) 질문: 대정부질문이란 본회의에서 회기 중 국정전반 또는 국정의 특정분야를 대상으로 정부에 질문하는 것을 말한다. 서면질문이란 의원이 정부에 대하여 서면으로 행하는 질문을 말한다. 서면질문은 구두로 하는 대정부질문과 구별된다. 긴급현안질문이란 회기 중 현안이 되고 있는 중요한 사항을 대상으로 정부에 대하여 행하는 질문을 말한다. 예견하지 못한 중요한 문제가 현안으로 등장하였을 때 대정부질문방법은 국회차원의 충분한 대처방법이 될 수 없기에 이에 대한 보완책으로 긴급현안질문제도가 만들어졌다. 긴급현안질문을 요구하는 의원은 의원 20인 이상 찬성으로 현안이 되고 있는 중요한 사항을 대상으로 질문요구서를 본회의개의 24시간 전까지 의장에게 제출하여야 한다.

02_ 국무총리와 국무위원에 대한 해임건의권

(1) 의의: 해임건의란 국무총리나 국무위원의 직무능력 등에 문제가 있는 경우 국회가 대통령에게 해임을 건의하는 제도를 말하는데, 대통령제 정부형태를 취하고 있는 헌법에서는 이례적인 것이다. 해임건의제도는 의원내각제의 내각불신임에 그 뿌리를 두고 있지만 대통령제 정부에서도 나름대로의 기능을 지니고 있다.

(2) 해임건의의 요건: 해임건의의 사유에 관해 헌법은 아무런 규정을 두고 있지 않다. 해임건의의 사유로는 직무집행이 위헌 또는 위법인 경우, 정책의 과오나 무능력 기타 사생활 문란 등으로 해당 직책을 수행할 능력이 없다고 판단된 경우, 또는 부하공무원의 과오나 범법행위에 대한 감독책임을

져야 될 경우 등이다. 해임건의는 국무총리와 국무위원을 '개별 또는 묶어서' 해임건의의 대상으로 삼을 수 있다. 그러나 국무위원 전체를 그 대상으로 하는 일괄적 해임을 건의할 수 없다.

(3) 해임건의의 절차: 해임건의는 재적의원 3분의 1 이상의 발의와 재적의원 과반수의 찬성으로써 한다. 해임건의가 발의된 경우에는 본회의에 보고하고 그 때부터 24시간 이후 72시간 이내에 표결한다. 이 기간 내에 표결되지 않으면 건의안이 폐기된 것으로 본다.

(4) 해임건의의 법적 구속력: 해임건의가 있을 때 대통령은 반드시 해임을 하여야 하는가가 문제된다. 현행 헌법은 대통령제를 정부형태로 하고 있고, 제3공화국 헌법이 규정하고 있는 '특별한 사유가 없는 한 이에 응하여야 한다'는 규정을 두고 있지 않으며, 헌법이 해임의결이나 해임요구가 아닌 해임건의라고 규정한 점을 고려해 볼 때, 대통령을 법적으로 구속할 수 없다고 보는 것이 다수설이며, 판례의 입장이다.

03_ 기타 국회의 국정통제에 관한 권한

국회는 긴급명령, 긴급재정경제처분 및 명령에 대한 승인권, 계엄의 해제요구권, 일반사면에 대한 동의권, 국방 및 외교정책에 대한 동의권을 가진다. 또한 국회는 행정입법에 대한 통제권을 가진다. 또한 국회는 감사원에 대하여 감사원법에 의한 감사원의 직무범위에 속하는 사항 중 사안을 특정하여 감사를 요구할 수 있다.

개념 09 탄핵소추

제65조 ① 대통령 · 국무총리 · 국무위원 · 행정각부의 장 · 헌법재판소 재판관 · 법관 · 중앙선거관리위원회 위원 · 감사원장 · 감사위원 기타 법률이 정한 공무원이 그 직무집행에 있어서 헌법이나 법률을 위배한 때에는 국회는 탄핵의 소추를 의결할 수 있다. ② 제1항의 탄핵소추는 국회재적의원 3분의 1 이상의 발의가 있어야 하며, 그 의결은 국회재적의원 과반수의 찬성이 있어야 한다. 다만, 대통령에 대한 탄핵소추는 국회재적의원 과반수의 발의와 국회재적의원 3분의 2 이상의 찬성이 있어야 한다. ③ 탄핵소추의 의결을 받은 자는 탄핵심판이 있을 때까지 그 권한행사가 정지된다. ④ 탄핵결정은 공직으로부터 파면함에 그친다. 그러나, 이에 의하여 민사상이나 형사상의 책임이 면제되지는 아니한다.

01_ 의의

탄핵이란 일반적인 사법절차에 의해서는 책임을 추궁하기 어려운 고위공무원의 직무상 위헌 · 위법행위를 의회가 소추하는 제도를 말한다. 고위공직자가 직무수행 중 헌법을 위반한 경우 이에 대한 법적 책임을 추궁할 수 있도록 함으로써, 헌법의 규범력을 확보하고자 하는 것이 탄핵심판의 존재의의라 할 수 있다. 탄핵제도의 기능은 나라마다 헌정의 실제와 전통, 정부형태, 정당체제 등에 따라 다를 수밖에 없으나 탄핵제도가 일반적으로 권력통제적 기능과 헌법보호적 기능을 지닌다는 데에는 이의가 없다.

02_ 탄핵소추

(1) 소추기관: 탄핵소추기관은 국회가 된다. 양원제 의회에서는 일반적으로 하원이 소추기관이 된다. 헌법은 탄핵을 소추와 심판으로 나누어, 소추는 국회의 권한으로 심판은 헌법재판소의 권한으로 하였다.

(2) 소추대상자: 소추대상자는 대통령 · 국무총리 · 국무위원 · 행정각부 의장 · 헌법재판소재판관 · 법관 · 중앙선거관리위원회위원 · 감사원장 · 감사위원 기타 법률이 정한 공무원이다. 국회의원은 탄핵대상이 되지 않는

다. 개별법이 탄핵소추의 대상을 규정하고 있는 예로는, 검사, 경찰청장, 각급 선거관리위원회 위원, 방송통신위원회 위원장 등이다.

(3) 소추사유: 탄핵사유는 직무집행이 위헌 또는 위법이어야 한다. 직무란 법제상 소관 직무에 속하는 고유업무와 사회통념상 이와 관련된 업무를 말하므로, 직무상의 행위란 법령 · 조례 · 행정관행 및 관례에 의하여 그 지위의 성질상 필요하거나 이에 수반되는 모든 행위나 활동을 말한다. 탄핵소추는 직무집행과 관련되어야 하므로 직무집행과 무관한 사생활이나 취임 전 또는 퇴직 후의 행위는 탄핵사유가 될 수 없다. 탄핵은 직무수행이 헌법과 법률에 위배되어야 한다. 정치적 무능력, 정책결정의 과오, 단순한 부도덕 등은 해임건의사유는 되어도 탄핵소추사유는 될 수 없다. 헌법이나 법률에 위배됨이란 고의나 과실에 기한 경우이어야 하며, 법의 무지로 인한 경우도 포함한다. 탄핵은 법위반의 모든 경우가 아니라, 공직자의 파면을 정당화할 정도의 '중대한' 법위반의 경우로 한정해야 하며, 중대성 여부에 대한 판단 역시 고의 과실의 주관적 요소로 판단할 것이 아니라 헌법질서에 끼친 해악의 정도를 기준하여 객관적으로 판단되어야 한다.

(4) 소추의 발의와 의결: 대통령 이외의 탄핵대상자에 대한 탄핵소추의 발의는 재적의원 3분의 1 이상, 대통령에 대한 탄핵소추의 발의는 재적의원 과반수의 찬성이 있어야 한다. 탄핵소추의 의결은 국회에 전속한다. 대통령 이외의 탄핵대상자에 대한 탄핵소추의 의결은 재적의원 과반수의 찬성이, 대통령에 대하여는 재적의원 3분의 2 이상의 찬성이 있어야 한다.

03_ 탄핵심판 ⇒ 제2편 헌법재판론 참조

개념 10 국정감사 및 조사권

헌법 제61조는 국정감사 및 조사권을 보장하고 있다. 국정감사와 조사를 위해, '국정감사 및 조사에 관한 법률'과 '국회에서의 증언 · 감정 등에 관한 법률'이 제정되어 있다.

제61조 ① 국회는 국정을 감사하거나 특정한 국정사안에 대하여 조사할 수 있으며, 이에 필요한 서류의 제출 또는 증인의 출석과 증언이나 의견의 진술을 요구할 수 있다. ② 국정감사 및 조사에 관한 절차 기타 필요한 사항은 법률로 정한다.

01_ 의의

국정감사권이란 국회가 정기적으로 국정전반에 걸쳐 조사하는 권한을 말한다. 국정조사권이란 국회가 입법, 재정, 국정통제 등 자신에게 부과된 국가적 과제를 수행하기 위해 특정의 국정사안을 조사할 수 있는 권한을 말한다. 국정감사제도는 외국에서 유사한 입법례를 찾아보기 힘든 제도이다. 국정조사권은 의회민주주의의 실현을 위한 불가결의 수단으로서 헌법의 명문규정 여하를 불문하고 의회의 권한의 하나로 모든 국가에서 인정되고 있다.

02_ 내용

국정감사는 9월 10일부터 20일간 시행하도록 하였는데, 국정감사가 정기회 기간 중에 실시되어 예산안과 법률안 등 중요안건에 대한 심사기간을 충분히 확보하기 어려운 점이 있으므로, 2012년 법개정으로 정기회 집회일 이전에 감사시작일부터 30일 이내의 기간을 정하여 감사를 실시하도록 하였다. 국정감사는 상임위원회가 작성하고 국회운영위원회와의 협의를 거쳐 확정된 감사계획서에 따라 상임위원회별로 실시한다. 한편 국정조사는 재적의원 4분의 1 이상의 요구가 있는 경우 특별위원회 또는 상임위원회로 하여금 국정의 특정사안에 관하여 조사하게 할 수 있다. 국정조사를 시행할 특별위원회는 교섭단체의원수의 비율에 따라 구성하여야 한다. 다만, 조사에 참여하기를 거부하는 교섭단체의 의원은 제외할 수 있다.

03_ 대상

(1) 국정감사의 대상기관: 위원회가 국정감사의 대상으로 선정하면 국정감사를 받아야 하는 기관(위원회 선정대상기관)으로는, ㉠ 정부조직법 기타 법률에 의해 설치된 국가기관, ㉡ 지방자치단체 중 특별시 · 광역시 · 도, ㉢ '공공기관의 운영에 관한 법률' 제4조에 따른 공공기관, 한국은행, 농업협동조합중앙회, 수산업협동조합중앙회가 있다. 본회의 의결이 있어야 국정감사가 가능한 기관(본회의 승인대상기관)으로는 지방행정기관, 지방자치단체, 감사원법에 의한 감사원의 감사대상기관이 있다. 여기서 지방자치단체란 특별시, 광역시, 도를 제외한 시, 군, 자치구의 기초자치단체를 말한다. 감사원의 감사대상기관으로는 행정기관, 자치단체, 군기관, 교육기관, 정부나 자치단체의 투자기관 등이 있다.

(2) 국정조사의 대상기관: 국정조사의 대상기관은 본회의 의결로 승인된 조사계획서에 기재된 기관이다.

04_ 국정감사 및 조사권의 범위

국회는 입법과 관련된 모든 사항에 대하여 감사 및 조사를 할 수 있다. 입법에 필요한 자료수집, 정보확보, 법령의 운용상태 등을 감사 및 조사할 수 있다(입법감사 및 조사). 국회는 국가의 모든 재정작용에 관해 감사 및 조사를 할 수 있다. 예산과 결산, 조세, 국유재산의 변동 등 국가재정 전반에 대해 필요한 사항을 감사 및 조사할 수 있다(재무감사 및 조사). 국회는 모든 행정작용의 적법성 여부 및 그 타당성까지 감사 및 조사할 수 있다(행정감사 및 조사). 국회는 법원과 헌법재판소의 예산운용, 재판의 신속한 처리여부, 법관의 적절한 충원과 배치여부, 탄핵소추를 위한 조사, 기타 사법행정에 관한 감사 및 조사를 할 수 있다. 다만 재판작용 그 자체에 대한 간섭은 허용되지 않는다. 특히 사실확인과 양형판단에 대한 감사 및 조사는 허용되지 않는다(사법감사 및 조사). 국회는 규칙제정, 의원의 징계, 기타 청원사항을 처리하기 위해 필요한 감사 및 조사를 할 수 있다(국회내부감사 및 조사).

05_ 국정감사 및 조사권의 한계

국회가 행정부의 모든 소관업무에 대해 감사 및 조사를 할 수 있다고 하여 행정부에 갈음하여 필요한 행정처분을 직접 행하거나 취소하거나 변경하는 조치를 취할 수 없고, 재판에 계속 중인 사건에 대한 국정감사 및 조사를 할 수 없다(권력분립적 한계). 국정감사 및 조사도 국민의 기본권을 침해할 수 없다. 국정감사 및 조사를 수단으로 사생활을 조사할 수 없으며, 감사 및 조사절차에서 증인이나 참고인에게 불리한 진술을 강요할 수 없다(기본권 보장적 한계). 국정감사 및 조사는 국회의 입법, 재정, 국정통제를 위한 보조적 수단의 성격을 지니므로 관련 목적 범위 내에서 국정감사 및 조사가 이루어져야 한다. 국회의 기능과 무관한 내용을 그 대상으로 삼을 수 없다(기능적 한계). 국정감사 및 조사는 헌법적 가치를 균형 있게 조화시킬 수 있는 방향으로 행사되어야 한다(국익상 한계).

06_ 국정감사 및 조사결과의 처리

국정감사 및 조사를 마친 때에는 위원회는 감사 또는 조사보고서를 작성하여 의장에게 제출하고 의장은 이를 지체 없이 본회의에 보고하여야 한다. 국회는 국정감사 및 조사의 결과 정부나 해당기관의 시정을 필요로 하는 사유가 있을 때에는 그 시정을 요구하고, 정부나 해당기관에서 처리함이 타당하다고 인정되는 사항은 정부 또는 해당기관에 이송한다. 이 경우 정부나 해당기관은 지체 없이 처리하고 그 결과를 국회에 보고하여야 한다. 국회는 처리결과보고에 대하여 적절한 조치를 취할 수 있다고만 규정하고 있고 처리시한 및 사후감사에 대한 명확한 규정이 없는데 개선이 요구된다.

1-2-e 국회내부에 관한 권한

개념 11 국회내부에 관한 권한(국회의 자율권)

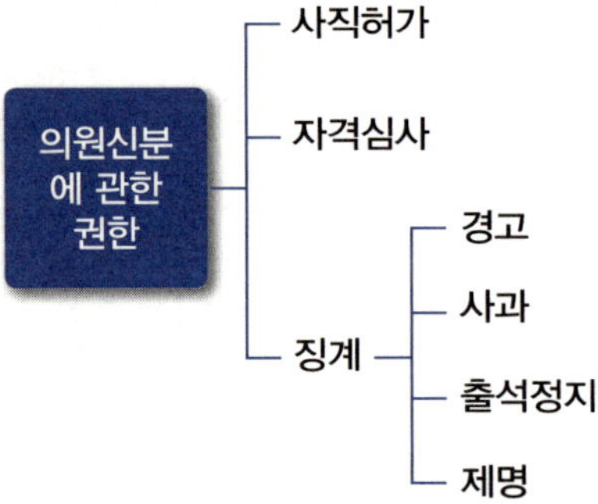

제64조 ② 국회는 의원의 자격을 심사하며, 의원을 징계할 수 있다. ③ 의원을 제명하려면 국회재적의원 3분의 2 이상의 찬성이 있어야 한다. ④ 제2항과 제3항의 처분에 대하여는 법원에 제소할 수 없다.

01_ 의의

국회의 자율권이란 타 헌법기관의 간섭을 받음이 없이 국회가 의사와 내부문제에 관하여 자율적으로 결정할 수 있는 권한을 말한다. 양원제의 경우에는 타원으로부터 간섭받지 않음도 그 내용으로 한다. 국회의 자율권은 권력분립원리에 기초한 것으로 국회의 기능독립을 가능하게 하며 국회의 자치를 확보하여 준다. 국회는 조직, 운영, 질서, 의원신분, 규칙 등의 사항에 대하여 스스로 결정할 수 있는 권한을 가진다. 국회의 자율권이 보장될 때 입법, 재정, 통제에 관한 국회의 기능이 실효성을 지니게 된다.

02_ 내용

⑴ 집회 및 의사에 관한 권한: 국회는 헌법과 국회법이 정하는 바에 따라 집회 · 휴회 · 폐회 · 회기 등을 자주적으로 결정할 수 있다. 또한 국회는 의사일정의 작성, 의안의 발의 등의 의사를 자율적으로 정하며, 의사절차의 적법성 여부도 스스로 판단할 수 있다.

⑵ 내부조직권: 국회는 헌법과 국회법이 정하는 바에 따라 의장과 부의장을 선출하며 각종 위원회를 구성하고 사무총장 및 필요한 직원을 임면한다.

⑶ 내부경찰권 및 의원(議院)가택권: 내부경찰권이란 국회 내부의 질서를 유지하기 위해서 의원을 포함하여 원내에 있는 모든 자에 대하여 명령하거나 강제할 수 있는 권한을 말하고, 의원가택권이란 국회의 의사에 반하여 제3자가 국회 내로 침입하는 것을 금할 수 있는 국회의 권한을 말한다. 내부경찰권과 의원가택권은 국회법상 의장의 경호권과 질서유지권 등의 형식으로 행사되고 있다.

⑷ 의원신분에 관한 권한: 국회는 의결로 의원의 사직을 허가한다. 의원사직의 건은 본회의에서 토론 없이 표결한다. 폐회 중에는 의장이 이를 허가할 수 있다(사직허가). 자격심사란 의원의 자격유무에 대한 국회의 심사절차를 말한다. 헌법은 국회의 자율성을 보장하고자 의원의 자격유무에 관해 다른 헌법기관의 관여를 배제하고 있다. 자격이란 의원의 피선자격의 유무, 겸직으로 인한 자격상실의 사유 기타 의원으로서의 자격보유요건을 말한다. 의원이 다른 의원의 자격에 대하여 이의가 있을 때에는 30인 이상의 연서로 자격심사를 의장에게 청구할 수 있다. 의원의 자격이 없음을 의결함에는 재적의원 3분의 2 이상의 찬성이 있어야 한다. 자격상실결정에 대해서는 법원에 제소할 수 없다(자격심사). 국회의원이 헌법이 요구하는 청렴의 의무나 이권개입금지의무를 위반하거나, 국회법상의 각종 의무를 위반한 경우, 회의장의 질서를 문란하게 하거나 다른 사람을 모욕하거나 사생

활에 대한 발언을 한 때, 또는 다른 법률이 정하는 징계사유에 해당된 때, 그리고 '국회의원윤리강령'이나 '국회의원윤리실천규범'을 위반한 때에는 국회는 윤리특별위원회의 심사를 거쳐 그 의결로써 이를 징계할 수 있다. 국회법이 인정하고 있는 징계로는 공개회의에서의 경고, 공개회의에서의 사과, 30일 또는 90일 이내의 출석정지, 제명 등 네 가지가 있다. 제명이 의결되지 아니할 때에는 본회의는 다른 징계의 종류를 의결할 수 있다. 국회의원의 자격심사나 징계에 대하여 법원에 제소할 수 없다(징계).

1-3 국회의원의 지위와 특권

개념 12 국회의원의 지위 및 자격발생과 소멸

- 자격발생과 소멸
  - 자격의 발생
  - 자격의 소멸
    - 임기만료
    - 사직
    - 당선무효로 인한 의원직 상실
    - 퇴직
    - 제명
    - 자격심사
    - 당적변경

01_ 헌법상 지위

국회의원은 국민의 대표로서의 지위를 지닌다. 국회의원은 국회가 국민의 대표기관으로서의 지위를 지니는 것과 별개로 헌법기관으로서 국민의 대표로서의 지위를 지닌다. 국회의원의 국민대표성과 자유위임적 지위에 관한 헌법적 근거로, '국회의원은 국가이익을 우선하여 양심에 따라 직무를 행한다'는 헌법 제46조 제2항을 들 수 있다. 정당소속 국회의원은 정당의 구성원으로서, 정당의 통일적인 의견과 일치된 행동을 통해 자신의 의견을 실현하는 정당의 대표로서의 지위를 지닌다. 국회의원의 정당대표성은 현대의 정당제 민주주의제도 하에서는 당연한 결과로 받아들이지 않을 수 없다.

02_ 국회의원의 자격발생과 소멸

(1) 자격의 발생: 총선거의 경우 국회의원의 자격발생은 전임의원의 임기 만료일의 다음날부터 개시하며, 보궐선거 및 재선거의 경우 당선결정이 있은 때부터 개시된다.

(2) 자격의 소멸: 국회의원은 법정의 임기가 만료하면(4년 또는 전임자의 잔임기간) 당연히 그 자격이 소멸된다(임기만료). 국회의원은 자신의 의사에 따라 사직할 수 있다. 국회의원의 회기 중 사직은 국회의 의결을 얻어야 하며, 폐회 중에는 국회의장의 허가가 있어야 한다(사직). 피선거권상실로 인한 당선무효, 선거비용의 초과지출을 이유로 한 선거사무장 또는 선거사무소의 회계책임자 등의 처벌로 인한 당선무효, 당선인의 선거법위반으로 인한 당선무효, 선거사무장 등의 선거범죄로 인한 당선무효가 있을 경우, 의원자격은 상실된다(당선무효로 인한 의원직 상실). 퇴직이란 퇴직사유가 발생하면 법률의 규정에 따라 당연히 의원으로서의 지위와 신분이 상실되는 것을 말한다. 사직이나 자격심사의 경우 별도의 절차가 요구되는데 반해 퇴직은 법이 정한 요건을 충족하면 바로 효과가 발생한다는 점에 차이가 있다. 국회의원이 공직선거법 제53조의 규정에 의하여 사직원을 제출하여 공직선거후보자에 등록한 때 또는 법률에 규정된 피선거권이 상실된 때에는 퇴직된다. 또 비례대표의원이 소속정당으로부터 당적을 이탈 · 변경하거나 2 이상의 당적을 가지고 있는 때에는 퇴직된다(퇴직). 제명이란 의원이 자신의 의사에 반해 자격이 박탈되는 것으로, 재적의원 3분의 2 이상의 찬성이 필요하다. 국회는 국회의원이 청렴의무조항에 위반되는 행위를 하거나 국회법의 징계사유에 해당되는 행위를 한 때에는 국회의원을 제명할 수 있다. 제명된 의원은 그로 인하여 결원된 보궐선거에 입후보할 수 없다. 제명이 의결되지 아니한 때에는 다른 종류의 징계를 의결할 수 있다. 국회의 제명에 대하여 법원에 제소할 수 없다(제명). 국회는 의원의 자격(피선자격)을 심사할 수 있다. 재적의원 3분의 2이상의 찬성을 얻어 무자격으로 결정되

면 의원직을 상실한다(자격심사). 비례대표의원은 소속정당의 합당 · 해산 또는 제명 외의 사유로 당적을 이탈 · 변경하거나 2 이상의 당적을 가지고 있을 때에는 퇴직된다. 다만 비례대표의원이 국회의장으로 당선되어 당적을 이탈한 경우에는 그러하지 아니하다(당적변경).

개념 13 국회의원의 특권

제44조 ① 국회의원은 현행범인인 경우를 제외하고는 회기 중 국회의 동의 없이 체포 또는 구금되지 아니한다. ② 국회의원이 회기 전에 체포 또는 구금된 때에는 현행범인이 아닌 한 국회의 요구가 있으면 회기 중 석방된다.

제45조 국회의원은 국회에서 직무상 행한 발언과 표결에 관하여 국회 외에서 책임을 지지 아니한다.

01_ 면책특권

(1) 의의: 면책특권이란 국회의원이 국회에서 행한 발언과 표결에 관하여 국회 외에서 책임을 지지 않는 것을 말한다. 만일 국회의원이 국회 내에서 자유롭게 발언하고 표결할 수 없다면 국회의원은 헌법에 의해 부여된 권한을 적절하게 행사할 수 없어, 국회의원의 효과적인 국정통제기능을 기대할 수 없다. 면책특권은 국회의원에게 부과된 과제를 충실히 수행할 수 있도록 보장한다.

(2) 내용: 면책특권의 주체는 국회의원이다. 면책특권은 일신전속적 성질을 지니므로 국무총리나 각부 장관이 의원직을 겸하고 있어도 의원이 아닌 국무총리나 각부 장관의 지위에서 행한 발언과 표결에 대해서는 면책특권이 인정되지 않는다. 국회에서의 행위는 국회 본회의에서 이루어진 행위는 물론 위원회나 연석회의에서 이루어진 행위를 포함한다. 면책특권은 국

회의원의 직무행위에 대하여 적용된다. 직무행위는 직무집행 그 자체는 물론 통상적으로 직무집행에 필수적으로 부수되는 행위를 포함한다. 국회의원의 직무상 발언과 표결은 '국회 외에서 책임을 지지 않는다'. 이는 발언과 표결에 대해 민 · 형사책임을 지지 않는다는 것을 말한다. 법적 책임의 면책이므로 국회 또는 소속정당으로부터의 징계책임이나 선거구민에 의한 정치적 책임까지 면책되는 것은 아니다. 면책은 재임 중, 임기만료 후 모두 적용된다.

02_ 불체포특권

(1) 개념: 불체포특권이란 회기 중 체포를 일시적으로 유예받는 국회의원의 특권을 말한다. 불체포특권은 행정부나 사법부의 부당한 탄압으로부터 의원의 신체를 보호함으로써 대의민주주의를 실현하고자 하는데 그 의의가 있다. 국회의원에게 직무를 충실히 수행할 수 있도록 하여 의회의 기능을 유지하고자 한다.

(2) 내용: 국회의원은 회기 중 국회의 동의 없이 체포 · 구금되지 않는다. 여기서 체포 또는 구금이란 형사절차상의 체포 · 구금에 국한되지 않으며, 강제구인, 임시수용, 보호조치 등 의원의 신체에 대한 모든 제한조치를 말한다. 또한 회기 중이란 집회일로부터 폐회일까지의 기간으로, 휴회기간을 당연히 포함한다. 의원 체포시 동의를 얻었다면 구속시 다시 국회의 동의를 얻을 필요는 없다. 회기 전에 체포 · 구금된 경우에도 국회의 요구가 있으면 석방하여야 한다. 회기 전이란 회기가 시작되기 전을 말하므로 폐회기간은 물론 '전(前) 회기의 기간'도 포함된다.

(3) 예외: 현행범이란 범죄의 실행 중에 있거나 실행 직후인 자를 말하는데, 현행범에게는 불체포특권이 인정되지 않는다. 현행범에 대해 불체포특권을 인정하는 것은 의원에 대한 지나친 과잉보호가 되며 불체포특권의 남용으로 형사정의이념에 위배되기 때문이다. 불체포특권은 신체의 체포 ·

구금에 대한 국회의 동의가 있는 경우에는 인정되지 않는다. 판사는 영장 발부에 앞서 체포동의요구서를 정부에 제출하며, 정부는 지체 없이 국회에 체포동의를 요청하여야 한다. 국회의 동의는 재적의원 과반수의 출석과 출석의원 과반수의 찬성으로 한다.

1-4 국회의원의 권리와 의무

개념 14 국회의원의 권리와 의무

제43조 국회의원은 법률이 정하는 직을 겸할 수 없다.

제46조 ① 국회의원은 청렴의 의무가 있다. ② 국회의원은 국가이익을 우선하여 양심에 따라 직무를 행한다. ③ 국회의원은 그 지위를 남용하여 국가 · 공공단체 또는 기업체와의 계약이나 그 처분에 의하여 재산상의 권리 · 이익 또는 직위를 취득하거나 타인을 위하여 그 취득을 알선할 수 없다.

01_ 국회의원의 권리

(1) 국회의 활동에 관한 권리: 발언이란 회의에서 구두로 의견을 진술하는 것을 말한다. 발언의 유형은 의사진행발언, 신상발언, 보충발언, 반론발언, 5분 자유발언, 질의, 토론, 대정부질문, 긴급현안질문 등이 있다(발언권). 표결이란 안건에 대한 찬반의 의사표시를 표명하여 회의체의 의사를 결정하는 방법을 말한다. 표결할 때에는 의장이나 위원장은 표결할 안건의 제목을 선포하여야 하며, 의장이나 위원장의 표결선포 및 표결결과의 선포는 의장석이나 위원장석에서 하여야 한다(표결권).

더 알아보기

• **질의:** 질의란 의제가 된 안건에 관하여 제안자나 보고자에게 의문나는 점에 관해 묻는 것으로, 정부에 대하여 국정에 관한 설명을 요구하는 질문과 구별된다.

• **토론:** 토론이란 심의중인 안건에 대하여 찬반의 의견을 표명하는 발언을 말한다. 토론에 참가하고자 하는 의원은 미리 찬 · 반의 의사를 의장에게 통지하여야 한다.

• **안건심의:** 본회의는 안건을 심의함에 있어서 그 안건을 심사한 위원장의 심사보고를 듣고 질의 · 토론을 거쳐 표결한다. 다만, 위원회의 심사를 거치지 아니한 안건에 대하여는 제안자가 그 취지를 설명하여야 하고, 위원회의 심사를 거친 안건에 대하여는 의결로 질의와 토론 또는 그중의 하나를 생략할 수 있다.

• **무제한 토론:** '국회선진화법'은 합법적 의사진행방해수단으로 미국 상원이 채택하고 있는 필리버스터(filibuster)에 해당하는 무제한 토론을 신설하였다. 무제한 토론은 원내소수에게 반대의견을 개진할 수 있는 기회부여를 넘어 상정된 안건을 부결시킬 수 있는 것으로서, 그 간 우리 정치문화에 자주 등장했던 주먹싸움을 말로 싸우도록 전환하였다는데 나름의 존재의의가 주어진다. 시간의 제한을 받지 않는 무제한 토론은 재적의원 3분의 1 이상의 요구로 가능하며, 요구서를 의장에게 본회의 개의 전까지 제출하여야 하고, 이 경우 의장은 해당 안건에 대하여 무제한 토론을 실시하여야 한다. 무제한토론은 재적의원 3분의 1 이상의 요구와 재적의원 5분의 3 이상의 찬성으로 종료되며, 무제한 토론 중 회기가 종료되는 때에는 무제한 토론은 종료된 것으로 본다. 19대 국회에서 이종걸 의원이 12시간 33분을 기록하며 그간의 기록을 갱신하였다.

(2) 교섭단체를 구성할 권리: 국회의원은 다른 의원과 함께 교섭단체를 구성할 권리를 가진다.

(3) 수당과 편익을 받을 권리: 국회의원은 법률이 정하는 바에 의하여 수당과 여비를 받으며, 국유의 철도 · 선박 · 항공기를 무료로 이용할 수 있지만, 폐회 중에는 공무인 경우에 한한다.

02_ 국회의원의 의무

(1) 헌법상 의무: 국회의원은 청렴의 의무, 국가이익우선의 의무, 이권개입금지의 의무, 겸직금지의 의무를 부담한다.

(2) 국회법상 의무: 국회법이 정하고 있는 의무로는, 품위유지 의무, 회의의 질서유지 의무, 모욕 등 발언금지 의무, 발언방해금지 의무, 의장석 점거금지의무, 회의장출입방해금지의무 등이 있다.

20

헌법 이야기

지금까지 감독 생활을 해오면서 많은 일들이 있었다. 나는 선수들의 속을 읽고 어루만져주고 그들의 가능성을 열어주려고 했다. 끝까지 책임지고 살리고 싶었다. 리더라면 가슴이 넓고 깊어야 하는 건 기본이다. 동시에 등도 넓어야 한다. 아픔은 가슴으로 안고, 자신을 믿고 따르는 사람들은 등 뒤에 두고 끝까지 책임지고 지켜줘야 한다. 나는 그런 생각으로 선수들을 키워왔다.

야구 선수들에게 "야구는 너에게 무엇인가" 하고 물으면 다들 인생의 전부라고 한다. 나는 '운명'이라고 부른다. 운명과 같은 야구를 하면서 리더로만 40여 년을 살았다. 나보고 욕심이 많다 하는데 지금껏 내 욕심을 위해 움직인 적은 없었다. 나는 선수들이 성공하는 모습을 보고 싶었다. 그들이 연봉도 늘어나고 좋은 집도 갖게 되면 그걸로 내가 행복했다. 선수들 말고 다른 것을 생각해본 적이 없었다. 선수들을 위해서 허리를 굽힌 적은 많았지만 내 명예를 위해 누군가에게 허리를 굽힌 적은 없었다.

·
·
·

물이 흐르는 것은 잔잔하다. 그러나 물의 힘이란 대단해서 그 잔잔함이 고여 높은 둑도 넘어간다. 바위도 깨뜨린다. 고일 때도 있고, 넘어갈 때도 있다. 그렇지만 결국은 커다란 바다에 이르는 길을 달려가는 것이다.

나 역시 물처럼 흘러온 것 같다.

〈김성근, 리더는 사람을 버리지 않는다, 5~7쪽 인용〉

헌법 제69조는 우리나라의 리더인 대통령에게 "헌법을 준수하고 국가를 보위하며 조국의 평화적 통일과 국민의 자유와 복리의 증진 및 민족문화의 창달에 노력하여 대통령으로서의 직책을 성실히 수행할 것을 국민 앞에 엄숙히 선서" 하도록 하고 있다. 대통령에게 부여된 헌법의 명령을 사심없이 성실히 수행해야 함은 국민이 주인인 나라에서 리더가 갖추어야 할 첫 번째 덕목이다.

한평생을 야구로 살았고, 지금도 살고 있고, 앞으로도 살아가실 김성근 감독님의 카리스마에 매료되어 관련 기사와 책 및 영상을 여러 번 보았으나, 저자는 아직도 '일구이무(一球二無)'의 뜻을 잘 실천하지 못하고 있다. 어쩌면 평생 모르고 살아갈지, 알 수 없다. 하지만, 그 노력을 중단하고 싶지 않다. 나도 누군가에게는 김성근이고 싶기 때문이다.

[대통령 체계도]

- 대통령의 지위
- 대통령의 권한
  - 국가원수로서의 권한
  - 행정부수반으로서의 권한
    - 행정에 관한 권한
    - 입법에 관한 권한
    - 사법에 관한 권한
- 대통령의 권한행사의 방법과 통제

2-1 대통령의 지위

개념 15 대통령의 지위

대통령의 지위는 정부형태에 따라 달라질 수밖에 없다. 정부형태가 권력고립의 원리에 기초를 두고 있는지 아니면 권력융화나 권력통합의 원리에 두고 있는지에 따라 대통령의 지위가 다르며, 국민에 의해 직접 선출된 대통령과 국회에서 간선으로 선출된 대통령의 지위가 동일할 수 없다.

제66조 ① 대통령은 국가의 원수이며, 외국에 대하여 국가를 대표한다. ② 대통령은 국가의 독립 · 영토의 보전 · 국가의 계속성과 헌법을 수호할 책무를 진다. ③ 대통령은 조국의 평화적 통일을 위한 성실한 의무를 진다. ④ 행정권은 대통령을 수반으로 하는 정부에 속한다.

제67조 ① 대통령은 국민의 보통 · 평등 · 직접 · 비밀선거에 의하여 선출한다. ② 제1항의 선거에 있어서 최고득표자가 2인 이상인 때에는 국회의 재적의원 과반수가 출석한 공개회의에서 다수표를 얻은 자를 당선자로 한다. ③ 대통령후보자가 1인일 때에는 그 득표수가 선거권자 총수의 3분의 1 이상이 아니면 대통령으로 당선될 수 없다. ④ 대통령으로 선거될 수 있는 자는 국회의원의 피선거권이 있고 선거일 현재 40세에 달하여야 한다. ⑤ 대통령의 선거에 관한 사항은 법률로 정한다.

제68조 ① 대통령의 임기가 만료되는 때에는 임기만료 70일 내지 40일전에 후임자를 선거한다. ② 대통령이 궐위된 때 또는 대통령 당선자가 사망하거나 판결 기타의 사유로 그 자격을 상실한 때에는 60일 이내에 후임자를 선거한다.

제70조 대통령의 임기는 5년으로 하며, 중임할 수 없다.

제71조 대통령이 궐위되거나 사고로 인하여 직무를 수행할 수 없을 때에는 국무총리, 법률이 정한 국무위원의 순서로 그 권한을 대행한다.

제83조 대통령은 국무총리 · 국무위원 · 행정각부의 장 기타 법률이 정하는 공사의 직을 겸할 수 없다.

제84조 대통령은 내란 또는 외환의 죄를 범한 경우를 제외하고는 재직 중 형사상의 소추를 받지 아니한다.

제85조 전직대통령의 신분과 예우에 관하여는 법률로 정한다.

〈15-1〉 대통령의 헌법상 지위

대통령의 헌법상 지위는 헌정사에서 여러 차례 변화가 있었다. 우리 헌법이 채택한 대통령제의 특징을 정리해 보면 먼저 의원내각제를 취한 제2공화국 헌법의 대통령을 제외하고는, 비록 그 내용이 미국식 대통령, 변형된 대통령, 신대통령의 다양한 형태를 취하였지만 대통령제의 대통령이란 공통된 지위를 지니고 있었다는 점이다. 또한 언제나 의원내각제적 요소를 지닌 변형된 대통령이었고 입법부나 사법부에 대하여 언제나 우위를 점하는 대통령이었다는 점을 들 수 있다.

〈15-2〉 현행 헌법에서의 대통령의 헌법상 지위

01_ 국가원수(元首)로서의 지위

(1) 국가원수의 개념: 국가원수란 국가를 상징하고 대표하는 국가기관으로, 대외적으로 국가를 대표하며 대내적으로 전체 국민의 통일성과 전체성을 상징하는 국가기관을 말한다.

(2) 대외적 대표(국가의 대표자로서의 지위): 대통령은 대외적으로 국가를 대표한다. 헌법 제66조 제1항은 대통령이 국가의 원수이며, 동시에 국가의 대표자로서의 지위를 지니고 있음을 분명히 하고 있다. 대통령은 국가의 대표자로서 외국과 조약을 체결 · 비준하고, 외교사절을 신임 · 접수 또는 파견하며, 외국에 대하여 선전포고와 강화를 한다.

(3) 대내적 대표: 대통령은 전체 국민에 의해 직접 선출된 국민의 대표로서, 국민의 대표기관으로서의 지위를 지닌다. 대통령은 국가의 독립 · 영토의 보전 · 국가의 계속성과 헌법을 수호할 책임을 진다. 대통령의 헌법수호의무는 대통령의 취임선서시, 헌법을 준수하고 국가를 보위할 책임으로 나타난다. 대통령에게 부여된 계엄선포권, 긴급명령권, 긴급재경처분 및 명령권, 국군통수권 등은 헌법수호자로서의 지위에 기초하여 대통령에게 부

여된 권한이자 책무이다. 헌법은 대통령에게 국가의 계속성과 안정성을 확보하도록 국가 전체의 대립되는 이해와 이익을 조정하고 통합할 지위를 부여하고 있다. 대통령의 헌법개정제안권이나 국민투표부의권, 국회출석발언권, 임시회의 소집요구권, 사면권 등이 이에 해당된다. 헌법은 대통령에게 헌법기관을 구성할 수 있는 권한을 부여하고 있다. 대통령은 국회의 동의를 얻어 대법원장을 임명하고, 대법원장의 제청과 국회의 동의를 얻어 대법관을 임명한다. 또 국회의 동의를 얻어 헌법재판소장과 감사원장을 임명한다. 그 밖에 3인의 헌법재판소재판관과 3인의 중앙선거관리위원회위원 임명권을 가진다.

02_ 행정부의 수반으로서의 지위

헌법은 행정권은 대통령을 수반으로 하는 정부에 속한다고 규정하고 있는데, 이는 대통령이 행정부의 수반으로서의 지위를 가진다는 것으로, 대통령이 행정부를 조직하고 편성하며, 집행에 있어 최고책임자임을 나타낸다. 대통령은 행정부의 수반으로서 행정부를 조직할 수 있는 권한을 가진다. 대통령은 국회의 동의를 얻어 국무총리를 임명하고, 국무총리의 제청으로 국무위원을 임명한다. 또한 대통령은 헌법과 법률이 정하는 바에 의하여 공무원을 임면한다. 대통령은 행정부의 수반으로서 행정작용에 대한 최고책임자로의 지위를 가진다.

〈15-3〉 대통령의 선출

01_ 현행 헌법상 대통령의 선출

(1) 대통령 선출방법: 현행 헌법은 '대통령은 국민의 보통, 평등, 직접, 비밀선거에 의하여 선출한다'고 하여 대통령을 국민이 직접 선출하도록 하였다. 대통령선거에서 최고득표자가 2인 이상인 때에는 국회의원 재적의원

과반수가 출석한 공개회의에서 다수표를 얻은 자를 당선자로 한다.

(2) 대통령 선거: 대통령으로 선거될 수 있는 자는 국회의원의 피선거권이 있고 선거일 현재 40세에 달하여야 한다. 5년 이상 국내에 거주하여야 한다. 대통령 후보자는 정당의 추천을 받아 또는 무소속으로 입후보할 수 있으며, 입후보자는 중앙선거관리위원회에 3억원을 기탁하여야 하고, 무소속후보자는 5개 이상 시 · 도에서 각 500인 이상이 기명 날인한 추천장을 첨부하여 후보자등록을 신청하여야 한다. 임기만료에 의한 대통령선거는 대통령의 임기만료일 70일 내지 40일 전에 실시하여야 하며, 70일 이후 첫 번째 수요일에 실시한다. 대통령이 궐위된 때에는 궐위된 날로부터 60일 이내에 실시한다. 중앙선거관리위원회는 유효투표의 다수를 얻은 자를 당선인으로 결정하고 이를 국회의장에게 통지하여야 한다. 다만 후보자가 1인인 때에는 그 득표수가 선거권자총수의 3분의 1 이상에 달하여야 당선인으로 결정한다. 최고득표자가 2인 이상인 때에는 중앙선거관리위원회의 통지에 의하여 국회는 재적의원 과반수가 출석한 공개회의에서 다수표를 얻은 자를 당선인으로 결정한다.

〈15-4〉 대통령의 신분상 지위

01_ 대통령직의 취임

대통령당선자는 대통령직에 취임함으로써 대통령의 신분을 취득하게 되고 대통령직을 수행할 수 있다. 대통령의 임기는 전임대통령의 임기만료일의 다음날 0시부터 개시되므로 취임식전이라도 대통령으로서의 모든 권한을 행사할 수 있음은 물론이다.

02_ 대통령의 임기

대통령의 임기는 5년이다. 역대 헌법상 대통령의 임기는 건국헌법은 4

년, 제2공화국 헌법은 5년, 제3공화국 헌법은 4년, 제4공화국 헌법은 6년, 제5공화국 헌법은 7년이었다. 대통령직은 중임할 수 없다. 중임금지란 한 번만 할 수 있다는 의미로써, 이어서 할 수 없다는 연임금지와 구별된다. 중임을 금하고 단임제로 한 것은 헌정사에서 경험한 장기집권의 폐해를 방지하기 위함이다. 대통령의 임기연장 또는 중임변경을 위한 헌법개정은 그 헌법개정제안 당시의 대통령에 대하여는 효력이 없도록 하여, 1인의 장기집권의 병폐를 사전에 방지하고 있다.

03_ 대통령의 형사상 특권

대통령의 형사상 특권이란 대통령은 내란 또는 외환의 죄를 범한 경우를 제외하고는 재직 중 형사상의 소추를 받지 않는 특권을 말한다. 이는 대통령이라는 특수한 직책의 원활한 수행을 보장할 필요가 있고 국가원수로서의 지위에 대한 훼손을 방지하여 국가의 체면과 권위를 유지해야 하기 때문이다. 형사소추란 본래 공소의 제기를 의미하나 대통령의 형사상 특권의 의의와 목적을 감안할 때 헌법 제84조의 소추란 체포 · 구속 · 압수 · 수색 · 검증까지도 포함하는 것으로 보아야 한다. 형사상 특권은 형사책임을 묻지 않는 것이므로, 탄핵소추나 심판 그리고 민사 · 행정책임까지 면제되는 것은 아니다. 재직 중에 한하여 형사소추가 면제되므로 퇴직 후에는 형사소추가 가능하다. 재직 중 형사소추를 할 수 없는 범죄의 공소시효는 진행이 정지된다고 보아야 한다. 만일 공소시효의 진행이 정지되지 않는다면 대통령은 재직 전이나 재직 중에 범한 대부분의 죄에 관하여 공소시효가 완성되는 혜택을 받게 되어 부당하며, 특권의 목적에도 부합되지 않는다. 대통령의 범죄행위에 대하여 기소가 이루어진 경우 그 행위가 대통령의 형사상 특권의 범위에 해당될 때에는 법원은 재판권 부존재를 이유로 형사소송법 제327조 제1호를 적용하여 공소기각결정을 한다.

04_ 대통령의 의무

대통령은 직무상, 신분상 일정한 헌법적 의무를 부담한다. 대통령의 헌법상 의무로는 직무상 의무로 헌법수호의무와 직무수행의무를, 신분상 의무로 겸직금지의무를 들 수 있다. 헌법수호의무란 대통령이 헌법을 준수하고 수호할 의무를 말한다. 또한 직무수행의무란 대통령이 헌법을 준수하고, 국가를 보위하며, 조국의 평화적 통일과 국민의 자유와 복리의 증진 및 민족문화의 창달을 위하여 대통령의 직책을 성실히 수행할 의무를 말한다. 대통령은 국무총리 · 국무위원 · 행정각부의장 기타 법률이 정하는 공 · 사의 직을 겸할 수 없는 겸직금지의무를 진다.

05_ 대통령의 권한대행

(1) 권한대행의 의의: 권한대행이란 국가기관 담당자가 사고를 당하여 직무수행이 불가능하게 된 때 다른 국가기관 담당자가 대신 직무를 수행하는 것을 말한다. 권한대행은 대통령이 궐위나 사고로 직무수행이 불가능한 때에 이루어진다. 궐위란 대통령이 재위하지 않는 경우로, 대통령의 사망, 탄핵결정에 의한 파면, 피선자격의 상실, 사임 등이 이에 해당한다. 반면 사고란 대통령이 대통령직에 있지만 일정한 사유로 직무수행이 불가능하게 된 경우로, 질병, 탄핵소추가 의결되어 권한행사가 정지된 경우 등이 이에 해당된다.

(2) 권한대행사유의 판단: 대통령이 궐위되면 헌법의 규정에 따라 대행자가 정해진다. 궐위로 확인되면 헌법 제71조에 따라 권한대행자에게 대통령의 권한을 대행할 수 있는 권한이 부여된다. 그러나 사고인 경우에는 대통령이 직무를 수행할 수 없어 권한대행이 요구되는 사고에 해당되는가의 여부를 누가 어떻게 결정할 것인가가 문제된다. 사고로 인한 권한대행의 경우 대통령이 권한대행의 필요여부와 기간을 스스로 결정하며 결정해야 한다는 데 이론의 여지가 없다. 하지만 문제는 대통령이 정신장애나 의식불

명 등으로 권한대행의 필요여부 및 그 기간을 스스로 결정할 수 없을 때이다. 현재 어떤 방법과 절차를 거쳐 누가 결정할 것인가에 관한 법적 장치가 마련되어 있지 않다. 헌법개정을 통해 궁극적 대비책을 강구해야 하겠지만, 그 전이라도 관련 법률의 신속한 제정이 요구되며, 헌법재판소로 하여금 판단하게 하는 것이 바람직하다.

2-2 대통령의 권한

2-2-a 국가원수로서의 권한

개념 16 국가원수로서의 권한

국가원수로서의 권한에는 국가를 대표할 권한, 국가와 헌법을 수호하기 위한 권한, 국가를 통합 · 조정할 권한, 헌법기관구성에 관한 권한 등이 있으며, 국가와 헌법을 수호하기 위한 권한에 대해서는 항목을 달리하여 기술하겠다.

- **국가원수로서의 권한**
  - 국가를 대표할 권한
  - 국가를 통합 · 조정할 권한
    - 헌법개정에 관한 권한
    - 국민투표부의권
    - 영전수여권
    - 임시회의 소집요구권
    - 국회출석 · 발언권
    - 사면 · 감형 · 복권에 관한 권한
  - 헌법기관구성에 관한 권한

제72조 대통령은 필요하다고 인정할 때에는 외교 · 국방 · 통일 기타 국가안위에 관한 중요정책을 국민투표에 붙일 수 있다.

제73조 대통령은 조약을 체결 · 비준하고, 외교사절을 신임 · 접수 또는 파견하며, 선전포고와 강화를 한다.

제79조 ① 대통령은 법률이 정하는 바에 의하여 사면 · 감형 또는 복권을 명할 수 있다. ② 일반사면을 명하려면 국회의 동의를 얻어야 한다. ③ 사면 · 감형 및 복권에 관한 사항은 법률로 정한다.

제80조 대통령은 법률이 정하는 바에 의하여 훈장 기타의 영전을 수여한다.

01_ 국가를 대표할 권한

대통령은 국가원수로서 외국에 대하여 국가를 대표한다. 대통령이 국가를 대표하기에 대통령은 조약을 체결 · 비준하고, 외교사절을 신임 · 접수 · 파견하며, 선전포고와 강화를 한다. 신임이란 우리나라 외교사절에게 신임장을 수여하는 것이고, 접수란 외국의 외교사절을 우리나라가 수락하는 것이며, 파견이란 외교사절을 외국에 보내는 것을 말한다. 선전포고란 외국에 대한 전쟁개시의 선언이며, 강화란 전쟁종결을 위한 적국과의 합의를 말한다. 또한 대통령은 국군을 해외에 파견하거나 외국군대의 주류를 허락할 수 있다. 동시에 대통령은 국가, 정부, 교전단체를 각각 승인한다. 외교적 권한행사에 국무회의의 심의와 부서가 요구된다.

02_ 국가를 통합·조정할 권한

⑴ 헌법개정에 관한 권한: 헌법이 대통령에게 헌법개정발의권을 인정한 것은 대통령에게는 정치적 공동체를 통합 · 유지하여 국가의 계속성을 유지해야할 책무가 있기 때문이다. 대통령은 헌법개정안에 대한 공포권을 가지며 헌법개정이 확정되면 즉시 공포하여야 한다.

⑵ 국민투표부의권: 국민투표부의권이란 대통령이 국가의 통합 조정자로서 중요한 국가정책에 대해 국민의 의사를 물을 수 있는 제도를 말한다. 국민투표의 대상은 외교 · 국방 · 통일 기타 국가안위에 관한 중요정책이다. 기타 국가안위에 관한 중요정책이란 외교 국방 통일 이외의 영역에서 발생되는 국가의 안전과 안전을 위태롭게 하는 중요정책을 말한다. 국가안위에 관한 중요정책에 대통령에 대한 신임투표가 포함될 수 있는가가 문제되나, 헌법 제72조는 정책에 대한 국민투표이기에 사람의 신임을 묻는 국민투표는 허용될 수 없고, 특정정책과 연계하여 신임을 묻는 것도 권한을 넘는 것

으로 허용될 수 없다. 국민투표에 의하여 확정된 정책은 국민주권의 직접적 표현으로서 모든 국가기관을 구속한다.

(3) 사면 · 감형 · 복권에 관한 권한: 사면은 죄를 용서하고 벌을 면하게 하는 것으로, 국가적 경사가 있거나 국경일 또는 경축일을 기념할 때 이루어지며, 국가원수에 의해 행해진다. 사면에는 일반사면과 특별사면이 있다. 일반사면이란 범죄를 지정하여 죄를 범한 모든 사람에 대하여, 형의 선고를 받지 않은 경우에는 공소권을 상실시키며, 형의 선고를 받은 경우에는 형의 선고효력을 상실시키는 것을 말한다. 일반사면은 국무회의의 심의를 거쳐 국회의 동의를 얻어 대통령령으로 한다. 특별사면이란 형을 선고받은 자에게 형의 집행을 면제해 주는 것을 말한다. 형의 집행을 면제시키는 것이지만 특별한 사정이 있는 경우에는 형선고의 효력을 상실시킬 수도 있다. 감형은 형을 선고받은 자에게 형을 변경(일반감형)하거나 형의 집행을 경감(특별감형)하는 것을 말한다. 일반감형은 형을 변경하며, 특별감형은 형의 집행을 경감시키거나 특별한 사정이 있는 경우 형을 변경한다. 복권이란 형의 선고로 인하여 법령에 따른 자격이 상실 · 정지된 경우, 그 상실 · 정지된 자격을 회복시켜 주는 것을 말한다. 복권도 일반복권과 특별복권이 있다.

(4) 기타: 대통령은 법률이 정한 바에 의하여 훈장 기타의 영전을 수여한다. 영전수여는 국무회의의 심의를 거쳐야 하며, 영전수여에 관한 법으로 상훈법이 있다(영전수여권). 대통령은 임시회의 소집을 요구할 수 있다. 임시회의 소집요구는 국무회의의 심의를 거쳐야 하며, 기간과 집회요구의 이유를 명시하여야 한다(임시회의 소집요구권). 대통령은 국회에 출석하여 발언하거나 서한으로 의견을 표시할 수 있다(국회출석 · 발언권).

03_ 헌법기관구성에 관한 권한

대통령은 국회의 동의를 얻어 대법원장을 임명하고 대법원장의 제청으로 국회의 동의를 얻어 대법관을 임명한다(대법원구성). 대통령은 헌법재판소 재판관(9인)을 임명하며, 국회의 동의를 얻어 헌법재판소장을 재판관 중에서 임명한다(헌법재판소구성). 대통령은 국회의 동의를 얻어 감사원장을 임명하며 감사원장의 제청으로 감사위원을 임명한다(감사원구성).

개념 17 국가와 헌법을 수호하기 위한 권한

국가와 헌법을 수호하기 위한 권한

- 긴급명령권
- 긴급재정 · 경제처분 및 명령권
- 긴급재정 · 경제명령권
- 계엄선포권
- 국군통수권

제74조 ① 대통령은 헌법과 법률이 정하는 바에 의하여 국군을 통수한다.② 국군의 조직과 편성은 법률로 정한다.

제76조 ① 대통령은 내우 · 외환 · 천재 · 지변 또는 중대한 재정 · 경제상의 위기에 있어서 국가의 안전보장 또는 공공의 안녕질서를 유지하기 위하여 긴급한 조치가 필요하고 국회의 집회를 기다릴 여유가 없을 때에 한하여 최소한으로 필요한 재정 · 경제상의 처분을 하거나 이에 관하여 법률의 효력을 가지는 명령을 발할 수 있다. ② 대통령은 국가의 안위에 관계되는 중대한 교전상태에 있어서 국가를 보위하기 위하여 긴급한 조치가 필요하고 국회의 집회가 불가능한 때에 한하여 법률의 효력을 가지는 명령을 발할 수 있다. ③ 대통령은 제1항과 제2항의 처분 또는 명령을 한 때에는 지체 없이 국회에 보고하여 그 승인을 얻어야 한다. ④ 제3항의 승인을 얻지 못한 때에는 그 처분 또는 명령은 그때부터 효력을 상실한다. 이 경우 그 명령에 의하여 개정 또는 폐지되었던 법률은 그 명령이 승인을 얻지 못한 때부터 당연히 효력을 회복한다. ⑤ 대통령은 제3항과 제4항의 사유를 지체 없이 공포하여야 한다.

제77조 ① 대통령은 전시 · 사변 또는 이에 준하는 국가비상사태에 있어서 병력으로써 군사상의 필요에 응하거나 공공의 안녕질서를 유지할 필요가 있을 때에는 법률이 정하는 바에 의하여 계엄을 선포할 수 있다. ② 계엄은 비상계엄과 경비계엄으로 한다. ③ 비상계엄이 선포된 때에는 법률이 정하는 바에 의하여 영장제도, 언론 · 출판 · 집회 · 결사의 자유,

정부나 법원의 권한에 관하여 특별한 조치를 할 수 있다. ④ 계엄을 선포한 때에는 대통령은 지체 없이 국회에 통고하여야 한다. ⑤ 국회가 재적의원 과반수의 찬성으로 계엄의 해제를 요구한 때에는 대통령은 이를 해제하여야 한다.

01_ 긴급명령권

(1) 의의: 긴급명령이란 국가의 안위에 관계되는 중대한 교전상태가 발생한 경우 국가를 보위하기 위하여 대통령이 발하는 긴급 · 비상의 입법조치를 말한다. 대통령의 긴급명령권은 국가위기시 대통령에게 법률의 효력을 지니는 명령을 제정할 수 있는 것으로, 국가의 존립을 유지하고 헌법질서를 보전하기 위하여 행사되는 비상 · 예외적 권한이다.

(2) 요건: 긴급명령은 국가의 안위에 관계되는 중대한 교전상태가 발생한 때 발동된다. 중대한 교전상태는 사변 또는 내란을 포함한다. 긴급명령은 비상사태를 해결하기 위한 사후적이고 소극적이며 또 방어적인 목적으로 발동되어야 한다. 공공복리실현과 같은 적극적 목적이나 집권연장 또는 야당탄압 등과 같은 정치적 목적으로 발동될 수 없다. 국회의 집회가 불가능하여야 한다. 이점에서 국회의 집회를 기다릴 여유가 없는 때에 발동되는 긴급재정경제명령과 구별된다.

(3) 내용 및 효력: 긴급명령은 내정 · 외교 · 국방 · 사법 등 국정전반에 걸쳐 필요한 조치를 할 수 있다. 이 점에서 재정 · 경제상의 필요한 조치로 한정되는 긴급재정 · 경제명령과 구별된다. 한편 긴급명령은 법률의 효력을 지니므로 국민의 자유와 권리를 제한하거나 새로운 의무를 부과할 수 있으며, 필요한 경우 법률을 개폐할 수 있다. 긴급명령이 국회의 승인을 얻지 못하면 그 때부터 긴급명령은 효력을 상실한다. 승인을 얻지 못한 때까지의 긴급명령의 효력에는 영향을 주지 않는다. 긴급명령이 국회의 승인을 얻게 되면 긴급명령은 확정적으로 유효하게 된다.

02_ 긴급재정·경제처분 및 명령권

(1) 의의: 긴급재정 · 경제처분(이하, 긴급재경처분)이란 내우 · 외환 · 천재 · 지변 또는 중대한 재정 · 경제상의 위기에 있어서 국가의 안전보장이나 공공의 안녕질서를 유지하기 위한 긴급 비상의 재정 · 경제상의 처분을 말한다. 이는 법치행정에 대한 중대한 제한이 되며 동시에 재정의회주의에 대한 중대한 예외가 된다.

(2) 요건: 긴급재경처분은 내우 · 외환 · 천재 · 지변 또는 중대한 재정 · 경제상의 위기가 발생하여야 한다. 긴급재경처분은 국가안전보장이나 공공의 안녕질서의 유지와 같은 소극적 목적을 위해서만 가능하고 공공복리의 증진과 같은 적극적 목적을 위해서는 발할 수 없다. 국회의 집회를 기다릴 여유가 없는 때에 한한다. 이 점에서 국회의 집회가 불가능한 경우에 발동되는 긴급명령과 구별된다.

(3) 내용 및 효력: 긴급재경처분은 재정 · 경제에 관한 사항을 규율한다. 이 점에서 내정 · 외교 · 국방 · 사법 등 모든 사항을 그 대상으로 할 수 있는 긴급명령과 구별된다. 긴급재경처분은 사후에 국회의 승인을 얻어야 한다. 국회의 승인이 있으면 처분의 효력이 확정적으로 유효하게 되며, 만일 승인을 얻지 못하면 그 때부터 효력을 상실한다. 승인에 필요한 의결정족수는 긴급명령과 같이 출석의원과반수의 찬성으로 족하다.

03_ 긴급재정·경제명령권

대통령은 긴급재경처분을 할 때와 동일한 요건 하에서, 필요한 경우 법률의 효력을 지닌 명령을 발할 수 있다. 긴급재경처분을 발하게 되면 기존의 법령에 저촉되는 처분이 될 것이기에 헌법에 근거한 긴급재경처분이 법령에 반하여 위법한 처분이 되는 모순을 제거하기 위하여 법률의 효력을 지니는 긴급재경명령을 발할 수 있게 한 것이다.

04_ 계엄선포권

(1) 의의: 계엄이란 전시 등 국가비상사태가 발생한 경우 이를 극복하기 위하여 병력을 사용하는 긴급의 비상조치를 말한다. 계엄은 입법영역을 제외한 행정영역과 사법영역에서 한시적인 군정을 가능하게 하고 헌법의 일부조항을 배제할 수 있다는 점에서 가장 강력한 국가긴급권이다. 계엄에는 비상계엄과 경비계엄의 두 종류가 있다. 비상계엄은 전시 · 사변 또는 이에 준하는 국가비상사태에 있어서 적과 교전상태에 있거나 사회질서가 극도로 교란되어 행정 및 사법기능의 수행이 현저히 곤란한 경우에 군사상의 필요에 따르거나 공공의 안녕질서를 유지하기 위하여 선포된다. 경비계엄은 전시 · 사변 또는 이에 준하는 국가비상사태에 있어서 사회질서가 교란되어 일반 행정기관만으로는 치안을 확보할 수 없는 경우에 공공의 안녕질서를 유지하기 위하여 선포된다.

(2) 요건 및 선포절차: 계엄은 전시 · 사변 또는 이에 준하는 국가비상사태가 발생한 때, 병력으로써 공공의 안녕질서를 유지할 목적으로 선포된다. 전시란 전쟁이 개시된 때부터 종료에 이르기까지의 기간을 말하며, 사변이란 전시는 아니지만 무력행사로 인한 전시에 준하는 비상사태를 말한다. 이에 준하는 국가비상사태란 무장집단에 의하거나 또는 자연적 재난으로 인한 사회질서교란상태를 말한다. 계엄의 선포권자인 대통령은 계엄을 선포하려면 국무회의의 심의를 거쳐야 하며, 계엄선포의 이유 · 종류 · 시행일 · 지역 그리고 계엄사령관을 공고하여야 한다. 계엄을 선포한 후에는 지체 없이 국회에 통고하여야 한다.

(3) 효력 및 해제: 계엄사령관은 계엄지역 내의 모든 행정사무와 사법사무를 관장하며 행정기관과 사법기관을 지휘 · 감독한다. 다만 사법사무는 엄격한 의미의 민 · 형사재판을 제외한 사법행정사무만이 계엄당국의 지휘 · 감독을 받는다고 본다. 비상계엄 하에서는 군사법원의 재판을 받는다. 비상계엄이 선포된 때 영장, 언론 · 출판 · 집회 · 결사의 자유에 대하여 특

별한 조치를 할 수 있다. 특별한 조치란 헌법 제37조 제2항에 의한 기본권 제한의 정도를 넘는 것으로, 관련 헌법규정을 일시 정지할 수 있는 것으로 본다. 비상사태가 평상상태로 회복되거나 국회의원 재적과반수의 찬성으로 해제를 요구할 때에는 대통령은 지체 없이 계엄을 해제하여야 한다. 계엄의 해제는 국무회의의 심의를 거쳐야 한다.

05_ 국군통수권

군통수권이란 군대의 최고지휘자로서 군대를 지휘하고 통솔하는 권한을 말한다. 헌법은 대통령에게 국군통수권을 부여함으로써, 대통령이 대한민국 군대인 국군의 최고사령관임을 분명히 하고 있다. 통수권은 군정과 군령으로 구성된다. 군정이란 국군을 조직 · 편성 · 취득 · 유지 · 관리하는 양병작용을 말하며, 군령이란 작전계통에 따라 현실적으로 군을 사용 · 지휘 · 명령 · 통솔하는 용병작용을 의미한다. 대통령의 군통수권행사에는 국무회의의 심의, 부서, 국가안전보장회의의 자문을 거쳐야 한다. 군통수권은 법률이 정하는 바에 따라 행사하며, 자위전쟁을 목적으로 행사되어야 하고, 선전포고 · 강화 등 일정한 군통수권행사에는 국회의 동의를 얻어야 한다. 국군의 조직과 편성은 법률로 정한다.

2-2-b 행정부수반으로서의 권한

개념 18 행정부수반으로서의 권한

행정부수반으로서의 권한에는 행정에 관한, 입법에 관한, 사법에 관한 권한이 있으며, 행정에 관한 권한 중 행정입법권에 대해서는 목차를 달리하여 기술하겠다.

제53조 ① 국회에서 의결된 법률안은 정부에 이송되어 15일 이내에 대통령이 공포한다. ② 법률안에 이의가 있을 때에는 대통령은 제1항의 기간 내에 이의서를 붙여 국회로 환부하고, 그 재의를 요구할 수 있다. 국회의 폐회 중에도 또한 같다.

제78조 대통령은 헌법과 법률이 정하는 바에 의하여 공무원을 임면한다.

01_ 행정에 관한 권한

대통령은 행정부의 수반으로서 행정에 관한 최고의 결정권과 집행권을 가지며, 행정권은 대통령의 권한과 책임하에 이루어지며 대통령은 행정부 구성원을 지휘하고 감독한다(행정의 최고결정권 및 최고집행권). 대통령은 헌법과 법률이 정하는 바에 의하여 공무원을 임면한다. 임면은 임명과 면직을 말하는데, 임명에는 보직 · 전직 · 휴직 · 징계처분 등이 포함된다(공무원 임면권). 대통령은 예산안을 편성하여 회계연도 개시 90일 전까지 국회에 제출하여야 한다. 예산에 변경을 가할 필요가 있을 때에는 추가경정예산안을 편성하여 국회에 제출할 수 있고, 대통령이 국채를 모집하거나 예산외 국가의 부담을 주는 계약을 체결하고자 할 때에는 국회의 동의를 얻어 집행할 수 있다(재정에 관한 권한).

02_ 입법에 대한 권한

(1) 법률안제출권: 대통령은 정부의 수반으로서 법률안을 제출할 권한을 가진다. 우리 헌법은 건국헌법부터 대통령의 법률안제출권을 허용하여 왔다.

(2) 법률안거부권: 법률안거부권이란 대통령이 국회가 의결하여 정부에 이송한 법률안에 대하여 이의가 있을 때 국회에 재의를 요구할 수 있는 권한을 말한다. 법률안거부권은 미국헌법에서 유래된 것으로 국회의 경솔하고 부당한 입법을 방지하고 권력상호간의 억제와 균형을 실현하는 장치로서 기능한다.

더 알아보기

• **환부거부**: 환부거부란 대통령이 정부에 이송된 법률안을 국회에 보내 재의를 요구하는 것을 말한다. 대통령은 법률안에 이의가 있는 경우 15일 이내에 이의서를 붙여 국회로 환부하고 재의를 요구할 수 있다. 국회가 폐회 중인 때에도 환부하여야 하며, 공포도 거부도 하지 않은 때에는 15일이 경과함으로써 법률안은 법률로 확정된다. 법률안을 거부할 때 일부거부나 수정거부는 인정되지 않는다. 일부거부를 불허하는 이유는 국회의 법률안심의권을 침해하기 때문이며, 수정거부를 불허하는 것은 법률안거부권의 소극적 성격에 반하기도 하지만 정부가 법률안제출권을 가지고 있어 이를 허용할 이유가 없기 때문이다.

• **보류거부**: 보류거부란 대통령이 환부거부가 허용되는 기간 내에 국회가 폐회되는 경우 법률안을 보유함으로써 법률안을 폐기시키는 것을 말한다. 현행 헌법에서 보류거부가 인정될 수 있는가에 관하여 견해가 대립된다.

(3) 법률공포권: 대통령은 국회에서 의결되어 정부에 이송되어 온 법률안을 15일 이내에 공포한다. 또한 대통령은 15일 이내에 공포나 재의의 요구를 하지 않아 확정된 법률과 재의요구한 후 국회에서 전과 같이 의결되어 정부로 이송된 법률을 공포한다. 만일 대통령이 확정된 법률을 5일 이내에 공포하지 아니하면 국회의장이 이를 공포한다. 법률은 특별한 규정이 없으면 공포한 날로부터 20일 경과함으로써 효력을 발생한다.

03_ 사법에 대한 권한

정부는 정당의 목적이나 활동이 민주적 기본질서에 위배될 때에는 헌법재판소에 그 해산을 제소할 수 있다. 헌법상 정당해산제소권이 정부의 권한으로 명시되어 있으나, 정부는 대통령을 수반으로 하고 있으므로 실질상 대통령이 제소권자라고 할 수 있다. 대통령은 행정부의 수반의 지위에서 국회와 대법원장과 함께 헌법재판소와 중앙선거관리위원회를 구성한다. 대통령은 3인의 헌법재판소재판관과 3인의 중앙선거관리위원회위원을 임명한다.

개념 19 행정입법권

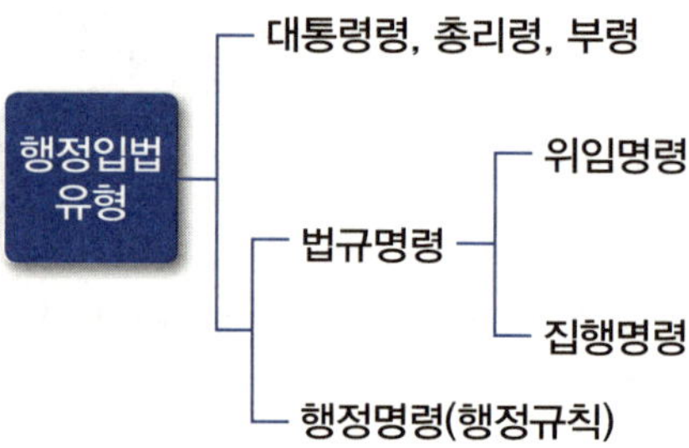

제75조 대통령은 법률에서 구체적으로 범위를 정하여 위임받은 사항과 법률을 집행하기 위하여 필요한 사항에 관하여 대통령령을 발할 수 있다.

01_ 의의

행정입법이란 행정부가 법률의 위임 또는 법률의 집행을 위하여 법(명령)을 만드는 것을 말한다. 현대국가에 있어 국민의 권리·의무에 관한 것이라 하여 모든 사항을 법률로 규정하는 것은 불가능하며, 현대 행정이 복잡 · 다기하고 상황의 변화에 따라 다양한 방식으로 적절히 대처할 필요성이 요구되는 반면, 국회의 기술적 · 전문적 능력이나 시간적 적응능력에는 한계가 있기 때문에 헌법은 위임입법을 인정하며 그 근거를 제75조에 마련하였다.

02_ 유형

(1) 대통령령, 총리령, 부령: 행정입법은 제정자에 따라 대통령령, 총리령, 부령으로 나눌 수 있다. 대통령령은 시행령으로, 총리령과 부령은 시행세칙으로 불려진다.

(2) 법규명령과 행정명령: 행정입법은 성질에 따라 법규명령과 행정명령(규칙)으로 나뉘며, 법규명령은 다시 위임명령과 집행명령으로 구별된다. 법규명령이란 행정기관이 헌법에 근거하여 국민의 자유와 권리에 관한 사항(법규사항)을 규율하는 대외적 구속력을 지닌 명령을 말한다. 법규명령은 반드시 헌법에 그 근거가 주어져야 한다. 행정규칙이란 비법규사항을 내용으로 하는 행정기관 내부에서만 효력을 지니는 명령을 말한다. 훈령, 예규, 고시, 통첩 등이다. 행정규칙은 헌법의 근거가 필요하지 않고, 국민의 자유와 권리에 관한 사항을 내용으로 하지 않으며, 또 행정기관 내부에서만 효력을 지닌다는 점에서 법규명령과 구별된다.

(3) 위임명령과 집행명령: 위임명령이란 법률에서 구체적으로 범위를 정하여 위임한 사항에 관해 발하는 명령을 말한다. 위임명령은 법률의 위임에 의한 것이기 때문에 위임명령의 내용이 모법에 위반되어서는 안 되며, 모법의 위임 없는 사항을 규율할 수 없고, 모법이 개정 · 폐지된 때에는 위임명령도 따라 개정 · 폐지된다. 집행명령이란 법률을 집행하는 데 필요한 세칙(절차, 방법)을 정하는 명령을 말한다. 집행명령은 위임명령과 달리 독자적으로 법률을 보충할 수 없고 다만 법률을 집행할 뿐이다.

03_ 한계

(1) 본질적 한계(의회유보): 헌법에 명시적 규정을 두지 않은 경우라도, 국가공동체와 구성원에게 기본적이고 중요한 의미를 갖는 본질적 사항에 대하여는 입법자가 스스로 결정해야 하므로(의회유보) 공동체의 본질적 사항에 대해서는 행정입법이 허용되지 않는다.

(2) 방법적 한계: 포괄적 위임의 금지란 위임의 대상과 기준이 명확하지 않은 위임을 금지하는 것을 말한다. 헌법은 구체적으로 범위를 정하여 위임하도록 규정함으로써 포괄적 위임금지를 확인하고 있다. 헌법 제75조의 '구체적'이란 행정입법으로 정할 대상을 특정하라는 '대상의 한정성'을 말하며, '범위를 정하여'란 행정입법이 준수해야할 목표, 원칙, 정도 등의 기준을 명확하게 제시하라는 '기준의 명확성'을 말한다. 한편, 재위임의 금지란 법률에서 위임받은 사항을 전혀 규정하지 않고 그대로 재위임하는 것을 말하며, 이는 복위임금지의 법리에 반하며 수권법의 내용변경을 초래하는 것이므로 허락될 수 없다. 다만 위임받은 사항에 관하여 대강을 정하고 그 중의 특정사항을 범위를 정하여 하위법령에 다시 위임하는 것은 가능하다.

(3) 대상적 한계: 행정입법은 입법과 행정 간의 권한규율의 분배문제이므로, 행정입법의 한계는 '입법과 행정' 이외의 관계에는 적용되지 않는다.

2-3 대통령의 권한행사의 방법과 통제

개념 20 대통령의 권한행사의 방법과 통제

대통령은 헌법과 법률이 부여한 권한을 자신의 책임 하에 행사한다. 대통령의 권한행사는 일정한 형식과 절차를 거쳐 이루어지도록 규제되어야 한다. 동시에 대통령의 권한행사가 헌법과 법률이 정한 절차를 벗어나 절차적 정당성을 외면한 때에는 이에 대한 적절한 통제장치가 확보되어야 한다.

제82조 대통령의 국법상 행위는 문서로써 하며, 이 문서에는 국무총리와 관계 국무위원이 부서한다. 군사에 관한 것도 또한 같다.

01_ 대통령의 권한행사의 방법

(1) 권한행사방법의 형식: 문서주의란 대통령의 국법상 행위는 문서로써 하여야 함을 말한다. 대통령의 국법상 행위를 문서로 하게 한 것은 권한행사의 증거를 남기고 법적 안정성을 보장함에 그 목적이 있다. 국법상 행위란 헌법과 법률이 대통령의 권한과 의무로 하고 있는 모든 행위를 말한다. 문서에 의하지 않은 대통령의 국법상 행위는 원칙적으로 무효이다. 부서란 대통령의 서명에 이어 국무총리와 관계 국무위원이 서명하는 것을 말한다. 부서는 대통령의 모든 국법상 행위에 대하여 행해진다. 관계 국무위원이란 그 사무를 주관하는 행정각부의 장인 국무위원을 말한다. 부서의 기능은 대통령의 전횡을 방지하고 책임소재를 분명히 하는 데 있다. 부서 없는 대통령의 국법상 행위의 효력에 관하여 견해가 대립되나, 무효설이 다수설이다.

(2) 권한행사방법의 절차: 국무회의는 정부의 권한에 속하는 중요한 정책을 심의하며, 헌법 제89조가 정한 사항은 반드시 국무회의의 심의를 거쳐야 한다. 국무회의의 심의 없이 이루어진 대통령의 국법상 행위의 효력에

관해 견해가 대립되나, 무효설이 다수설이다. 대통령이 외국과 조약을 체결·비준하거나, 선전포고·국군해외파견·외국군대의 국내주류 등 중요한 외교정책을 행할 때, 대법원장 등 헌법기관을 구성할 때, 일반사면 등을 행할 때에는 국회의 사전 동의를 얻어야 한다. 긴급명령이나 긴급재경처분 및 명령 등을 발한 때에는 사후 승인을 얻어야 한다. 대통령의 자문에 응하기 위해 국가안전보장에 관련되는 대외정책·군사정책·국내정책의 수립에 관하여는 국가안전보장회의를 둔다. 국가안전보장회의는 필수적 대통령 자문기관이다. 대통령은 필수적 자문기관의 자문을 거쳐야 하지만 의무적이지는 않다. 한편 국정의 중요한 사항에 관하여는 국가원로자문회의를, 평화통일정책의 수립에 관하여는 민주평화통일자문회의를, 국민경제정책의 수립에 관하여는 국민경제자문회의를 둘 수 있도록 임의적 자문기구를 예정하고 있다.

02_ 대통령의 권한행사의 통제

(1) 내부적 통제: 기관내부적 통제로는 국무회의의 심의나 국무총리나 국무위원의 부서가 있다. 국무총리의 국무위원임명제청권이나 행정각부장관 임명제청권 그리고 국무위원해임건의권도 이에 속한다.

(2) 외부적 통제: 국회는 대통령을 탄핵소추하거나 국무총리나 국무위원에 대한 해임건의권을 통하여 대통령의 권한행사를 통제한다. 동시에 대통령의 국법상 행위에 대한 동의나 승인을 통해 대통령의 권한행사가 남용되지 않도록 통제한다(국회에 의한 통제). 법원은 대통령이 행한 명령과 처분에 대한 위헌·위법여부를 판단하며 무효선언을 하거나 취소할 수 있다. 또 법률과 동일한 효력을 지니는 긴급명령 등에 대한 위헌심판의 제청을 통해 대통령의 권한행사를 통제한다(법원에 의한 통제). 헌법재판소는 대통령에 대한 탄핵심판을 인용함으로써 또는 대통령이 발한 긴급명령 등에 대한 위헌심판을 통해서 대통령의 권한행사를 통제할 수 있다(헌법재판소에 의한 통

제). 국민은 대통령이 제안한 헌법개정안이나 국가안위에 관한 중요정책에 대한 국민투표를 통하여 대통령을 통제한다. 최종적 통제는 저항권으로 이루어진다(국민에 의한 통제).

03 | 행정부

21
헌법 이야기

공청회에서 추락 사고에 대한 모든 조사와 시뮬레이션을 마치고 최종적으로 결론을 내리며 강으로의 추락을 선택한 설리 셀렌버거 기장(톰 행크스 분)의 행동이 옳았음을 인정합니다. 그 마지막 장면의 대사가 부럽습니다.

공청회 위원 | 제 사견을 덧붙이고 싶습니다. 확실히 말씀드릴 수 있는 것은 승무원들을 비롯해, 새 전문가, 항공 엔지니어를 면담하고 모든 시나리오를 검토하고 모든 관계자를 만나본 결과 여전히 미지수가 있다는 겁니다. 바로 당신입니다. 셀렌버거 기장님. 기장님이 없었으면 실패했을 겁니다.

톰 행크스 | 그렇지 않습니다. 저 혼자가 아니라 우리 모두였습니다. 제프와 도나, 쉴라, 도린... 승객 모두와 구조대원들, 관제사들, 출근보트 선원들과 스쿠버 경찰들, 모두 같이 해낸 겁니다. 우리 모두가 살았어요.

공청회 위원 | 스카일스 부기장님 덧붙일 말씀 있나요? 또 이런 일이 발생한다면 다른 선택을 하실까요?

부기장 | 네. 저라면 7월에 하겠습니다.

엔딩 자막

2009년 1월 15일. 1,200여명의 구조대원과 7척의 출근보트가 1549편 승객과 승무원 155명을 전원 구조했다. 모두 하나로 뭉쳐 기적을 이루는데 걸린 시간은 단 24분이었다.

〈영화 '설리, 허드슨 강의 기적'(2016년) 중에서〉

2009년 탑승객 155명 전원이 생존한 비행기 추락사고의 알려지지 않은 이야기를 그린 감동 실화로, 세월호의 아픔이 있기에 더 감정이입이 되어 보았던 최근의 명작이라고 생각합니다. 기적은 큰 재난일수록 무언가 특별한 게 있어서 일어나는 것이 아니라, 그저 매뉴얼대로 행동하고 국민의 안전을 생각하는 가장 기본적인 마음이라고 영화는 말해주고 있습니다.

국가작용은 일반적으로 입법, 행정, 사법으로 분류된다. 또한 국가작용은 법을 만들고 법을 집행하는 것으로 대별되는데 법을 집행한다고 할 때 행정부의 법집행은 법의 목적을 달성하기 위한 법집행이라면 사법부의 법집행은 법을 판단하고 선언하는 법집행이다. 행정부의 법집행 기능을 행정이라 한다. 행정의 본질에 관해 입법 · 사법을 제외한 나머지 국가작용으로 보는 소극설이 있지만, 행정이란 공공복리의 실현을 위한 국가의 적극적이고 능동적인 법집행작용을 말한다. 법규범은 모든 사람과 사건에 적용되도록 일반적 성격을 지니므로 구체적 사안에 대해 적용과 집행이 요구된다. 이러한 법의 적용과 집행이 행정이다. 행정은 법에 근거가 있어야 하고 법에 구속된다. 비록 행정이 법의 구속을 받는다 하여도 행정은 법의 단순한 기계적 집행이 아니며 자기책임 하에 독자적으로 활동하는 영역을 지닌다. 특히 법률이 재량규정일 경우 행정의 독자적 영역은 법적으로 보장되며, 사회국가 현상으로 인한 규범의 목표나 방침만 규율하는 법률의 증가는 행정의 독자영역을 증대시켜 주고 있다.

[행정부 체계도]

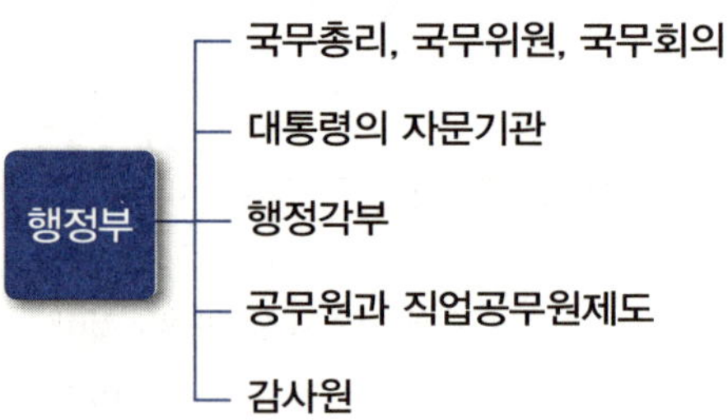

3-1 국무총리, 국무위원, 국무회의

개념 21 국무총리, 국무위원, 국무회의

제86조 ① 국무총리는 국회의 동의를 얻어 대통령이 임명한다. ② 국무총리는 대통령을 보좌하며, 행정에 관하여 대통령의 명을 받아 행정각부를 통할한다. ③ 군인은 현역을 면한 후가 아니면 국무총리로 임명될 수 없다.

제87조 ① 국무위원은 국무총리의 제청으로 대통령이 임명한다. ② 국무위원은 국정에 관하여 대통령을 보좌하며, 국무회의의 구성원으로서 국정을 심의한다. ③ 국무총리는 국무위원의 해임을 대통령에게 건의할 수 있다. ④ 군인은 현역을 면한 후가 아니면 국무위원으로 임명될 수 없다.

제88조 ① 국무회의는 정부의 권한에 속하는 중요한 정책을 심의한다. ② 국무회의는 대통령 · 국무총리와 15인 이상 30인 이하의 국무위원으로 구성한다. ③ 대통령은 국무회의의 의장이 되고, 국무총리는 부의장이 된다.

제95조 국무총리 또는 행정각부의 장은 소관사무에 관하여 법률이나 대통령령의 위임 또는 직권으로 총리령 또는 부령을 발할 수 있다.

01_ 국무총리

(1) 국무총리의 지위

현행 헌법은 국무총리를 두고 있는데 국무총리는 대통령이 궐위되거나 사고에 대비하여 그 권한대행자로서의 역할을 담당하며, 대통령의 권한을 일부라도 견제하면서 행정을 통할하는 역할을 수행한다. 국무총리는 대통령의 권한대행자로서의 지위, 대통령의 보좌기관으로서의 지위, 행정부의 제2인자로서의 지위, 독립된 중앙행정관청으로서의 지위를 가진다.

국무총리는 국회의 동의를 얻어 대통령이 임명한다. 군인은 현역을 면한 후가 아니면 국무총리로 임명될 수 없다. 국무총리가 사고로 인하여 직무를 수행할 수 없을 때에는 기획재정부장관이 겸임하는 부총리, 교육부장관이 겸임하는 부총리의 순으로 직무를 대행하고, 국무총리와 부총리가 모두 사고로 직무를 수행할 수 없는 경우에는 대통령의 지명이 있으면 그 지명을 받은 국무위원이, 지명이 없는 경우에는 제26조 제1항에 규정된 순서에 따른 국무위원이 그 직무를 대행한다. 국무총리의 해임권은 당연히 임명권자인 대통령이 가진다.

(2) 국무총리의 권한과 책임

국무총리는 대통령의 명을 받아 행정각부를 통할한다. 통할이란 다스린다는 의미인데, 국무총리가 행정각부를 통할하고자 할 때 독자적 지위에서 행하는 것이 아니라 대통령의 명을 받아, 즉 대통령을 보좌하는 지위에서 행하게 된다. 국무총리는 소관사무에 관하여 법률이나 대통령령의 위임 또는 직권으로 총리령을 발할 수 있다. 대통령이 궐위되거나 사고로 인하여 직무를 수행할 수 없을 때에는 국무총리가 제1차적으로 권한을 대행한다. 국무총리는 국무위원이나 행정각부장관에 대한 임명제청권을 가지며, 국무위원에 대한 해임건의권을 가진다. 그밖에 부서권, 국무회의에서의 심의·의결권, 국회에의 출석 및 발언권이 있다.국무총리는 대통령을 보좌할 책임을 지며, 행정각부를 통할할 책임과 부서할 책임을 진다. 동시에 국회나 위원회의 출석·답변의 요구가 있으면 국무총리는 국회에 출석하고 답변하여야 한다.

02_ 국무위원

국무위원은 국무회의 구성원으로서의 지위, 대통령 보좌기관으로서의 지위를 가진다. 국무위원은 국무총리의 제청으로 대통령이 임명한다. 군인은 현역을 면하여야 한다. 국무위원의 수는 15인 이상 30인 이하이다. 대통령은 국무위원을 자유로이 해임할 수 있다. 국무위원은 국무회의의 소집을 요구하고 국무회의에 의안을 제출할 수 있다. 국무회의에 출석하여 발언할 수 있다. 이는 국무회의 구성원으로 당연히 허용되는 권한이다. 대통령 및 국무총리의 권한대행권, 부서권, 국회의 출석발언권이 있다. 국무위원은 대통령을 보좌할 책임과 부서할 책임을 진다. 또한 국무위원은 국회나 위원회의 출석 · 답변의 요구가 있으면 국회에 출석하고 답변하여야 하며, 국회의 탄핵소추에 대하여 책임을 진다. 또한 국회의 해임건의에 대하여 책임을 피하기 어렵다.

03_ 국무회의

헌법은 정부의 권한에 속하는 중요정책을 심의하는 기관으로 국무회의를 두면서 이를 헌법기관으로 하고 있다. 헌법은 국무회의를 심의기관으로 규정하고 있고, 필수적 심의사항을 명시하고 있으며, 국무회의의 심의에 앞서 자문에 응하기 위한 자문기관을 별도로 규정하고 있는 점을 감안할 때 국무회의를 대통령의 단순한 자문기관으로 볼 수 없다. 국무회의는 정부의 권한에 속하는 중요정책을 최종적으로 심의하는 기관으로서 국무회의보다 상위의 정책심의기관은 존재하지 않는다. 국무회의는 중요정책에 대해 심의하는 기관이어서 대외적으로 자신의 독립된 의사를 표시할 수 있는 관청의 지위를 지니고 있지 않다. 국무회의는 대통령에 소속된 하급 국가기관이 아니며, 대통령을 포함한, 대통령과 독립된 국가기관이다. 국무회의는 대통령과 국무총리 그리고 15인 이상 30인 이하의 국무위원으로 구성된다. 대통령이 의장이 되고 국무총리가 부의장이 된다. 대통령은 국무회의 의장으로서 회의를 소집하고 이를 주재한다. 국무회의는 합의제 기관이므로 의결의 절차를 취하는데, 구성원 과반수의 출석으로 개의하고, 출석구성원 3분의 2 이상의 찬성으로 의결한다.

3-2 대통령의 자문기관

개념 22 대통령의 자문기관

대통령의 자문기관으로서 국가원로자문회의, 국가안전보장회의, 민주평화통일자문회의, 국민경제자문회의가 있다.

> **제90조** ① 국정의 중요한 사항에 관한 대통령의 자문에 응하기 위하여 국가원로로 구성되는 국가원로자문회의를 둘 수 있다. ② 국가원로자문회의의 의장은 직전대통령이 된다. 다만, 직전대통령이 없을 때에는 대통령이 지명한다. ③ 국가원로자문회의의 조직 · 직무범위 기타 필요한 사항은 법률로 정한다.
>
> **제91조** ① 국가안전보장에 관련되는 대외정책 · 군사정책과 국내정책의 수립에 관하여 국무회의의 심의에 앞서 대통령의 자문에 응하기 위하여 국가안전보장회의를 둔다. ② 국가안전보장회의는 대통령이 주재한다. ③ 국가안전보장회의의 조직 · 직무범위 기타 필요한 사항은 법률로 정한다.
>
> **제92조** ① 평화통일정책의 수립에 관한 대통령의 자문에 응하기 위하여 민주평화통일자문회의를 둘 수 있다. ② 민주평화통일자문회의의 조직 · 직무범위 기타 필요한 사항은 법률로 정한다.
>
> **제93조** ① 국민경제의 발전을 위한 중요정책의 수립에 관하여 대통령의 자문에 응하기 위하여 국민경제자문회의를 둘 수 있다. ② 국민경제자문회의의 조직 · 직무범위 기타 필요한 사항은 법률로 정한다.

01_ 국가원로자문회의

국가원로자문회의는 국정에 중요한 사항에 관한 대통령의 자문에 응하기 위하여 국가원로로 구성된 기관으로 임의적 자문기관이다. 의장은 직전대통령이 되며, 조직 및 직무범위는 법률로 정한다. 국가원로자문회의법은 위헌이라는 비판이 많아 1989년 폐지되었다.

02_ 국가안전보장회의

국가안전보장회의는 국가안전보장에 관련되는 대외정책 · 군사정책과 국내정책의 수립에 관하여 대통령의 자문에 응하기 위한 기관으로 헌법상 필수적 자문기관이다. 또한 국무회의의 전심기관으로서의 성격을 지닌다. 의장은 대통령이 되며, 위원은 대통령 · 국무총리 · 외교부장관 · 통일부장관 · 국방부장관 및 국가정보원장과 대통령령으로 정하는 위원으로 구성한다. 조직 및 직무범위는 법률(국가안전보장회의법)로 정한다.

03_ 민주평화통일자문회의

민주평화통일자문회의는 통일에 관한 국내외 여론 수렴과 통일에 관한 국민적 합의 도출 및 통일에 관한 범민족적 의지와 역량의 결집을 담당함으로써 평화통일정책의 수립에 관한 대통령의 자문에 응하기 위한 기관으로 헌법상 임의적 자문기관이다. 의장은 대통령이 되며, 대통령이 위촉하는 7천명 이상의 자문위원으로 구성된다. 조직 및 직무범위는 법률(민주평화통일자문회의법)로 정한다.

04_ 국민경제자문회의

국민경제자문회의는 국민경제발전에 관한 중요정책의 수립에 관하여 대통령의 자문에 응하기 위한 기관으로, 현행 헌법에서 신설된 헌법상 임의적 자문기관이다. 의장은 대통령이 되며, 당연직위원 5인 이내, 위촉위원 30인 이내 및 지명위원으로 구성된다. 조직 및 직무범위는 법률(국민경제자문회의법)로 정한다.

05_ 국가과학기술자문회의

국가과학기술자문회의는 과학기술의 혁신 등에 관한 대통령의 자문에 응하기 위한 기관으로, 헌법에 근거하여 만들어진 법률(국가과학기술자문회의법)상 임의적 자문기관이다. 30명 이내의 위원으로 구성된다.

3-3 행정각부

개념 23 행정각부

제94조 행정각부의 장은 국무위원 중에서 국무총리의 제청으로 대통령이 임명한다.

제95조 국무총리 또는 행정각부의 장은 소관사무에 관하여 법률이나 대통령령의 위임 또는 직권으로 총리령 또는 부령을 발할 수 있다.

제96조 행정각부의 설치 · 조직과 직무범위는 법률로 정한다.

01_ 행정각부의 의의

행정각부란 행정부의 구성단위로서, 법률이 정한 사항을 집행하는 중앙행정기관을 말한다. 행정각부는 대통령의 지배하에 있지만 대통령의 단순한 보좌기관이 아니라 대통령 하위에 있는 중앙행정관청이다. 행정에 관한 모든 업무는 행정각부에 속하게 하는 것이 원칙이다. 중앙행정기관의 장은 국무위원인 행정각부의 장, 국무위원이면서 행정각부의 장이 아닌 장, 국무위원이 아닌 중앙행정기관의 장으로 나눌 수 있다. 그렇다면 정부의 구성단위로서 그 권한에 속하는 사항을 집행하는 모든 기관(중앙행정기관)을 헌법 제86조 제2항의 행정각부를 의미한다고 볼 수 없다. 행정각부의 설치 · 조직 및 직무범위는 법률로 정한다. 정부조직법은 행정각부를 17부로 구성하고 있다. 행정각부에 장관 1명과 차관 1명을 두되, 장관은 국무위원으로 보하고, 차관은 정무직으로 한다.

02_ 행정각부의 장

행정각부의 장은 국무위원 중에서 국무총리의 제청으로 대통령이 임명한다. 행정각부의 장은 행정각부를 지휘 · 감독하는 지위를 가지며, 행정각부의 장으로서의 지위는 국무위원으로서의 지위와 구별된다. 행정각부의

장은 중앙행정관청으로서 소관사무를 결정하고 집행한다. 행정각부의 장은 소관사무에 관한 정책을 수립하며 이에 필요한 권한을 가진다. 소관사무의 일부를 하부기관에 위임할 수 있다. 행정각부의 장은 소관사무에 관하여 법률이나 대통령령의 위임 또는 직권으로 부령을 발할 수 있다. 행정각부의 장은 소속공무원을 지휘 · 감독하며, 소관사무에 관하여 지방행정의 장을 지휘 · 감독하는 권한을 가진다.

3-4 공무원과 직업공무원제도

개념 24 공무원과 직업공무원제도

- 국가공무원
  - 경력직공무원
    - 일반직공무원
    - 특정직공무원
  - 특수경력직공무원
    - 정무직공무원
    - 별정직공무원
- 지방직공무원

제7조 ① 공무원은 국민전체에 대한 봉사자이며, 국민에 대하여 책임을 진다. ② 공무원의 신분과 정치적 중립성은 법률이 정하는 바에 의하여 보장된다.

01_ 공무원

(1) 의의 및 종류: 공무원이란 직접 국민에 의하여 선출되거나 국가에 의해 임용되어 국가나 자치단체와 공법상 근무관계를 맺고 공적 업무를 담당하고 있는 자를 말한다. 선거로 취임하거나, 계약으로 공무를 담당하는 임시직까지도 공무원에 포함된다. 공무원은 먼저 귀속주체에 따라 국가공무원과 지방공무원으로 대별된다. 국가공무원은 실적과 자격에 따라 임용되고 그 신분이 보장되며 정년까지 공무원으로 근무할 것이 예정되는 경력직공무원과 그 외의 공무원인 특수경력직공무원으로 나뉘어 진다. 경력직공무원은 다시 기술 · 연구 또는 행정 일반에 대한 업무를 담당하는 일반직공무원, 특수분야의 업무를 담당하는 특정직공무원으로 분류된다. 특수경력직공무원은 선거로 취임하거나 임명할 때 국회의 동의를 필요로 하거나 고도의 정책결정 업무를 담당하는 정무직공무원, 특정한 업무를 담당하기 위하여 별도의 자격 기준에 따라 임용되는 별정직공무원으로 분류된다.

⑵ 헌법적 지위: 공무원은 국민전체에 대한 봉사자이다. 국민전체의 봉사자로서의 공무원은 모든 공무원을 말한다. 공무원은 경력직 공무원, 특수경력직 공무원을 말하며, 군공무원 그리고 공무원의 신분은 가지지 않지만 일시적으로 공무를 위탁받아 종사하는 자도 포함한다. 공무원은 국민에 대하여 책임을 진다.

⑶ 기본권제한: 공무원은 정당이나 그 밖의 정치단체의 결성에 관여하거나 이에 가입할 수 없다. 국가공무원법은 공무원(사실상 노무에 종사하는 공무원 제외)에게 노동운동이나 그 밖에 공무 외의 일을 위한 집단행위를 금지하고 있다. 국가공무원 복무규정은 공무원에게 국가 또는 지방자치단체의 정책에 대한 반대 · 방해 행위를 금지하며, 공무원의 직무 수행 중 정치적 주장을 표시 · 상징하는 복장 등 착용행위를 금지하고 있다. 공무원의 근로 3권은 제한된다. 헌법 제33조 제2항은 공무원은 법률이 정한 자에 한하여 근로 3권을 갖도록 하였고, 이에 따라 관련 법률에서 근로 3권을 향유하는 공무원의 범위와 단결 · 단체교섭의 절차와 방법을 규율하고 있다.

02_ 직업공무원제도

⑴ 의의: 직업공무원제도란 공무원에게 법집행기능을 맡김으로써 안정적이고 일관된 공무수행을 보장하는 공직구조제도를 말한다. 직업공무원제도는 정권교체에 따른 국가작용의 중단과 혼란을 방지하기 위하여 공무원의 신분보장을 그 중요한 내용으로 한다.

⑵ 직업공무원제도의 내용: 기능유보란 국가의 법집행은 원칙적으로 공무원에게 맡겨져야 함을 말한다. 법집행이 공무원 이외의 사인에게 맡겨지는 것을 금지함을 그 내용으로 한다. 국가의 법집행은 신분이 보장되는 공무원에게 맡겨질 때 중단 없는 일관된 법집행이 보장될 수 있다. 직업공무원제도는 공무원의 신분보장을 가장 중요한 내용으로 한다. 공무원의 신분은 정권교체에 의해서 영향을 받지 않아야 하며, 동일한 정권 하에서도 그

의 의사에 반하여 불이익한 처분을 받지 않아야 한다. 공무원의 정치적 중립성은 직업공무원제도의 필수적 내용에 해당된다. 한편 실적주의란 인사행정에서 정치적 또는 정실적 요인을 배제하고 자격이나 능력을 기준하여 공무원을 임용(승진)하는 원칙을 말한다. 국가공무원법 제26조는 '공무원의 임용은 시험성적 · 근무성적, 그 밖의 능력의 실증에 따라 행한다'고 하여 실적주의를 명시하고 있다. 공직자 선발에 능력주의에 따르지 않는 것은 공직취임권에 대한 침해가 된다.

3-5 감사원

개념 25 감사원

제97조 국가의 세입 · 세출의 결산, 국가 및 법률이 정한 단체의 회계검사와 행정기관 및 공무원의 직무에 관한 감찰을 하기 위하여 대통령 소속하에 감사원을 둔다.

제98조 ① 감사원은 원장을 포함한 5인 이상 11인 이하의 감사위원으로 구성한다. ② 원장은 국회의 동의를 얻어 대통령이 임명하고, 그 임기는 4년으로 하며, 1차에 한하여 중임할 수 있다. ③ 감사위원은 원장의 제청으로 대통령이 임명하고, 그 임기는 4년으로 하며, 1차에 한하여 중임할 수 있다.

제99조 감사원은 세입 · 세출의 결산을 매년 검사하여 대통령과 차년도 국회에 그 결과를 보고하여야 한다.

제100조 감사원의 조직 · 직무범위 · 감사위원의 자격 · 감사대상공무원의 범위 기타 필요한 사항은 법률로 정한다.

01_ 감사원의 헌법상 지위

감사원은 대통령소속하의 헌법상 필수기관이다. '대통령 소속'에서 대통령이란 국가원수의 지위로서의 대통령을 말하며, 소속이란 감사원이 조직과 편제상 대통령에게 소속되었다는 의미이지 직무상으로도 소속되어 있다는 것은 아니며, 직무상으로는 독립된 기관이다. 감사원은 독자적으로 자신의 업무를 수행할 수 있는 독립기관이다. 감사원은 대통령에 대해서도 직무에 관해 독립적이며, 감사원의 조직 및 예산편성시 독립성이 확보될 수 있도록 하여야 한다.

02_ 감사원의 조직과 구성

감사원은 감사원장을 포함한 5인 이상 11인 이하의 감사위원으로 구성된다. 감사위원회의는 감사원장을 포함하여 감사위원 전원으로 구성되며, 감사원장이 의장이 되고, 재적 감사위원 과반수의 찬성으로 의결한다. 감사원장은 국회의 동의를 얻어 대통령이 임명한다. 직무상 독립기관인 감사원장에 대하여 의회주의 원칙에 따라 국회가 임명동의권을 갖는 것은 당연하다. 감사위원은 감사원장의 제청으로 대통령이 임명한다. 감사원장과 감사위원의 임기는 4년이며 1차에 한하여 중임할 수 있다. 감사위원의 정년은 65세이며 감사원장인 감사위원의 정년은 70세이다. 감사위원은 탄핵이나 금고 이상의 형의 선고를 제외하고는 그 의사에 반하여 면직되지 아니한다.

03_ 감사원의 권한

(1) 국가의 세입세출의 결산: 감사원은 국가의 세입 · 세출에 관한 결산을 조사하며, 그 결과를 대통령과 차년도 정기국회에 보고하여야 한다. 결산은 국가의 1년 수입과 지출에 대한 적정성을 확인하는 것이다.

(2) 회계검사권: 회계검사권이란 예산집행의 합법성과 적정성여부를 판단하는 권한을 말한다. 예산집행에 대한 회계검사가 이루어지지 않는다면 국회의 예산확정도 의미가 없게 될 수 있다. 감사원은 국가 및 법률이 정한 단체에 대한 회계검사를 할 수 있다.

(3) 직무감찰권: 직무감찰권이란 공직기강을 확립하고 행정운영을 개선하기 위해 공무원의 직무수행에 대한 합법성과 타당성을 조사할 수 있는 권한을 말한다. 감사원은 행정기관과 공무원의 직무에 관한 감찰을 할 수 있다. 국회 · 법원 및 헌법재판소공무원은 감찰대상에서 제외되어 있다.

(4) 감사결과와 관련된 권한: 감사원은 감사결과와 관련하여 변상책임의 판정권, 징계 · 시정 및 개선 요구권, 수사기관에의 고발권 등을 가진다.

04 | 선거관리위원회

개념 26 선거관리위원회

제114조 ① 선거와 국민투표의 공정한 관리 및 정당에 관한 사무를 처리하기 위하여 선거관리위원회를 둔다. ② 중앙선거관리위원회는 대통령이 임명하는 3인, 국회에서 선출하는 3인과 대법원장이 지명하는 3인의 위원으로 구성한다. 위원장은 위원 중에서 호선한다. ③ 위원의 임기는 6년으로 한다. ④ 위원은 정당에 가입하거나 정치에 관여할 수 없다. ⑤ 위원은 탄핵 또는 금고 이상의 형의 선고에 의하지 아니하고는 파면되지 아니한다. ⑥ 중앙선거관리위원회는 법령의 범위 안에서 선거관리 · 국민투표관리 또는 정당사무에 관한 규칙을 제정할 수 있으며, 법률에 저촉되지 아니하는 범위 안에서 내부규율에 관한 규칙을 제정할 수 있다. ⑦ 각급 선거관리위원회의 조직 · 직무범위 기타 필요한 사항은 법률로 정한다.

제115조 ① 각급 선거관리위원회는 선거인명부의 작성 등 선거사무와 국민투표사무에 관하여 관계 행정기관에 필요한 지시를 할 수 있다. ② 제1항의 지시를 받은 당해 행정기관은 이에 응하여야 한다.

제116조 ① 선거운동은 각급 선거관리위원회의 관리 하에 법률이 정하는 범위 안에서 하되, 균등한 기회가 보장되어야 한다. ② 선거에 관한 경비는 법률이 정하는 경우를 제외하고는 정당 또는 후보자에게 부담시킬 수 없다.

01_ 의의

우리 헌법은 선거관리위원회를 독립기관으로 두되 헌법기관화 한 것이 특징이다. 선거관리위원회는 선거사무와 국민투표사무 및 정당사무를 관할하는 필수적 헌법기관이다. 선거관리위원회는 대통령, 국회, 법원으로부터 독립된 헌법상 독립기관이다.

02_ 구성

선거관리위원회에는 중앙선거관리위원회와 각급선거관리위원회가 있다. 각급선거관리위원회의 조직 · 직무범위 기타 필요한 사항은 법률로 정한다. 각급선거관리원회에는 특별시 · 광역시 · 도 선거관리위원회, 구 ·

시 · 군 선거관리위원회,읍 · 면 · 동 선거관리위원회가 있다. 중앙선거관리위원회는 대통령이 임명하는 3인, 국회에서 선출하는 3인과 대법원장이 지명하는 3인의 위원으로 구성한다. 위원장은 위원 중에서 호선한다. 선거관리위원회 위원의 임기는 6년이며 연임에 대한 제한이 없다. 위원은 탄핵이나 금고 이상의 형의 선고에 의하지 아니하고는 파면되지 아니한다. 위원은 정당에 가입할 수 없고 정치에 관여할 수 없다.

03_ 운영

선거관리위원회의 회의는 당해 위원장이 소집한다. 위원 3분의 1이상의 요구가 있을 때에는 위원장은 회의를 소집하여야 하며 위원장이 회의소집을 거부할 때에는 회의소집을 요구한 3분의 1 이상의 위원이 직접 회의를 소집할 수 있다. 선거관리위원회는 위원 과반수의 출석으로 개의하고 출석위원 과반수의 찬성으로 의결한다. 위원장은 표결권을 가지며, 가부동수인 때에는 결정권을 가진다. 위원장이 사고가 있을 때에는 상임위원 또는 부위원장이 그 직무를 대행하며 위원장 · 상임위원 · 부위원장이 모두 사고가 있을 때에는 위원 중에서 임시위원장을 호선하여 위원장의 직무를 대행하게 한다.

04_ 권한

(1) 선거 및 국민투표의 관리: 선거관리위원회는 선거운동을 관리하고, 투표와 개표, 당선자의 확정 등 일련의 선거과정을 관리한다. 동시에 국민투표사무를 관장한다. 선거관리위원회는 선거사무와 국민투표사무에 관하여 관계 행정기관에게 필요한 지시를 할 수 있으며 지시를 받은 행정기관은 이에 응하여야 한다.

(2) 정당사무의 관리: 선거관리위원회는 정당법이 정하는바에 따라 정당의 설립과 활동, 등록 및 해산에 관한 사무를 처리한다. 또한 정치자금법이

정하는 바에 따라 정치자금의 기탁과 배분 및 국고보조금을 배분하는 사무를 처리할 권한을 가진다.

⑶ 규칙제정권: 중앙선거관리위원회는 법령의 범위 안에서 선거관리·국민투표관리 또는 정당사무에 관한 규칙을 제정할 수 있다. 또한 법률에 저촉되지 않는 범위 안에서 내부규율에 관한 규칙을 제정할 수 있다.

05 | 사법부

22
헌법 이야기

수사관 강수는 마약 사범을 쫓아 격투를 벌이다가 실수로 죽게 만들고, 절차에 따라 수사를 받게 되는데..... 삼시세끼라는 하숙집에 살고 있는 한열무 검사(백진희 분)와 하숙집 주인 할머니가 손자 같이 아끼던 강수를 걱정하는 장면에서의 대화 중,

백진희 | 할머니, 너무 걱정하지 마세요.

할머니 | 걱정할게 뭐 있냐? 죄 지었으면 벌 받아야지.

백진희 | 다들 애쓰고 있으니까, 잘 될꺼에요.

할머니 | 애쓸거 뭐 있어. 죄 지었으면 죄진 만큼 벌 주면 되는 거지.
너도 명심해라. 너희들 일, 그거 어려운거 아냐.
나랏님이든, 동네 부랑자든, 죄지은 만큼....
딱 그만큼만 벌 주면 되는거야.

〈드라마 '오만과 편견'(2014~2015년) 중에서〉

법과 원칙, 사람과 사랑을 무기로 나쁜 놈들과 맞장 뜨는 검사들의 이야기로 돈 없고 힘없고 죄 없는 사람들이 아프지 않게 하기 위해 애쓰는 검사들의 고군분투를 담은 드라마로, "죄와 벌"의 공평무사함을 일깨워 주는 삼시세끼 하숙집 할머니의 멘트가 가장 기억에 남는다. 그 당시 재미있게 시청하고 이후에도 전편을 다시 볼 정도로 배우들의 연기도 아주 좋았던 기억이 있다. 최근 구치소에 있는데도 체포영장을 동원해야만 소환되는 국정농단의 주범이, 민주주의 특검이 아니라고 설쳐대다 청소 아주머니에게 한줄 논평 시원하게 먹었다. "염B하네 × 3"

정치적 공동체의 안정적 유지를 위해서는 공동체 운영의 기본적 틀이 필요하다. 공동체 전체를 지배하는 행동원칙이 준수될 때 공동체의 안정적 법질서가 확보될 것이다. 원칙은 준수되어야 하나 원칙에 대한 위반은 불가피하며 또한 원칙을 해석 · 적용할 때 나타날 수 있는 다툼과 분쟁 역시 피할 수 없다. 원칙의 준수를 확보할 수 있는 장치와 체계가 요구된다. 원칙자체의 내용이 타당한지, 원칙을 집행함에 있어 잘못은 없는지, 잘못이 있다면 어떻게 치유할 것인지에 대한 대비책이 요구되며 이는 공동체를 유지하는 기본 틀이 된다. 무엇이 법인가를 판단해주는 작용, 즉 사법이 국가에서 중요한 한 축을 차지하게 되는 이유이다.

[사법부 체계도]

- **사법부**
  - **사법제도 및 사법권의 독립**
  - **법원의 구성과 권한**
    - **법원의 조직과 구성**
    - **법원의 권한**
    - **재판의 절차와 운영 및 국민의 사법참여**

5-1 사법제도 및 사법권의 독립

개념 27 사법제도 및 사법권의 독립

제103조 법관은 헌법과 법률에 의하여 그 양심에 따라 독립하여 심판한다.

제106조 ① 법관은 탄핵 또는 금고 이상의 형의 선고에 의하지 아니하고는 파면되지 아니하며, 징계처분에 의하지 아니하고는 정직 · 감봉 기타 불리한 처분을 받지 아니한다. ② 법관이 중대한 심신상의 장해로 직무를 수행할 수 없을 때에는 법률이 정하는 바에 의하여 퇴직하게 할 수 있다.

〈27-1〉 사법제도

01_ 의의

사법이란 법적 분쟁이 있는 경우, 독립된 제3자가, 무엇이 법인가를 판단하고 선언하는 국가작용을 말한다. 사법이 법을 판단하고 선언하는 작용이라면 사법권은 법을 판단하고 선언하는 권한으로, 사법권이 법원에 속한다는 헌법 제101조 제1항은 법을 판단하고 선언하는 사법권이 법원에 전속한다는 것을 말한다. 법원이 현실적으로 행사하는 사법권은 민사재판, 형사재판, 행정재판, 헌법재판(일부)에 대한 권한을 그 내용으로 한다.

02_ 사법권의 한계

(1) 실정법적 한계: 헌법 제111조 제1항은 위헌법률심판, 탄핵심판, 정당의 해산심판, 권한쟁의심판, 헌법소원심판을 헌법재판소의 권한으로 하고 있다. 위 사항에 관해서는 법원이 재판권을 행사할 수 없다. 국회는 국회의원의 자격을 심사하며 징계할 수 있다. 또 국회는 국회의원을 제명시킬 수 있다. 이러한 국회의 처분에 대해서는 법원에 제소할 수 없다. 헌법은 비상

계엄하의 군인 · 군무원의 범죄, 군사에 관한 간첩죄 · 초병 · 초소 · 유독음식물공급 · 포로에 관한 죄 중 법률이 정한 경우에 한하여 단심으로 할 수 있도록 규정하고 있다. 이때에는 상급법원에 상소가 허용되지 않는다. 다만 사형을 선고한 경우에는 상소가 허용된다.

(2) 국제법적 한계: 치외법권이란 외국인이 체류국의 법적용을 받지 아니하고 본국법에 따를 수 있는 국제법상의 특권을 말한다. 외국의 원수, 외교사절과 그 가족 등은 치외법권자이므로 이들에게는 대한민국의 재판권이 면제된다. 헌법에 의해 체결 · 공포된 조약은 국내법과 같은 효력을 지니게 된다. 법률의 효력을 지니는 조약에 대한 위헌 여부는 헌법재판소가 판단하게 되어 법원의 관할에서 배제된다. 반면 명령의 효력을 지니는 조약의 위헌 여부에 대해서는 법원이 판단할 수 있다.

(3) 권력분립적 한계: 통치행위란 대통령의 고도의 정치적 결단에 의한 국가행위로서 사법적 심사의 대상으로 삼기에 부적절한 행위를 말한다. 국가원수의 외교행위, 선전포고, 사면, 강화, 국군의 해외파견, 계엄선포 등 고도의 정치적 성격을 지닌 행위가 이에 해당된다. 통치행위의 개념을 인정할 것인가에 관해 다툼이 있으나 통치행위를 긍정하는 것이 지배적이며, 헌법재판소 역시 통치행위를 긍정하고 있다. 통치행위에 해당되면 사법심사가 면제되지만 어떤 행위가 통치행위에 해당하는지 여부는 사법심사의 대상이 되며, 또 통치행위에 해당된다 하여도 그것이 국민의 기본권을 침해하는 경우에는 사법심사의 대상에서 제외될 수 없다. 국회의 자율에 속하는 사항은 국회의 자율성과 독자성을 보장하는 권력분립적 측면에서 법원의 심사대상에서 제외된다. 헌법은 의원의 자격심사와 징계처분 및 제명처분에 대해서는 법원에 제소할 수 없도록 하고 있다.

(4) 사법본질적 한계: 법원의 판단을 받기 위해서는 구체적 법률분쟁을 전제로(구체적 사건성), 분쟁에 관한 법적 이해관계자의 소제기를 통해(당사자적격성), 분쟁해결을 통해 얻을 수 있는 이익이 존재하고(소의 이익), 법원의 판단을 받을 만큼 무르익은 경우(사건의 성숙성)이어야 한다.

〈27-2〉 사법권의 독립

01_ 의의

사법권의 독립이란 사법부가 입법부나 행정부로부터 간섭받지 않고 독자적으로 재판하며 자율적으로 법원을 운영할 수 있는 헌법원리를 말한다. 사법권의 독립은 사법을 담당하는 법원의 독립과 재판을 담당하는 법관의 독립으로 구성된다.

02_ 법원의 독립

(1) 의회로부터의 독립: 법원의 독립은 먼저 의회로부터의 독립을 말한다. 법원이 의회로부터 독립을 확보하기 위해서는 법원과 의회는 조직과 구성 및 운영에 있어 상호 독립적이어야 한다. 입법부는 국정감사 및 조사, 대법원장 및 대법관 임명에 대한 동의, 법원예산에 대한 심의, 법관에 대한 탄핵소추를 통해 사법부를 견제한다. 이는 헌법기관 간의 견제와 균형을 이루기 위한 권력분립의 당연한 요청으로 사법권독립에 대한 침해가 될 수 없다. 반면 사법부는 위헌법률심판제청, 규칙에 대한 위헌 · 위법심사권을 통해 입법부를 견제하고 있다.

(2) 정부로부터의 독립: 법원은 정부로부터 독립되어야 하며, 법원의 정부로부터의 독립은 사법권 독립의 가장 중요한 내용을 이룬다. 정부는 법원의 예산편성권을 가지며 대법원장이나 대법관 임명권, 사면권을 행사함으로써 사법부를 견제한다. 이는 헌법기관 간의 견제와 균형을 이루기 위한 권력분립의 당연한 요청으로 사법권독립에 대한 침해가 될 수 없다. 반면 사법부는 명령이나 규칙에 대한 위헌 · 위법심사권과 처분에 대한 행정재판을 통해 정부를 견제하고 있다.

(3) 사회로부터의 독립: 법원은 정당, 언론, 압력단체, 시민단체 등 사회제 세력에 대해서도 독립적이어야 한다.

03_ 법관의 독립

(1) 법관의 직무상 독립(물적 독립): 법관의 직무상 독립이란 법관이 재판함에 있어 누구의 지시나 명령에도 구속받지 않는 판결의 자유를 말하며, 물적 독립이라고도 한다. 법관의 직무상 독립이야말로 사법권 독립의 가장 본질적 내용에 해당된다. 법관은 재판에 있어 헌법과 법률에 구속된다. 이는 법에 따른 사법을 요구하는 법치주의원리의 당연한 요청의 결과이다. 여기서 헌법이란 성문헌법은 물론 불문의 관습헌법을 포함한다. 법관은 양심에 따라 재판하여야 한다. 양심이란 개인적이고 주관적인 윤리적 확신을 말하나, 재판에서 따라야할 양심은 법관 개인의 인간적인 양심이 아니라 법관이라는 직업에 요구되는 직업수행상의 양심을 말한다. 법관은 재판함에 있어 정부나 국회의 지시나 감독 그리고 기타의 간섭을 받지 않는다. 상급법원이나 소속 법원장도 구체적 사건에 대해서 법관에게 지시 또는 명령할 수 없다.

(2) 법관의 신분상 독립(인적 독립): 법관의 신분상 독립이란 재판을 담당하는 법관의 자격, 임기, 신분을 보장하는 것을 말하며, 인적 독립이라고도 한다. 이러한 보장은 법관의 직무상 독립을 실현하기 위함이다. 법관의 독립성을 확보하기 위해서는 법관의 임용, 임기, 보직 등 법관인사가 객관적이고 공정하게 이루어져야 한다. 법관인사가 객관성과 공정성을 지니려면, 법관인사가 법원의 자율적 결정으로 또 객관적 기준에 의해 이루어져야 한다. 법관의 신분상 독립을 확보하기 위해 법관의 자격은 법률로 정한다. 대법원장과 대법관은 임기가 6년이다. 대법원장은 중임할 수 없으나 대법관은 법률이 정하는 바에 의하여 연임할 수 있다. 일반 법관의 임기는 10년으로 법률이 정하는 바에 의하여 연임할 수 있다. 대법원장 및 대법관의 정년은 70세, 판사의 정년은 65세로 한다. 법관은 탄핵 또는 금고 이상의 형의 선고에 의하지 아니하고는 파면되지 않는다. 판사가 직무상의 의무를 소홀히 하였다 하여 징계처분에 의해 파면될 수 없다. 또한 법관은 법관징계위

원회의 징계처분에 의하지 아니하고는 정직 · 감봉 또는 불리한 처분을 받지 않는다. 법관은 국회의원이나 지방의회의원직을 겸할 수 없으며 행정부의 공무원직도 겸할 수 없다. 이는 법원의 정치적 중립성을 유지하고 재판의 독립을 확보하기 위함이다. 또한 법관은 정치운동에 관여할 수 없고, 대법원장의 허가 없이 보수있는 직무에 종사할 수 없으며, 금전상의 이익을 목적으로 하는 업무에 종사할 수 없다.

5-2 법원의 구성과 권한

5-2-a 법원의 조직과 구성

개념 28 법원의 조직과 구성

제101조 ① 사법권은 법관으로 구성된 법원에 속한다. ② 법원은 최고법원인 대법원과 각급법원으로 조직된다. ③ 법관의 자격은 법률로 정한다.

제102조 ① 대법원에 부를 둘 수 있다. ② 대법원에 대법관을 둔다. 다만, 법률이 정하는 바에 의하여 대법관이 아닌 법관을 둘 수 있다. ③ 대법원과 각급법원의 조직은 법률로 정한다.

제104조 ① 대법원장은 국회의 동의를 얻어 대통령이 임명한다. ② 대법관은 대법원장의 제청으로 국회의 동의를 얻어 대통령이 임명한다. ③ 대법원장과 대법관이 아닌 법관은 대법관회의의 동의를 얻어 대법원장이 임명한다.

제105조 ① 대법원장의 임기는 6년으로 하며, 중임할 수 없다. ② 대법관의 임기는 6년으로 하며, 법률이 정하는 바에 의하여 연임할 수 있다. ③ 대법원장과 대법관이 아닌 법관의 임기는 10년으로 하며, 법률이 정하는 바에 의하여 연임할 수 있다. ④ 법관의 정년은 법률로 정한다.

제110조 ① 군사재판을 관할하기 위하여 특별법원으로서 군사법원을 둘 수 있다. ② 군사법원의 상고심은 대법원에서 관할한다. ③ 군사법원의 조직 · 권한 및 재판관의 자격은 법률로 정한다. ④ 비상계엄하의 군사재판은 군인 · 군무원의 범죄나 군사에 관한 간첩죄의 경우와 초병 · 초소 · 유독음식물공급 · 포로에 관한 죄중 법률이 정한 경우에 한하여 단심으로 할 수 있다. 다만, 사형을 선고한 경우에는 그러하지 아니하다.

01_ 대법원

대법원은 대법원장과 대법관으로 구성되며, 법률이 정하는 바에 따라 대법관이 아닌 법관을 둘 수 있다. 대법관의 수는 대법원장을 포함하여 14인이다. 대법원은 서울특별시에 둔다. 대법원에는 재판업무를 담당하기 위해 대법관전원의 3분의 2 이상으로 구성되고 대법원장이 재판장이 되는 대법원전원합의체를 두며, 3인 이상의 대법관으로 구성된 부를 둘 수 있다.

대법원장은 대법원의 장으로서 법원을 대표하며, 대법관회의의 의장이 되고, 대법원전원합의체의 재판장의 지위를 가진다. 대법원장 유고시에는 선임대법관이 그 권한을 대행한다. 대법원장은 20년 이상의 법조경력을 가진 자로서 만 45세 이상이어야 한다. 대법원장은 국회의 동의를 얻어 대통령이 임명하며, 임기는 6년으로 중임할 수 없다. 대법원장의 정년은 70세이다. 대법원장의 제청으로 국회의 동의를 얻어 대통령이 임명한다. 임기는 6년으로 연임할 수 있다. 대법관의 정년은 70세이다. 대법원에는 대법관 전원으로 구성되는 대법관회의를 두는데, 대법원장이 의장이 된다. 대법관회의는 대법관 3분의 2 이상의 출석과 출석 대법관 과반수의 찬성으로 의결한다. 가부동수일 때에는 의장이 결정권을 갖는다. 대법관회의는 판사의 임명에 대한 동의, 대법원규칙의 제정과 개정, 판례의 수집 · 간행, 예산의 요구, 예비금지출 및 결산, 대법원장이 부의하는 사항에 대하여 의결한다.

02_ 고등법원

고등법원은 판사인 고등법원장과 판사로 구성된다. 고등법원에는 부를 두며, 부에 부장을 두고, 재판은 판사 3인으로 구성되는 합의부에서 행한다. 고등법원은 지방법원합의부 · 가정법원합의부 또는 행정법원의 제1심 판결 · 심판 · 결정 · 명령에 대한 항소 또는 항고사건, 지방법원단독판사 · 가정법원단독판사의 제1심 판결 · 심판 · 결정 · 명령에 대한 항소 또는 항고사건으로서 형사사건을 제외한 사건중 대법원규칙으로 정하는 사건, 다른 법률에 의하여 고등법원의 권한에 속하는 사건을 심판한다.

03_ 특허법원

특허법원은 판사인 특허법원장과 판사로 구성된다. 특허법원에는 부를 두며, 부장을 두되 판사로 보한다. 부장판사는 해당 합의부의 재판장이 된다. 특허법원에 기술심리관을 둔다. 특허법원은 특허법 제186조 제1항, 실용신안법 제33조, 디자인보호법 제75조 및 상표법 제86조 제2항이 정하는 제1심사건, 다른 법률에 의하여 특허법원의 권한에 속하는 사건을 심판한다. 특허심판절차는 특허심판원, 특허법원, 대법원으로 진행된다.

04_ 지방법원

지방법원은 판사인 지방법원장과 판사로 구성된다. 지방법원에 지원을 둘 수 있다. 지방법원에 부를 두며, 지방법원 지원에 부를 둘 수 있다. 대법원장은 지방법원 또는 그 지원 소속판사 중에서 그 관할구역 안에 위치한 시 · 군법원의 판사를 지명하여 시 · 군법원의 관할사건을 심판하게 한다.

05_ 가정법원

가정법원은 판사인 가정법원장과 판사로 구성된다. 가정법원에 지원을 둘 수 있다. 가정법원에 부를 두며, 가정법원 지원에 부를 둘 수 있다.

06_ 행정법원

행정법원은 판사인 행정법원장과 판사로 구성된다. 행정법원에 부를 두며, 부에 부장판사를 둔다. 행정법원의 심판권은 판사 3인으로 구성된 합의부에서 이를 행한다. 다만, 행정법원에 있어서 단독판사가 심판할 것으로 행정법원 합의부가 결정한 사건의 심판권은 단독판사가 이를 행한다.

07_ 군사법원

군사법원은 보통군사법원과 고등군사법원으로 구성된다. 군사법원의 조직 · 권한 및 재판관의 자격은 법률로 정한다. 대법원은 군법무관회의의 의결을 거쳐 군사법원의 내부규율과 사무처리에 관한 군사법원규칙을 정한다. 군사법원의 조직에 관하여 필요한 사항은 대통령령으로 정한다. 군사법원의 재판관은 군판사와 심판관으로 구성되며, 재판장은 선임재판관이 된다. 군판사는 각군 참모총장이 소속 군법무관 중에서 임명함을 원칙으로 한다. 심판관은 법 소정의 요건을 충족한 장교 중에서 관할관이 임명한다. 재판관은 관할관이 지정한다. 군사법원의 재판관은 헌법과 법률에 의하여 그 양심에 따라 독립하여 심판한다.

5-2-b 법원의 권한

개념 29 법원의 권한

법원의 권한
- 재판권
- 명령 · 규칙에 대한 심사권
- 위헌법률심판의 제청권
- 대법원의 규칙제정권

제107조 ① 법률이 헌법에 위반되는 여부가 재판의 전제가 된 경우에는 법원은 헌법재판소에 제청하여 그 심판에 의하여 재판한다. ② 명령 · 규칙 또는 처분이 헌법이나 법률에 위반되는 여부가 재판의 전제가 된 경우에는 대법원은 이를 최종적으로 심사할 권한을 가진다. ③ 재판의 전심절차로서 행정심판을 할 수 있다. 행정심판의 절차는 법률로 정하되, 사법절차가 준용되어야 한다.

제108조 대법원은 법률에 저촉되지 아니하는 범위 안에서 소송에 관한 절차, 법원의 내부규율과 사무처리에 관한 규칙을 제정할 수 있다.

01_ 재판권

법원은 구체적 법률분쟁에 대해 재판권을 가진다. 재판권은 법원의 고유권한이다. 법원은 민사사건에 관한 재판권을 가지며, 사인간의 재산 및 신분상의 법적 분쟁을 해결하여 준다. 법원은 형사사건에 대한 재판권을 가지며, 범죄를 인정하고 형벌을 과한다. 법원은 행정사건에 대한 재판권을 가지며, 국가와 사인간의 법적 분쟁을 해결하여 준다. 행정법원이 1심으로 재판하고, 2심은 고등법원이 재판한다. 법원은 특허사건에 대한 재판권을 가진다. 특허법원이 1심으로 재판하고 2심은 대법원이 재판한다. 법원은 선거소송과 당선소송에 대한 재판권을 가진다.

02_ 명령·규칙에 대한 심사권

명령 · 규칙심사제도란 법원이 구체적 분쟁을 해결함에 있어 적용할 명령이나 규칙의 헌법이나 법률에 위반되는 여부를 심사하며, 위헌 · 위법으로 인정된 경우 명령이나 규칙의 적용을 배제하는 것을 말한다. 헌법은 법률의 위헌 여부에 대한 판단을 헌법재판소의 전속관할로 하면서, 명령 · 규칙의 위헌 · 위법 여부에 대한 심사는 법원의 관할로, 최종적으로 대법원의 관할로 하고 있다. 심사권의 주체는 각급 법원 및 군사법원이다. 대법원은 최종적인 심사권을 가진다.

03_ 위헌법률심판의 제청권

헌법은 이원적 규범통제구조를 취하고 있다. 명령 · 규칙의 위헌 · 위법 여부에 관해서는 최종적 판단권을 대법원에게 부여하고 있는 반면, 법률의 위헌 여부에 관해서는 헌법재판소에 맡기고 있다. 법률의 위헌심사 여부에 관해서 법원은 심사권과 제청권을, 헌법재판소는 결정권을 가진다. 따라서 법원은 구체적 분쟁을 해결함에 있어 적용할 법률에 위헌의 의문이 있는 경우 헌법재판소에 제청하여 그 결정에 따라 재판하여야 한다. 모든 법원은 법률의 위헌 여부를 헌법재판소에 제청할 수 있다. 법원이란 사법행정상의 관청으로서의 법원이 아니라 재판기관을 의미하는 소송상의 의미의 법원을 말한다. 군사법원도 제청권을 가지며, 대법원도 법률의 위헌 여부에 의문이 제기된 경우 헌법재판소에 제청하여야 한다.

04_ 대법원의 규칙제정권

대법원규칙이란 사법부 내부의 문제를 스스로 규율할 수 있도록 대법원에 의해 만들어진 법규범형식을 말한다. 사법의 독립성과 자주성을 확보하기 위해서는 법원 스스로가 자신의 업무영역내의 문제를 처리할 수 있어야 한다.

5-2-c 재판의 절차와 운영 및 국민의 사법참여

개념 30 재판의 절차와 운영 및 국민의 사법참여

> **제109조** 재판의 심리와 판결은 공개한다. 다만, 심리는 국가의 안전보장 또는 안녕질서를 방해하거나 선량한 풍속을 해할 염려가 있을 때에는 법원의 결정으로 공개하지 아니할 수 있다.

01_ 재판의 절차와 운영

(1) 재판의 심급제도: 심급제도란 하나의 법적 분쟁에 대해 다른 단계의 법원으로 반복하여 판단케 할 경우 그 종류가 다른 법원 사이의 심판순서 체계나 제도를 말한다. 심급제도를 두는 것은 소송절차를 신중히 함으로써 공정한 재판을 확보하려는 데 그 목적이 있다. 헌법은 '법원은 대법원과 각급법원으로 조직된다'고 하여 심급제도를 규정하고 있지만 반드시 3심제를 요구하고 있지 않다. 삼심제는 법원조직법이 법률적 차원에서 규정한 것에 불과하다. 따라서 법률로 심급제도를 폐지하는 것은 허락될 수 없으나 모든 재판이 3심제이어야 하는 것은 아니다. 특허재판은 이심제이다. 특허법원을 1심으로 대법원을 2심으로 한다. 또한 지방의회의원 및 기초단체장의 선거소송 역시 이심제이다. 고등법원을 1심으로 대법원을 2심으로 한다. 한편, 비상계엄하의 군사재판은 단심제이며, 대통령 · 국회의원 · 시도지사의 선거소송 및 당선소송도 단심제(대법원관할)이다.

(2) 재판의 공개제도: 재판공개제도란 재판의 심리와 판결을 일반국민에게 공개함을 말한다. 재판을 공개하는 것은 재판을 여론의 감시하에 두어 재판의 공정성을 확보하기 위함이다. 심리란 원고와 피고가 법관 앞에서 심문을 받으며 변론을 제기하는 것을 말한다. 공개되는 것은 심리이므로 심리결과 이루어지는 심판의 합의과정은 공개할 필요가 없다. 공개대상

은 재판에 한하므로 재판이 아닌 비송사건은 공개되지 않는다. 따라서 민사, 형사, 행정, 특허, 선거소송절차에서는 재판공개제도가 적용되나 가사비송절차나 일반 비송절차에서는 공개원칙이 적용되지 않는다. 공개대상이 되는 재판의 심리와 판결은 공판절차를 말하므로 공판준비절차는 공개의 대상이 되지 않는다. 헌법은 재판공개를 원칙으로 하면서도, 심리의 경우 국가의 안전보장 또는 안녕질서를 방해하거나 선량한 풍속을 해할 염려가 있을 때에는 법원의 결정으로 공개하지 않을 수 있도록 하였다. 법원의 비공개결정은 비공개할 객관적 사유가 있는 경우에 한하여 허용된다. 심리에 대하여만 비공개가 허용되므로 판결은 반드시 공개하여야 한다.

(3) 법정질서의 유지: 법정질서유지권이란 법정질서를 유지하기 위해 법원이 심리와 재판을 방해하거나 훼손하는 행위에 대해 이를 금지 · 제재하는 권한을 말한다. 법원이 행사하는 경찰권이라 할 수 있다. 법정의 질서유지는 재판장이 이를 행하며, 재판장은 법정의 존엄과 질서를 해할 우려가 있는 자의 입정금지 또는 퇴정을 명하거나 기타 법정의 질서유지에 필요한 명령을 발할 수 있다. 누구든지 법정 안에서는 재판장의 허가 없이 녹화 · 촬영 · 중계방송 등의 행위를 하지 못한다.

02_ 국민의 사법참여

(1) 국민의 사법참여의 의의: 국민의 사법참여란 국민의 사법권의 구성과 활동에 대한 통제를 말한다. 이러한 국민의 사법참여는 모든 국가권력이 정도의 차이는 있어도 민주적 정당성을 충족해야 하는 민주주의 원리를 실현하여주며, 동시에 사법에 대한 국민의 불신을 해소하여 준다. 국민의 사법참여가 가능하도록 2007년 '국민의 형사참여에 관한 법률'이 제정되었다.

(2) 국민의 사법참여 형태: 배심제란 비법률전문가인 배심원(jury)이 법관과 별도로 사실인정을 담당하는 제도를 말한다. 새로 도입된 국민참여재판제도는 형사재판에서, 선택적 배심제도형태를 지니며, 참여배심원은 법관

과 별도로 평의와 평결을 한 후, 사실인정 · 법령의 적용 · 형의 양정에 관해 법관에게 의견을 제시하는 형태로 되어 있다. 배심원의 평결과 의견은 법원을 기속하지 않는다. 참심제란 비법률전문가인 참심원이 법관과 함께 재판부를 구성하여 사실판단 및 법률판단을 함께하는 제도를 말한다. 참심제는 배심제와 달리 참심원이 일정한 임기 동안 법관과 함께 합의체의 재판부를 구성하여 동일한 지위에서 동일한 권한으로 재판을 하는 제도이다(법원의 재판에 참여하는 경우). 법관선거제란 국민이 법관을 선거로 직접 선출하는 것으로, 국민이 법원구성에 직접 참여하는 제도를 말한다. 우리나라 제2공화국 헌법은 대법원장과 대법관을 법관의 자격이 있는 자로서 조직된 선거인단이 선거로 선출한바 있다. 국민심사제란 법관으로 임명된 법관에게 일정기간 지난 후 법관직의 계속 유지여부를 국민의 심판에 맡기는 제도를 말한다(법원의 구성에 참여하는 경우).

03_ 국민의 사법참여의 한계

사법권에 국민의 참여가 허용되어야 하지만 일정한 한계가 있다. 사법의 민주적 정당성 확보도 사법의 본질에서 나오는 한계와 조화를 이루어야 하며, 사법권의 독립이 침해되지 않는 범위 내에서 이루어져야 한다. 이는 국민의 사법참여가 민주적 정당성확보에 기여한다고 하여 사법의 전문성과 합리성을 침해해서는 안 되기 때문이다. 국민에 의한 사법참여는 사법이 제 기능을 발휘할 수 있는 범위 내로 한정되어야 한다.

에필로그

한국최초의 독립야구단 고양원더스는 프로야구팀에 한 번도 가지 못했거나 방출된 낙오 선수들에게 주어진 마지막 기회의 장

구단주 | 제가 하고 싶은 건 독립구단을 통해 많은 이에게 기회를 주는 일입니다. 이들에게 가장 필요한 것은 감독 보다는 스승이라고 생각했습니다. 그래서 인간이 아닌 야신을 모셨습니다.

최향남 | "나를 안 되게 하는 신이 있다면 한번 끝까지 가보자"

원더스 꼬마 팬 | 원더스는 선수들이…좀…스토리가 살짝…방출 되어서 힘든데도 열심히 하는 모습이 보기 좋았어요

선수1 | 한번 더 나에게 질풍 같은 용기를…

김성근 감독 | 내가 요새… 뭘 하고 싶은 줄 알아? "펑고 치고 싶어"

"파울은 실패가 아닌 다음 공을 치기 위한 시행 착오일 뿐이다."

〈영화, 파울볼(2015년) 중에서〉

우헌이의 에필로그를 쓰면서, 영화 "파울볼"을 선택한 이유는 성인이 되어 다시 읽게 된 "헬렌켈러" 때문입니다. 눈과 귀와 입...모두를 잃었지만, 그 누구도 해내지 못한 위대한 업적과 깊은 가르침이 저자를 울립니다. 사흘만 볼 수 있다면, 자신의 스승인 앤 설리번 선생님을 제일 먼저 보고 싶어 했던 헬렌이 처음 "물(water)"이라는 단어를 배우던 장면이 눈에 선명합니다. 흐르는 냇물에 한 손을 담그고 있으면, 설리번 선생님이 다른 한 손바닥에 알파벳을 적는 장면은 생각만 해도 감동 그 자체입니다. 혼란 속의 우리에게도 진정한 스승이 필요해 보입니다. 저자가 좋아하는 드라마 "38사기동대"에서 나온 배우 마동석님의 명대사가 생각나는 밤입니다. "지치지 말자. 지치지 말고 버티다가, 기회가 왔을 때 제대로 한판 붙자. 이길려고 싸우지 말고, 이길 때까지 한번 싸워보자" 끝으로 이 책의 마지막 문장을 읽어 주신 한 분 한 분의 독자님, 고맙습니다

"고요한 촛불의 끝과 광화문의 노을이 우리 쪽으로.....

부디 지치지 마시길....."

설레고 가슴뛰게 기억될 일상의 헌법 이야기
우리들의 헌법 이야기

초판 인쇄 2017년 3월 01일
초판 발행 2017년 3월 09일

지은이 이상용
발행인 이종은
편 집 김태연·김은혜
표지디자인 김도언
캘리그래퍼 김미영
제 작 정대의

발행처 새흐름
서울특별시 마포구 독막로 295 삼부골든타워 212호
등록 2014. 1.21, 제2014-000041호(윤)
전 화 (02) 713-3069
F A X (02) 713-0403
홈페이지 www.sehr.co.kr
ISBN 979-11-86289-63-1 93360

정 가 17,000원